# AZERBEIDZJAANSE WOORDENSCHAT
## nieuwe woorden leren

T&P Books woordenlijsten zijn bedoeld om u te helpen vreemde woorden te leren, te onthouden, en te bestuderen. De woordenschat bevat meer dan 7000 veel gebruikte woorden die thematisch geordend zijn.

- De woordenlijst bevat de meest gebruikte woorden
- Aanbevolen als aanvulling bij welke taalcursus dan ook
- Voldoet aan de behoeften van de beginnende en gevorderde student in vreemde talen
- Geschikt voor dagelijks gebruik, bestudering en zelftestactiviteiten
- Maakt het mogelijk om uw woordenschat te evalueren

### Bijzondere kenmerken van de woordenschat

- De woorden zijn gerangschikt naar hun betekenis, niet volgens alfabet
- De woorden worden weergegeven in drie kolommen om bestudering en zelftesten te vergemakkelijken
- Woorden in groepen worden verdeeld in kleine blokken om het leerproces te vergemakkelijken
- De woordenschat biedt een handige en eenvoudige beschrijving van elk buitenlands woord

### De woordenschat bevat 198 onderwerpen zoals:

Basisconcepten, getallen, kleuren, maanden, seizoenen, meeteenheden, kleding en accessoires, eten & voeding, restaurant, familieleden, verwanten, karakter, gevoelens, emoties, ziekten, stad, dorp, bezienswaardigheden, winkelen, geld, huis, thuis, kantoor, werken op kantoor, import & export, marketing, werk zoeken, sport, onderwijs, computer, internet, gereedschap, natuur, landen, nationaliteiten en meer ...

# INHOUDSOPGAVE

| | |
|---|---|
| **Uitspraakgids** | 10 |
| **Afkortingen** | 11 |

| | |
|---|---|
| **BASISBEGRIPPEN** | 12 |
| **Basisbegrippen Deel 1** | 12 |

| | |
|---|---|
| 1. Voornaamwoorden | 12 |
| 2. Begroetingen. Begroetingen. Afscheid | 12 |
| 3. Kardinale getallen. Deel 1 | 13 |
| 4. Kardinale getallen. Deel 2 | 14 |
| 5. Getallen. Breuken | 14 |
| 6. Getallen. Eenvoudige berekeningen | 15 |
| 7. Getallen. Diversen | 15 |
| 8. De belangrijkste werkwoorden. Deel 1 | 15 |
| 9. De belangrijkste werkwoorden. Deel 2 | 16 |
| 10. De belangrijkste werkwoorden. Deel 3 | 17 |
| 11. De belangrijkste werkwoorden. Deel 4 | 18 |
| 12. Kleuren | 19 |
| 13. Vragen | 20 |
| 14. Functiewoorden. Bijwoorden. Deel 1 | 20 |
| 15. Functiewoorden. Bijwoorden. Deel 2 | 22 |

| | |
|---|---|
| **Basisbegrippen Deel 2** | 24 |

| | |
|---|---|
| 16. Dagen van de week | 24 |
| 17. Uren. Dag en nacht | 24 |
| 18. Maanden. Seizoenen | 25 |
| 19. Tijd. Diversen | 27 |
| 20. Tegenovergestelden | 28 |
| 21. Lijnen en vormen | 30 |
| 22. Meeteenheden | 30 |
| 23. Containers | 31 |
| 24. Materialen | 32 |
| 25. Metalen | 33 |

| | |
|---|---|
| **MENS** | 34 |
| **Mens. Het lichaam** | 34 |

| | |
|---|---|
| 26. Mensen. Basisbegrippen | 34 |
| 27. Menselijke anatomie | 34 |

# AZERI

## WOORDENSCHAT

**THEMATISCHE WOORDENLIJST**

# NEDERLANDS
# AZERBEIDZJAANS

De meest bruikbare woorden
Om uw woordenschat uit te breiden en
uw taalvaardigheid aan te scherpen

## 7000 woorden

# Thematische woordenschat Nederlands-Azerbeidzjaans - 7000 woorden

Door Andrey Taranov

Woordenlijsten van T&P Books zijn bedoeld om u woorden van een vreemde taal te helpen leren, onthouden, en bestudering. Dit woordenboek is ingedeeld in thema's en behandelt alle belangrijk terreinen van het dagelijkse leven, bedrijven, wetenschap, cultuur, etc.

Het proces van het leren van woorden met behulp van de op thema's gebaseerde aanpak van T&P Books biedt u de volgende voordelen:

- Correct gegroepeerde informatie is bepalend voor succes bij opeenvolgende stadia van het leren van woorden
- De beschikbaarheid van woorden die van dezelfde stam zijn maakt het mogelijk om woordgroepen te onthouden (in plaats van losse woorden)
- Kleine groepen van woorden faciliteren het proces van het aanmaken van associatieve verbindingen, die nodig zijn bij het consolideren van de woordenschat
- Het niveau van talenkennis kan worden ingeschat door het aantal geleerde woorden

T&P Books Publishing
www.tpbooks.com

ISBN: 978-1-78492-298-6

Dit boek is ook beschikbaar in e-boek formaat.
Gelieve www.tpbooks.com te bezoeken of de belangrijkste online boekwinkels.

28. Hoofd                                                    35
29. Menselijk lichaam                                        36

**Kleding en accessoires**                                   37

30. Bovenkleding. Jassen                                     37
31. Heren & dames kleding                                    37
32. Kleding. Ondergoed                                       38
33. Hoofddeksels                                             38
34. Schoeisel                                                38
35. Textiel. Weefsel                                         39
36. Persoonlijke accessoires                                 39
37. Kleding. Diversen                                        40
38. Persoonlijke verzorging. Schoonheidsmiddelen             40
39. Juwelen                                                  41
40. Horloges. Klokken                                        42

**Voedsel. Voeding**                                         43

41. Voedsel                                                  43
42. Drankjes                                                 44
43. Groenten                                                 45
44. Vruchten. Noten                                          46
45. Brood. Snoep                                             47
46. Bereide gerechten                                        47
47. Kruiden                                                  48
48. Maaltijden                                               49
49. Tafelschikking                                           49
50. Restaurant                                               50

**Familie, verwanten en vrienden**                           51

51. Persoonlijke informatie. Formulieren                     51
52. Familieleden. Verwanten                                  51
53. Vrienden. Collega's                                      52
54. Man. Vrouw                                               53
55. Leeftijd                                                 53
56. Kinderen                                                 54
57. Gehuwde paren. Gezinsleven                               54

**Karakter. Gevoelens. Emoties**                             56

58. Gevoelens. Emoties                                       56
59. Karakter. Persoonlijkheid                                57
60. Slaap. Dromen                                            58
61. Humor. Gelach. Blijdschap                                59
62. Discussie, conversatie. Deel 1                           59
63. Discussie, conversatie. Deel 2                           60
64. Discussie, conversatie. Deel 3                           62
65. Overeenstemming. Weigering                               62
66. Succes. Veel geluk. Mislukking                           63
67. Ruzies. Negatieve emoties                                64

| Geneeskunde | 66 |
|---|---|
| 68. Ziekten | 66 |
| 69. Symptomen. Behandelingen. Deel 1 | 67 |
| 70. Symptomen. Behandelingen. Deel 2 | 68 |
| 71. Symptomen. Behandelingen. Deel 3 | 69 |
| 72. Artsen | 70 |
| 73. Geneeskunde. Medicijnen. Accessoires | 70 |
| 74. Roken. Tabaksproducten | 71 |

| **HET MENSELIJKE LEEFGEBIED** | **72** |
|---|---|
| **Stad** | **72** |
| 75. Stad. Het leven in de stad | 72 |
| 76. Stedelijke instellingen | 73 |
| 77. Stedelijk vervoer | 74 |
| 78. Bezienswaardigheden | 75 |
| 79. Winkelen | 76 |
| 80. Geld | 77 |
| 81. Post. Postkantoor | 78 |

| **Woning. Huis. Thuis** | **79** |
|---|---|
| 82. Huis. Woning | 79 |
| 83. Huis. Ingang. Lift | 80 |
| 84. Huis. Deuren. Sloten | 80 |
| 85. Huis op het platteland | 81 |
| 86. Kasteel. Paleis | 81 |
| 87. Appartement | 82 |
| 88. Appartement. Schoonmaken | 82 |
| 89. Meubels. Interieur | 82 |
| 90. Beddengoed | 83 |
| 91. Keuken | 83 |
| 92. Badkamer | 84 |
| 93. Huishoudelijke apparaten | 85 |
| 94. Reparaties. Renovatie | 86 |
| 95. Loodgieterswerk | 86 |
| 96. Brand. Vuurzee | 87 |

| **MENSELIJKE ACTIVITEITEN** | **89** |
|---|---|
| **Baan. Business. Deel 1** | **89** |
| 97. Bankieren | 89 |
| 98. Telefoon. Telefoongesprek | 90 |
| 99. Mobiele telefoon | 90 |
| 100. Schrijfbehoeften | 91 |

| **Baan. Business. Deel 2** | **92** |
|---|---|
| 101. Massamedia | 92 |
| 102. Landbouw | 93 |

103. Gebouw. Bouwproces                                         94

**Beroepen en ambachten**                                       96

104. Zoeken naar werk. Ontslag                                  96
105. Zakenmensen                                                96
106. Dienstverlenende beroepen                                  97
107. Militaire beroepen en rangen                               98
108. Ambtenaren. Priesters                                      99
109. Agrarische beroepen                                        99
110. Kunst beroepen                                             100
111. Verschillende beroepen                                     100
112. Beroepen. Sociale status                                   102

**Sport**                                                       103

113. Soorten sporten. Sporters                                  103
114. Soorten sporten. Diversen                                  104
115. Fitnessruimte                                              104
116. Sporten. Diversen                                          105

**Onderwijs**                                                   107

117. School                                                     107
118. Hogeschool. Universiteit                                   108
119. Wetenschappen. Disciplines                                 109
120. Schrift. Spelling                                          109
121. Vreemde talen                                              110
122. Sprookjesfiguren                                           111
123. Dierenriem                                                 112

**Kunst**                                                       113

124. Theater                                                    113
125. Bioscoop                                                   114
126. Schilderij                                                 115
127. Literatuur & Poëzie                                        116
128. Circus                                                     116
129. Muziek. Popmuziek                                          117

**Rusten. Entertainment. Reizen**                               119

130. Trip. Reizen                                               119
131. Hotel                                                      119
132. Boeken. Lezen                                              120
133. Jacht. Vissen                                              122
134. Spellen. Biljart                                           122
135. Spellen. Speelkaarten                                      123
136. Rusten. Spellen. Diversen                                  123
137. Fotografie                                                 124
138. Strand. Zwemmen                                            124

**TECHNISCHE APPARATUUR. VERVOER** 126
**Technische apparatuur** 126

139. Computer 126
140. Internet. E-mail 127

**Vervoer** 128

141. Vliegtuig 128
142. Trein 129
143. Schip 130
144. Vliegveld 131
145. Fiets. Motorfiets 132

**Auto's** 133

146. Soorten auto's 133
147. Auto's. Carrosserie 133
148. Auto's. Passagiersruimte 134
149. Auto's. Motor 135
150. Auto's. Botsing. Reparatie 136
151. Auto's. Weg 137

**MENSEN. GEBEURTENISSEN IN HET LEVEN** 139
**Gebeurtenissen in het leven** 139

152. Vakanties. Evenement 139
153. Begrafenissen. Begrafenis 140
154. Oorlog. Soldaten 140
155. Oorlog. Militaire acties. Deel 1 141
156. Wapens 143
157. Oude mensen 144
158. Middeleeuwen 145
159. Leider. Baas. Autoriteiten 146
160. De wet overtreden. Criminelen. Deel 1 147
161. De wet overtreden. Criminelen. Deel 2 148
162. Politie. Wet. Deel 1 150
163. Politie. Wet. Deel 2 151

**NATUUR** 153
**De Aarde. Deel 1** 153

164. De kosmische ruimte 153
165. De Aarde 154
166. Windrichtingen 155
167. Zee. Oceaan 155
168. Bergen 156
169. Rivieren 157
170. Bos 158
171. Natuurlijke hulpbronnen 159

De Aarde. Deel 2                                             160

172.  Weer                                                  160
173.  Zwaar weer. Natuurrampen                              161

Fauna                                                       162

174.  Zoogdieren. Roofdieren                                162
175.  Wilde dieren                                          162
176.  Huisdieren                                            163
177.  Honden. Hondenrassen                                  164
178.  Dierengeluiden                                        165
179.  Vogels                                                165
180.  Vogels. Zingen en geluiden                            166
181.  Vis. Zeedieren                                        167
182.  Amfibieën. Reptielen                                  168
183.  Insecten                                              168
184.  Dieren. Lichaamsdelen                                 169
185.  Dieren. Leefomgevingen                                169

Flora                                                       171

186.  Bomen                                                 171
187.  Heesters                                              171
188.  Champignons                                           172
189.  Vruchten. Bessen                                      172
190.  Bloemen. Planten                                      173
191.  Granen, graankorrels                                  174

REGIONALE AARDRIJKSKUNDE                                    175
Landen. Nationaliteiten                                     175

192.  Politiek. Overheid. Deel 1                            175
193.  Politiek. Overheid. Deel 2                            176
194.  Landen. Diversen                                      177
195.  Grote religieuze groepen. Bekentenissen               178
196.  Religies. Priesters                                   179
197.  Geloof. Christendom. Islam                            179

DIVERSEN                                                    182

198.  Diverse nuttige woorden                               182

# UITSPRAAKGIDS

| Letter | Azerbeidzjaans voorbeeld | T&P fonetisch alfabet | Nederlands voorbeeld |
|--------|--------------------------|------------------------|----------------------|
| A a | stabil | [a] | acht |
| B b | boksçu | [b] | hebben |
| C c | Ceyran | [dʒ] | jeans, jungle |
| Ç ç | Çay | [tʃ] | Tsjechië, cello |
| D d | daraq | [d] | Dank u, honderd |
| E e | fevral | [e] | delen, spreken |
| Ə ə | Əncir | [æ] | Nederlands Nedersaksisch - dät, Engels - cat |
| F f | fokus | [f] | feestdag, informeren |
| G g | giriş | [g] | goal, tango |
| Ğ ğ | Çağırmaq | [ɣ] | liegen, gaan |
| H h | həkim | [h] | het, herhalen |
| X x | Xanım | [h] | het, herhalen |
| I ı | Qarı | [ı] | iemand, die |
| İ i | dimdik | [i] | bidden, tint |
| J j | Janr | [ʒ] | journalist, rouge |
| K k | kaktus | [k] | kilogram, bankier |
| Q q | Qravüra | [g] | goal, tango |
| L l | liman | [l] | delen, luchter |
| M m | mavi | [m] | morgen, etmaal |
| N n | nömrə | [n] | nemen, zonder |
| O o | okean | [o] | overeenkomst |
| Ö ö | Göbələk | [ø] | neus, beu |
| P p | parça | [p] | parallel, koper |
| R r | rəng | [r] | roepen, breken |
| S s | sap | [s] | spreken, kosten |
| Ş ş | Şair | [ʃ] | shampoo, machine |
| T t | tarix | [t] | tomaat, taart |
| U u | susmaq | [u] | hoed, doe |
| Ü ü | Ümid | [y] | fuut, uur |
| V v | varlı | [v] | beloven, schrijven |
| Y y | Yaponiya | [j] | New York, januari |
| Z z | zarafat | [z] | zeven, Engels - there |

# AFKORTINGEN
## gebruikt in de woordenschat

## Nederlandse afkortingen

| | | |
|---|---|---|
| abn | - | als bijvoeglijk naamwoord |
| bijv. | - | bijvoorbeeld |
| bn | - | bijvoeglijk naamwoord |
| bw | - | bijwoord |
| enk. | - | enkelvoud |
| enz. | - | enzovoort |
| form. | - | formele taal |
| inform. | - | informele taal |
| mann. | - | mannelijk |
| mil. | - | militair |
| mv. | - | meervoud |
| on.ww. | - | onovergankelijk werkwoord |
| ontelb. | - | ontelbaar |
| ov. | - | over |
| ov.ww. | - | overgankelijk werkwoord |
| telb. | - | telbaar |
| vn | - | voornaamwoord |
| vrouw. | - | vrouwelijk |
| vw | - | voegwoord |
| vz | - | voorzetsel |
| wisk. | - | wiskunde |
| ww | - | werkwoord |

## Nederlandse artikelen

| | | |
|---|---|---|
| de | - | gemeenschappelijk geslacht |
| de/het | - | gemeenschappelijk geslacht, onzijdig |
| het | - | onzijdig |

# BASISBEGRIPPEN

## Basisbegrippen Deel 1

### 1. Voornaamwoorden

| | | |
|---|---|---|
| ik | mən | ['mæn] |
| jij, je | sən | ['sæn] |
| hij, zij, het | o | ['o] |
| | | |
| wij, we | biz | ['biz] |
| jullie | siz | ['siz] |
| zij, ze | onlar | [on'lar] |

### 2. Begroetingen. Begroetingen. Afscheid

| | | |
|---|---|---|
| Hallo! Dag! | Salam! | [sa'lam] |
| Hallo! | Salam! | [sa'lam] |
| Goedemorgen! | Sabahın xeyir! | [saba'hın χε'jır] |
| Goedemiddag! | Günortan xeyir! | [gynor'tan χε'jır] |
| Goedenavond! | Axşamın xeyir! | [aχʃa'mın χε'jır] |

| | | |
|---|---|---|
| gedag zeggen (groeten) | salamlaşmaq | [salamlaʃ'mah] |
| Hoi! | Salam! | [sa'lam] |
| groeten (het) | salam | [sa'lam] |
| verwelkomen (ww) | salamlamaq | [salamla'mah] |
| Hoe gaat het? | Necəsən? | [nε'dʒǃæsæn] |
| Is er nog nieuws? | Nə yenilik var? | ['næ εni'lik 'var] |

| | | |
|---|---|---|
| Dag! Tot ziens! | Xudahafiz! | [χudaha'fiz] |
| Tot snel! Tot ziens! | Tezliklə görüşənədək! | [tεz'liklæ gøryʃæ'nædæk] |
| Vaarwel! (inform.) | Sağlıqla qal! | [sa'ɣlıgla 'gal] |
| Vaarwel! (form.) | Sağlıqla qalın! | [sa'ɣlıgla 'galın] |
| afscheid nemen (ww) | vidalaşmaq | [vidalaʃ'mah] |
| Tot kijk! | Hələlik! | [hælæ'lik] |

| | | |
|---|---|---|
| Dank u! | Sağ ol! | ['saɣ 'ol] |
| Dank u wel! | Çox sağ ol! | ['tʃoχ 'saɣ 'ol] |
| Graag gedaan | Buyurun | ['buyrun] |
| Geen dank! | Dəyməz | [dæj'mæz] |
| Geen moeite. | Bir şey deyil | ['bir 'ʃæj 'dεjıl] |

| | | |
|---|---|---|
| Excuseer me, ... (inform.) | Bağışla! | [baɣıʃ'la] |
| Excuseer me, ... (form.) | Bağışlayın! | [baɣıʃ'lajın] |
| excuseren (verontschuldigen) | Bağışlamaq | [baɣıʃla'mah] |
| zich verontschuldigen | üzr istəmək | ['juzr istæ'mæk] |
| Mijn excuses. | Üzrümü qəbul et | [yzry'my gæ'bul 'εt] |

| Het spijt me! | Bağışlayın! | [baɣɪʃ'lajɪn] |
| vergeven (ww) | bağışlamaq | [baɣɪʃla'mah] |
| alsjeblieft | rica edirəm | [ri'dʒ<sup>i</sup>a ɛ'diræm] |

| Vergeet het niet! | Unutmayın! | [u'nutmajɪn] |
| Natuurlijk! | Əlbəttə! | [æl'battæ] |
| Natuurlijk niet! | Əlbəttə yox! | [æl'battæ 'joχ] |
| Akkoord! | Razıyam! | [ra'zɪjam] |
| Zo is het genoeg! | Bəsti! | ['bæsti] |

## 3. Kardinale getallen. Deel 1

| nul | sıfır | ['sɪfɪr] |
| een | bir | ['bir] |
| twee | iki | [i'ki] |
| drie | üç | ['ytʃ] |
| vier | dörd | ['dørd] |

| vijf | beş | ['bɛʃ] |
| zes | altı | [al'tɪ] |
| zeven | yeddi | [ɛd'di] |
| acht | səkkiz | [sæk'kiz] |
| negen | doqquz | [dok'kuz] |

| tien | on | ['on] |
| elf | on bir | ['on 'bir] |
| twaalf | on iki | ['on i'ki] |
| dertien | on üç | ['on 'jutʃ] |
| veertien | on dörd | ['on 'dørd] |

| vijftien | on beş | ['on 'bɛʃ] |
| zestien | on altı | ['on al'tɪ] |
| zeventien | on yeddi | ['on ɛd'di] |
| achttien | on səkkiz | ['on sæk'kiz] |
| negentien | on doqquz | ['on dok'kuz] |

| twintig | iyirmi | [ijɪr'mi] |
| eenentwintig | iyirmi bir | [ijɪr'mi 'bir] |
| tweeëntwintig | iyirmi iki | [ijɪr'mi i'ki] |
| drieëntwintig | iyirmi üç | [ijɪr'mi 'jutʃ] |

| dertig | otuz | [o'tuz] |
| eenendertig | otuz bir | [o'tuz 'bir] |
| tweeëndertig | otuz iki | [o'tuz i'ki] |
| drieëndertig | otuz üç | [o'tuz 'jutʃ] |

| veertig | qırx | ['gɪrχ] |
| eenenveertig | qırx bir | ['gɪrχ 'bir] |
| tweeënveertig | qırx iki | ['gɪrχ i'ki] |
| drieënveertig | qırx üç | ['gɪrχ 'jutʃ] |

| vijftig | əlli | [æl'li] |
| eenenvijftig | əlli bir | [æl'li 'bir] |
| tweeënvijftig | əlli iki | [æl'li i'ki] |

| drieënvijftig | əlli üç | [æl'li 'jutʃ] |
|---|---|---|
| zestig | altmış | [alt'mıʃ] |
| eenenzestig | altmış bir | [alt'mıʃ 'bir] |
| tweeënzestig | altmış iki | [alt'mıʃ i'ki] |
| drieënzestig | altmış üç | [alt'mıʃ 'jutʃ] |

| zeventig | yetmiş | [ɛt'miʃ] |
|---|---|---|
| eenenzeventig | yetmiş bir | [ɛt'miʃ 'bir] |
| tweeënzeventig | yetmiş iki | [ɛt'miʃ i'ki] |
| drieënzeventig | yetmiş üç | [ɛt'miʃ 'jutʃ] |

| tachtig | səksən | [sæk'sæn] |
|---|---|---|
| eenentachtig | səksən bir | [sæk'sæn 'bir] |
| tweeëntachtig | səksən iki | [sæk'sæn i'ki] |
| drieëntachtig | səksən üç | [sæk'sæn 'jutʃ] |

| negentig | doxsan | [doχ'san] |
|---|---|---|
| eenennegentig | doxsan bir | [doχ'san 'bir] |
| tweeënnegentig | doxsan iki | [doχ'san i'ki] |
| drieënnegentig | doxsan üç | [doχ'san 'jutʃ] |

## 4. Kardinale getallen. Deel 2

| honderd | yüz | ['jyz] |
|---|---|---|
| tweehonderd | iki yüz | [i'ki 'juz] |
| driehonderd | üç yüz | ['jutʃ 'juz] |
| vierhonderd | dörd yüz | ['dørd 'juz] |
| vijfhonderd | beş yüz | ['bɛʃ 'juz] |

| zeshonderd | altı yüz | [al'tı 'juz] |
|---|---|---|
| zevenhonderd | yeddi yüz | [ɛd'di 'juz] |
| achthonderd | səkkiz yüz | [sæk'kiz 'juz] |
| negenhonderd | doqquz yüz | [dok'kuz 'juz] |

| duizend | min | ['min] |
|---|---|---|
| tweeduizend | iki min | [i'ki 'min] |
| drieduizend | üç min | ['jutʃ 'min] |
| tienduizend | on min | ['on 'min] |
| honderdduizend | yüz min | ['juz 'min] |
| miljoen (het) | milyon | [mi'ljon] |
| miljard (het) | milyard | [mi'ljard] |

## 5. Getallen. Breuken

| breukgetal (het) | kəsr | ['kæsr] |
|---|---|---|
| half | ikidə bir | [iki'dæ 'bir] |
| een derde | üçdə bir | [ytʃ'dæ 'bir] |
| kwart | dörddə bir | [dørd'da 'bir] |
| een achtste | səkkizdə bir | [sækkiz'dæ 'bir] |
| een tiende | onda bir | [on'da 'bir] |
| twee derde | üçdə iki | [ytʃ'dæ i'ki] |
| driekwart | dörddə üç | [dørd'dæ 'jutʃ] |

## 6. Getallen. Eenvoudige berekeningen

| | | |
|---|---|---|
| aftrekking (de) | çıxma | [ʧɪχ'ma] |
| aftrekken (ww) | çıxmaq | [ʧɪχ'mah] |
| deling (de) | bölmə | [bøl'mæ] |
| delen (ww) | bölmək | [bøl'mæk] |
| optelling (de) | toplama | [topla'ma] |
| erbij optellen | toplamaq | [topla'mah] |
| (bij elkaar voegen) | | |
| optellen (ww) | artırmaq | [artır'mah] |
| vermenigvuldiging (de) | vurma | [vur'ma] |
| vermenigvuldigen (ww) | vurmaq | [vur'mah] |

## 7. Getallen. Diversen

| | | |
|---|---|---|
| cijfer (het) | rəqəm | [ræ'gæm] |
| nummer (het) | say | ['saj] |
| telwoord (het) | say | ['saj] |
| minteken (het) | minus | ['minus] |
| plusteken (het) | plyus | ['plʲus] |
| formule (de) | düstur | [dys'tur] |
| berekening (de) | hesab | [hɛ'sap] |
| tellen (ww) | saymaq | [saj'mah] |
| bijrekenen (ww) | hesablamaq | [hɛsabla'mah] |
| vergelijken (ww) | müqayisə etmək | [mygajı'sæ ɛt'mæk] |
| Hoeveel? (ontelb.) | Nə qədər? | ['næ gæ'dær] |
| Hoeveel? (telb.) | Neçə? | [nɛ'ʧæ] |
| som (de), totaal (het) | məbləğ | [mæb'læɣ] |
| uitkomst (de) | nəticə | [næti'ʤʲæ] |
| rest (de) | qalıq | [ga'lıh] |
| enkele (bijv. ~ minuten) | bir neçə | [bir nɛ'ʧæ] |
| weinig (bw) | bir az ... | ['bir 'az ...] |
| restant (het) | qalanı | [gala'nı] |
| anderhalf | bir yarım | ['bir ja'rım] |
| dozijn (het) | on iki | ['on i'ki] |
| middendoor (bw) | tən yarı | ['tæn ja'rı] |
| even (bw) | tənbərabər | [tænbæra'bær] |
| helft (de) | yarım | [ja'rım] |
| keer (de) | dəfə | [dæ'fæ] |

## 8. De belangrijkste werkwoorden. Deel 1

| | | |
|---|---|---|
| aanbevelen (ww) | məsləhət görmək | [mæslæ'hæt gør'mæk] |
| aandringen (ww) | təkid etmək | [tæ'kid ɛt'mæk] |
| aankomen (per auto, enz.) | gəlmək | [gæl'mæk] |

| aanraken (ww) | əl vurmaq | ['æl vur'mah] |
| adviseren (ww) | məsləhət vermək | [mæslæ'hæt vɛr'mæk] |

| afdalen (on.ww.) | aşağı düşmək | [aʃa'ɣı dyʃ'mæk] |
| afslaan (naar rechts ~) | döndərmək | [døndær'mæk] |
| antwoorden (ww) | cavab vermək | [dʒ'a'vap vɛr'mæk] |
| bang zijn (ww) | qorxmaq | [gorχ'mah] |
| bedreigen (bijv. met een pistool) | hədələmək | [hædælæ'mæk] |

| bedriegen (ww) | aldatmaq | [aldat'mah] |
| beëindigen (ww) | qurtarmaq | [gurtar'mah] |
| beginnen (ww) | başlamaq | [baʃla'mah] |
| begrijpen (ww) | başa düşmək | [ba'ʃa dyʃ'mæk] |
| beheren (managen) | idarə etmək | [ida'ræ ɛt'mæk] |

| beledigen (met scheldwoorden) | təhkir etmək | [tæh'kir ɛt'mæk] |
| beloven (ww) | vəd etmək | ['væd ɛt'mæk] |
| bereiden (koken) | hazırlamaq | [hazırla'mah] |
| bespreken (spreken over) | müzakirə etmək | [myzaki'ræ ɛt'mæk] |

| bestellen (eten ~) | sifariş etmək | [sifa'riʃ ɛt'mæk] |
| bestraffen (een stout kind ~) | cəzalandırmaq | [dʒ'æzalandır'mah] |
| betalen (ww) | pulunu ödəmək | [pul'u'nu ødæ'mæk] |
| betekenen (beduiden) | ifadə etmək | [ifa'dæ ɛt'mæk] |
| betreuren (ww) | heyfsilənmək | [hɛjfsilæn'mæk] |

| bevallen (prettig vinden) | xoşuna gəlmək | [χoʃu'na gæl'mæk] |
| bevelen (mil.) | əmr etmək | ['æmr ɛt'mæk] |
| bevrijden (stad, enz.) | azad etmək | [a'zad ɛt'mæk] |
| bewaren (ww) | saxlamaq | [saχla'mah] |
| bezitten (ww) | sahib olmaq | [sa'hip ol'mah] |

| bidden (praten met God) | dua etmək | [du'a ɛt'mæk] |
| binnengaan (een kamer ~) | daxil olmaq | [da'χil ol'mah] |
| breken (ww) | qırmaq | [gır'mah] |
| controleren (ww) | nəzarət etmək | [næza'ræt ɛt'mæk] |
| creëren (ww) | yaratmaq | [jarat'mah] |

| deelnemen (ww) | iştirak etmək | [iʃti'rak ɛt'mæk] |
| denken (ww) | düşünmək | [dyʃyn'mæk] |
| doden (ww) | öldürmək | [øldyr'mæk] |
| doen (ww) | etmək | [ɛt'mæk] |
| dorst hebben (ww) | içmək istəmək | [iʧ'mæk istæ'mæk] |

## 9. De belangrijkste werkwoorden. Deel 2

| een hint geven | eyham vurmaq | [ɛj'ham vur'mah] |
| eisen (met klem vragen) | tələb etmək | [tæ'læp ɛt'mæk] |
| existeren (bestaan) | mövcud olmaq | [møv'dʒyd ol'mah] |
| gaan (te voet) | getmək | [gɛt'mæk] |
| gaan zitten (ww) | oturmaq | [otur'mah] |
| gaan zwemmen | çimmək | [ʧim'mæk] |

| geven (ww) | vermək | [vɛr'mæk] |
| glimlachen (ww) | gülümsəmək | [gylymsæ'mæk] |
| goed raden (ww) | tapmaq | [tap'mah] |

| grappen maken (ww) | zarafat etmək | [zara'fat ɛt'mæk] |
| graven (ww) | qazmaq | [gaz'mah] |

| hebben (ww) | malik olmaq | ['malik ol'mah] |
| helpen (ww) | kömək etmək | [kø'mæk ɛt'mæk] |
| herhalen (opnieuw zeggen) | təkrar etmək | [tæk'rar ɛt'mæk] |
| honger hebben (ww) | yemək istəmək | [ɛ'mæk istɛ'mæk] |

| hopen (ww) | ümid etmək | [y'mid ɛt'mæk] |
| horen | eşitmək | [ɛʃit'mæk] |
| (waarnemen met het oor) | | |
| huilen (wenen) | ağlamaq | [aɣla'mah] |
| huren (huis, kamer) | kirayə etmək | [kira'jæ ɛt'mæk] |
| informeren (informatie geven) | məlumat vermək | [mælʲu'mat vɛr'mæk] |

| instemmen (akkoord gaan) | razı olmaq | [ra'zı ol'mah] |
| jagen (ww) | ova çıxmaq | [o'va tʃıx'mah] |
| kennen (kennis hebben | tanımaq | [tanı'mah] |
| van iemand) | | |
| kiezen (ww) | seçmək | [sɛtʃ'mæk] |
| klagen (ww) | şikayət etmək | [ʃika'jæt ɛt'mæk] |

| kosten (ww) | qiyməti olmaq | [gijmæ'ti ol'mah] |
| kunnen (ww) | bacarmaq | [badʒʲar'mah] |
| lachen (ww) | gülmək | [gylʲ'mæk] |
| laten vallen (ww) | yerə salmaq | [ɛ'ræ sal'mah] |
| lezen (ww) | oxumaq | [oχu'mah] |

| liefhebben (ww) | sevmək | [sɛv'mæk] |
| lunchen (ww) | nahar etmək | [na'har ɛt'mæk] |
| nemen (ww) | almaq | [al'mah] |
| nodig zijn (ww) | tələb olunmaq | [tæ'læp olʲun'mah] |

## 10. De belangrijkste werkwoorden. Deel 3

| onderschatten (ww) | lazımi qədər qiymətləndirməmək | [lazı'mi gæ'dær gijmætlæn'dirmæmæk] |
| ondertekenen (ww) | imzalamaq | [imzala'mah] |
| ontbijten (ww) | səhər yeməyi yemək | [sæ'hær ɛmæ'jı ɛ'mæk] |
| openen (ww) | açmaq | [atʃ'mah] |
| ophouden (ww) | kəsmək | [kæs'mæk] |
| opmerken (zien) | görmək | [gør'mæk] |

| opscheppen (ww) | lovğalanmaq | [lovɣalan'mah] |
| opschrijven (ww) | yazmaq | [jaz'mah] |
| plannen (ww) | planlaşdırmaq | [planlaʃdır'mah] |
| prefereren (verkiezen) | üstünlük vermək | [ystyn'lyk vɛr'mæk] |
| proberen (trachten) | sınamaq | [sına'mah] |
| redden (ww) | xilas etmək | [χi'las ɛt'mæk] |
| rekenen op … | bel bağlamaq | ['bɛl baɣla'mah] |

17

| rennen (ww) | qaçmaq | [gatʃ'mah] |
|---|---|---|
| reserveren | sifariş etmək | [sifa'riʃ ɛt'mæk] |
| (een hotelkamer ~) | | |
| roepen (om hulp) | çağırmaq | [tʃaɣɪr'mah] |
| schieten (ww) | atəş açmaq | [a'tæʃ atʃ'mah] |
| schreeuwen (ww) | çığırmaq | [tʃɪɣɪr'mah] |

| schrijven (ww) | yazmaq | [jaz'mah] |
|---|---|---|
| souperen (ww) | axşam yeməyi yemək | [aχ'ʃam ɛmæ'jɪ ɛ'mæk] |
| spelen (kinderen) | oynamaq | [ojna'mah] |
| spreken (ww) | danışmaq | [danɪʃ'mah] |
| stelen (ww) | oğurlamaq | [oɣurla'mah] |
| stoppen (pauzeren) | dayanmaq | [dajan'mah] |

| studeren (Nederlands ~) | öyrənmək | [øjræn'mæk] |
|---|---|---|
| sturen (zenden) | göndərmək | [gøndær'mæk] |
| tellen (optellen) | saymaq | [saj'mah] |
| toebehoren ... | mənsub olmaq | [mæn'sup ol'mah] |
| toestaan (ww) | icazə vermək | [idʒ'a'zæ vɛr'mæk] |
| tonen (ww) | göstərmək | [gøstær'mæk] |

| twijfelen (onzeker zijn) | şübhələnmək | [ʃybhælæn'mæk] |
|---|---|---|
| uitgaan (ww) | çıxmaq | [tʃɪχ'mah] |
| uitnodigen (ww) | dəvət etmək | [dæ'væt ɛt'mæk] |
| uitspreken (ww) | tələffüz etmək | [tælæf'fyz ɛt'mæk] |
| uitvaren tegen (ww) | danlamaq | [danla'mah] |

## 11. De belangrijkste werkwoorden. Deel 4

| vallen (ww) | yıxılmaq | [jɪχɪl'mah] |
|---|---|---|
| vangen (ww) | tutmaq | [tut'mah] |
| veranderen (anders maken) | dəyişmək | [dæiʃ'mæk] |
| verbaasd zijn (ww) | təəccüblənmək | [taædʒyblæn'mæk] |
| verbergen (ww) | gizlətmək | [gizlæt'mæk] |

| verdedigen (je land ~) | müdafiyə etmək | [mydafi'jæ ɛt'mæk] |
|---|---|---|
| verenigen (ww) | birləşdirmək | [birlæʃdir'mæk] |
| vergelijken (ww) | müqayisə etmək | [mygajɪ'sæ ɛt'mæk] |
| vergeten (ww) | unutmaq | [unut'mah] |
| vergeven (ww) | bağışlamaq | [baɣɪʃla'mah] |

| verklaren (uitleggen) | izah etmək | [i'zah ɛt'mæk] |
|---|---|---|
| verkopen (per stuk ~) | satmaq | [sat'mah] |
| vermelden (praten over) | adını çəkmək | [adɪ'nɪ tʃæk'mæk] |
| versieren (decoreren) | bəzəmək | [bæzæ'mæk] |
| vertalen (ww) | tərcümə etmək | [tærdʒy'mæ ɛt'mæk] |

| vertrouwen (ww) | etibar etmək | [ɛti'bar ɛt'mæk] |
|---|---|---|
| vervolgen (ww) | davam etdirmək | [da'vam ɛtdir'mæk] |
| verwarren (met elkaar ~) | dolaşıq salmaq | [dola'ʃıh sal'mah] |
| verzoeken (ww) | xahiş etmək | [χa'hiʃ ɛt'mæk] |
| verzuimen (school, enz.) | buraxmaq | [buraχ'mah] |
| vinden (ww) | tapmaq | [tap'mah] |
| vliegen (ww) | uçmaq | [utʃ'mah] |

| volgen (ww) | ardınca getmək | [ar'dındʒʲa gɛt'mæk] |
| voorstellen (ww) | təklif etmək | [tæk'lif ɛt'mæk] |
| voorzien (verwachten) | qabaqcadan görmək | [ga'bagdʒʲadan gør'mæk] |
| vragen (ww) | soruşmaq | [soruʃ'mah] |

| waarnemen (ww) | müşaidə etmək | [myʃai'dæ ɛt'mæk] |
| waarschuwen (ww) | xəbərdarlıq etmək | [xæbærdar'lıh ɛt'mæk] |
| wachten (ww) | gözləmək | [gøzlæ'mæk] |
| weerspreken (ww) | etiraz etmək | [ɛti'raz ɛt'mæk] |
| weigeren (ww) | imtina etmək | [imti'na ɛt'mæk] |

| werken (ww) | işləmək | [iʃlæ'mæk] |
| weten (ww) | bilmək | [bil'mæk] |
| willen (verlangen) | istəmək | [istæ'mæk] |
| zeggen (ww) | demək | [dɛ'mæk] |
| zich haasten (ww) | tələsmək | [tælæs'mæk] |

| zich interesseren voor ... | maraqlanmaq | [maraglan'mah] |
| zich vergissen (ww) | səhv etmək | ['sæhv ɛt'mæk] |
| zich verontschuldigen | üzr istəmək | ['juzr istæ'mæk] |
| zien (ww) | görmək | [gør'mæk] |

| zijn (ww) | olmaq | [ol'mah] |
| zoeken (ww) | axtarmaq | [aχtar'mah] |
| zwemmen (ww) | üzmək | [yz'mæk] |
| zwijgen (ww) | susmaq | [sus'mah] |

## 12. Kleuren

| kleur (de) | rəng | ['rænh] |
| tint (de) | çalar | [ʧa'lar] |
| kleurnuance (de) | ton | ['ton] |
| regenboog (de) | qövsi-quzeh | [gøvsi gy'zɛh] |

| wit (bn) | ağ | ['aɣ] |
| zwart (bn) | qara | [ga'ra] |
| grijs (bn) | boz | ['boz] |

| groen (bn) | yaşıl | [ja'ʃıl] |
| geel (bn) | sarı | [sa'rı] |
| rood (bn) | qırmızı | [gırmı'zı] |

| blauw (bn) | göy | ['gøj] |
| lichtblauw (bn) | mavi | [ma'vi] |
| roze (bn) | çəhrayı | [ʧæhra'jı] |
| oranje (bn) | narıncı | [narın'dʒʲı] |
| violet (bn) | bənövşəyi | [bænøvʃæ'jı] |
| bruin (bn) | şabalıdı | [ʃabalı'dı] |

| goud (bn) | qızıl | [gı'zıl] |
| zilverkleurig (bn) | gümüşü | [gymy'ʃy] |

| beige (bn) | bej rəngli | [bɛʒ ræng'li] |
| roomkleurig (bn) | krem rəngli | [krɛm ræng'li] |

| | | |
|---|---|---|
| turkoois (bn) | firuzəyi | [firuzæ'jı] |
| kersrood (bn) | tünd qırmızı | ['tynd gırmı'zı] |
| lila (bn) | açıq bənövşəyi | [a'tʃıh bænøvʃæ'jı] |
| karmijnrood (bn) | moruq rəngli | [moruh ræng'li] |

| | | |
|---|---|---|
| licht (bn) | açıq rəngli | [a'tʃıh ræng'li] |
| donker (bn) | tünd | ['tynd] |
| fel (bn) | parlaq | [par'lah] |

| | | |
|---|---|---|
| kleur-, kleurig (bn) | rəngli | [ræng'li] |
| kleuren- (abn) | rəngli | [ræng'li] |
| zwart-wit (bn) | ağ-qara | ['aɣ ga'ra] |
| eenkleurig (bn) | birrəng | [bir'rænh] |
| veelkleurig (bn) | müxtəlif rəngli | [myχtæ'lif ræng'li] |

## 13. Vragen

| | | |
|---|---|---|
| Wie? | Kim? | ['kim] |
| Wat? | Nə? | ['næ] |
| Waar? | Harada? | ['harada] |
| Waarheen? | Haraya? | ['haraja] |
| Waar ... vandaan? | Haradan? | ['haradan] |
| Wanneer? | Nə zaman? | ['næ za'man] |
| Waarom? | Niyə? | [ni'jæ] |
| Waarom? | Nə üçün? | ['næ ju'tʃun] |

| | | |
|---|---|---|
| Waarvoor dan ook? | Nədən ötrü? | [næ'dæn øt'ry] |
| Hoe? | Necə? | [nɛ'dʒʲæ] |
| Wat voor ...? | Nə cür? | ['næ 'dʒyr] |
| Welk? | Hansı? | [han'sı] |

| | | |
|---|---|---|
| Aan wie? | Kimə? | [ki'mæ] |
| Over wie? | Kimdən? | [kim'dæn] |
| Waarover? | Nədən? | [næ'dæn] |
| Met wie? | Kiminlə? | [ki'minlæ] |

| | | |
|---|---|---|
| Hoeveel? (telb.) | Neçə? | [nɛ'tʃæ] |
| Van wie? (mann.) | Kimin? | [ki'min] |

## 14. Functiewoorden. Bijwoorden. Deel 1

| | | |
|---|---|---|
| Waar? | Harada? | ['harada] |
| hier (bw) | burada | ['burada] |
| daar (bw) | orada | ['orada] |

| | | |
|---|---|---|
| ergens (bw) | harada isə | ['harada isɛ] |
| nergens (bw) | heç bir yerdə | ['hɛtʃ 'bir ɛr'dæ] |

| | | |
|---|---|---|
| bij ... (in de buurt) | yanında | [janın'da] |
| bij het raam | pəncərənin yanında | [pændʒʲæræ'nin janın'da] |
| Waarheen? | Haraya? | ['haraja] |
| hierheen (bw) | buraya | ['buraja] |

| | | |
|---|---|---|
| daarheen (bw) | oraya | ['oraja] |
| hiervandaan (bw) | buradan | ['buradan] |
| daarvandaan (bw) | oradan | ['oradan] |
| | | |
| dichtbij (bw) | yaxın | [ja'χın] |
| ver (bw) | uzaq | [u'zah] |
| | | |
| in de buurt (van …) | yanaşı | [jana'ʃı] |
| vlakbij (bw) | yaxında | [jaχın'da] |
| niet ver (bw) | yaxında | [jaχın'da] |
| | | |
| linker (bn) | sol | ['sol] |
| links (bw) | soldan | [sol'dan] |
| linksaf, naar links (bw) | sola | [so'la] |
| | | |
| rechter (bn) | sağ | ['saɣ] |
| rechts (bw) | sağdan | [sa'ɣdan] |
| rechtsaf, naar rechts (bw) | sağa | [sa'ɣa] |
| | | |
| vooraan (bw) | qabaqdan | [gabag'dan] |
| voorste (bn) | qabaq | [ga'bah] |
| vooruit (bw) | irəli | [iræ'li] |
| | | |
| achter (bw) | arxada | [arχa'da] |
| van achteren (bw) | arxadan | [arχa'dan] |
| achteruit (naar achteren) | arxaya | [arχa'ja] |
| | | |
| midden (het) | orta | [or'ta] |
| in het midden (bw) | ortada | [orta'da] |
| | | |
| opzij (bw) | qıraqdan | [gırag'dan] |
| overal (bw) | hər yerdə | ['hær ɛr'dæ] |
| omheen (bw) | ətrafında | [ætrafın'da] |
| | | |
| binnenuit (bw) | içəridən | [itʃæri'dæn] |
| naar ergens (bw) | haraya isə | ['haraja i'sæ] |
| rechtdoor (bw) | düzünə | [dyzy'næ] |
| terug (bijv. ~ komen) | geriyə | [gɛri'jæ] |
| | | |
| ergens vandaan (bw) | haradan olsa | ['haradan ol'sa] |
| ergens vandaan<br>(en dit geld moet ~ komen) | haradansa | ['haradansa] |
| | | |
| ten eerste (bw) | birincisi | [birindʒʲi'si] |
| ten tweede (bw) | ikincisi | [ikintʃi'si] |
| ten derde (bw) | üçüncüsü | [ytʃʲundʒʲu'sy] |
| | | |
| plotseling (bw) | qəflətən | ['gæflætæn] |
| in het begin (bw) | başlanqıcda | [baʃlangıdʒʲ'da] |
| voor de eerste keer (bw) | birinci dəfə | [birin'dʒʲi dæ'fæ] |
| lang voor … (bw) | xeyli əvvəl | ['χɛjli æv'væl] |
| opnieuw (bw) | yenidən | [ɛni'dæn] |
| voor eeuwig (bw) | həmişəlik | [hæmiʃæ'lik] |
| | | |
| nooit (bw) | heç bir zaman | ['hɛtʃ 'bir za'man] |
| weer (bw) | yenə | ['ɛnæ] |

| nu (bw) | indi | [in'di] |
| vaak (bw) | tez-tez | ['tɛz 'tɛz] |
| toen (bw) | onda | [on'da] |
| urgent (bw) | təcili | [tædʒi'li] |
| meestal (bw) | adətən | ['adætæn] |

| trouwens, ...<br>(tussen haakjes) | yeri gəlmişkən | [ɛ'ri gæl'miʃkæn] |
| mogelijk (bw) | ola bilsin | [o'la bil'sin] |
| waarschijnlijk (bw) | ehtimal ki | [ɛhti'mal 'ki] |
| misschien (bw) | ola bilər | [o'la bi'lær] |
| trouwens (bw) | bundan başqa ... | [bun'dan baʃga ...] |
| daarom ... | buna görə | [bu'na gø'ræ] |
| in weerwil van ... | baxmayaraq ki ... | ['baxmajarah ki ...] |
| dankzij ... | sayəsində ... | [sajæsin'dæ ...] |

| wat (vn) | nə | ['næ] |
| dat (vw) | ki | ['ki] |
| iets (vn) | nə isə | ['næ i'sæ] |
| iets | bir şey | ['bir 'ʃɛj] |
| niets (vn) | heç bir şey | ['hɛtʃ 'bir 'ʃæj] |

| wie (~ is daar?) | kim | ['kim] |
| iemand (een onbekende) | kim isə | ['kim i'sæ] |
| iemand<br>(een bepaald persoon) | birisi | [biri'si] |

| niemand (vn) | heç kim | ['hɛtʃ kim] |
| nergens (bw) | heç bir yerə | ['hɛtʃ 'bir ɛ'ræ] |
| niemands (bn) | heç kimin | ['hɛtʃ ki'min] |
| iemands (bn) | kiminsə | [ki'minsæ] |

| zo (Ik ben ~ blij) | belə | [bɛ'læ] |
| ook (evenals) | habelə | ['habɛlæ] |
| alsook (eveneens) | həmçinin | ['hæmtʃinin] |

## 15. Functiewoorden. Bijwoorden. Deel 2

| Waarom? | Nə üçün? | ['næ ju'tʃun] |
| om een bepaalde reden | nədənsə | [næ'dænsæ] |
| omdat ... | ona görə ki | [o'na gø'ræ 'ki] |
| voor een bepaald doel | nə səbəbə isə | ['næ sæbæ'bæ i'sæ] |

| en (vw) | və | ['væ] |
| of (vw) | yaxud | ['jaxud] |
| maar (vw) | amma | ['amma] |
| voor (vz) | üçün | [y'tʃun] |

| te (~ veel mensen) | həddindən artıq | [hæddin'dæn ar'tıh] |
| alleen (bw) | yalnız | ['jalnız] |
| precies (bw) | dəqiq | [dæ'gih] |
| ongeveer (~ 10 kg) | təqribən | [tæg'ribæn] |
| omstreeks (bw) | təxminən | [tæx'minæn] |
| bij benadering (bn) | təxmini | [tæxmi'ni] |

| | | |
|---|---|---|
| bijna (bw) | demək olar ki | [dɛ'mæk o'lar 'ki] |
| rest (de) | qalanı | [gala'nı] |
| | | |
| elk (bn) | hər bir | ['hær 'bir] |
| om het even welk | hansı olursa olsun | [han'sı o'lʲursa ol'sun] |
| veel (grote hoeveelheid) | çox | ['tʃoχ] |
| veel mensen | çoxları | [tʃoχla'rı] |
| iedereen (alle personen) | hamısı | ['hamısı] |
| | | |
| in ruil voor ... | bunun əvəzində | [bu'nun ævæzin'dæ] |
| in ruil (bw) | əvəzində | [ævæzin'dæ] |
| met de hand (bw) | əl ilə | ['æl i'læ] |
| onwaarschijnlijk (bw) | çətin ola bilsin | [tʃæ'tin o'la bil'sin] |
| | | |
| waarschijnlijk (bw) | guman ki | [gy'man 'ki] |
| met opzet (bw) | bilərək | [bi'l:æræk] |
| toevallig (bw) | təsadüfən | [tæ'sadyfæn] |
| | | |
| zeer (bw) | çox | ['tʃoχ] |
| bijvoorbeeld (bw) | məsələn | ['mæsælæn] |
| tussen (~ twee steden) | arasında | [arasın'da] |
| tussen (te midden van) | ortasında | [ortasın'da] |
| zoveel (bw) | bu qədər | ['bu gæ'dær] |
| vooral (bw) | xüsusilə | [χysu'silæ] |

# Basisbegrippen Deel 2

## 16. Dagen van de week

| maandag (de) | bazar ertəsi | [ba'zar ɛrtæ'si] |
|---|---|---|
| dinsdag (de) | çərşənbə axşamı | [ʧærʃæn'bæ aχʃa'mı] |
| woensdag (de) | çərşənbə | [ʧærʃæn'bæ] |
| donderdag (de) | cümə axşamı | [dʒy'mæ aχʃa'mı] |
| vrijdag (de) | cümə | [dʒy'mæ] |
| zaterdag (de) | şənbə | [ʃæn'bæ] |
| zondag (de) | bazar | [ba'zar] |

| vandaag (bw) | bu gün | ['bu 'gyn] |
|---|---|---|
| morgen (bw) | sabah | ['sabah] |
| overmorgen (bw) | birigün | [bi'rigyn] |
| gisteren (bw) | dünən | ['dynæn] |
| eergisteren (bw) | sıraǧa gün | [sıra'ɣa 'gyn] |

| dag (de) | gündüz | [gyn'dyz] |
|---|---|---|
| werkdag (de) | iş günü | ['iʃ gy'ny] |
| feestdag (de) | bayram günü | [baj'ram gy'ny] |
| verlofdag (de) | istirahət günü | [istira'hæt gy'ny] |
| weekend (het) | istirahət günləri | [istira'hæt gynlɛ'ri] |

| de hele dag (bw) | bütün günü | [by'tyn gy'ny] |
|---|---|---|
| de volgende dag (bw) | ertəsi gün | [ɛrtæ'si 'gyn] |
| twee dagen geleden | iki gün qabaq | [i'ki 'gyn ga'bah] |
| aan de vooravond (bw) | ərəfəsində | [æræfæsin'dæ] |
| dag-, dagelijks (bn) | gündəlik | [gyndæ'lik] |
| elke dag (bw) | hər gün | ['hær 'gyn] |

| week (de) | həftə | [hæf'tæ] |
|---|---|---|
| vorige week (bw) | keçən həftə | [kɛ'ʧæn hæf'tæ] |
| volgende week (bw) | gələn həftə | [gæ'læn hæf'tæ] |
| wekelijks (bn) | həftəlik | [hæftæ'lik] |
| elke week (bw) | həftədə bir | [hæftæ'dæ 'bir] |
| twee keer per week | həftədə iki dəfə | [hæftæ'dæ i'ki dæ'fæ] |
| elke dinsdag | hər çərşənbə axşamı | ['hær ʧærʃæn'bæ aχʃa'mı] |

## 17. Uren. Dag en nacht

| morgen (de) | səhər | [sæ'hær] |
|---|---|---|
| 's morgens (bw) | səhərçaǧı | [sæ'hær ʧa'ɣı] |
| middag (de) | günorta | [gynor'ta] |
| 's middags (bw) | nahardan sonra | [nahar'dan son'ra] |

| avond (de) | axşam | [aχ'ʃam] |
|---|---|---|
| 's avonds (bw) | axşam | [aχ'ʃam] |

| nacht (de) | gecə | [gɛ'dʒʲæ] |
|---|---|---|
| 's nachts (bw) | gecə | [gɛ'dʒʲæ] |
| middernacht (de) | gecəyarı | [gɛdʒʲæja'rɪ] |

| seconde (de) | saniyə | [sani'jæ] |
|---|---|---|
| minuut (de) | dəqiqə | [dægi'gæ] |
| uur (het) | saat | [sa'at] |
| halfuur (het) | yarım saat | [ja'rɪm sa'at] |
| kwartier (het) | on beş dəqiqə | ['on 'bɛʃ dægi'gæ] |
| vijftien minuten | on beş dəqiqə | ['on 'bɛʃ dægi'gæ] |
| etmaal (het) | gecə-gündüz | [gɛ'dʒʲæ gyn'dyz] |

| zonsopgang (de) | günəşin doğması | [gynæ'ʃin doɣma'sɪ] |
|---|---|---|
| dageraad (de) | şəfəq | [ʃæ'fæh] |
| vroege morgen (de) | səhər tezdən | [sæ'hær tɛz'dæn] |
| zonsondergang (de) | gün batan çağı | ['gyn ba'tan ʧa'ɣɪ] |

| 's morgens vroeg (bw) | erkəndən | [ɛrkæn'dæn] |
|---|---|---|
| vanmorgen (bw) | bu gün səhər | ['bu 'gyn sæ'hær] |
| morgenochtend (bw) | sabah səhər | ['sabah sæ'hær] |

| vanmiddag (bw) | bu gün günorta çağı | ['bu 'gyn gynor'ta ʧa'ɣɪ] |
|---|---|---|
| 's middags (bw) | nahardan sonra | [nahar'dan son'ra] |
| morgenmiddag (bw) | sabah nahardan sonra | ['sabah nahar'dan son'ra] |

| vanavond (bw) | bu gün axşam | ['bu 'gyn aχ'ʃam] |
|---|---|---|
| morgenavond (bw) | sabah axşam | ['sabah aχ'ʃam] |

| klokslag drie uur | saat üç tamamda | [sa'at 'juʧ tamam'da] |
|---|---|---|
| ongeveer vier uur | təxminən saat dörd radələrində | [tæχ'minæn sa'at 'dørd radælærin'dæ] |
| tegen twaalf uur | saat on iki üçün | [sa'at 'on i'ki ju'ʧun] |

| over twintig minuten | iyirmi dəqiqədən sonra | [ijɪr'mi dægigæ'dæn son'ra] |
|---|---|---|
| over een uur | bir saatdan sonra | ['bir saat'dan son'ra] |
| op tijd (bw) | vaxtında | [vaχtɪn'da] |

| kwart voor ... | on beş dəqiqə qalmış | ['on 'bɛʃ dægi'gæ gal'mɪʃ] |
|---|---|---|
| binnen een uur | bir saat ərzində | ['bir sa'at ærzin'dæ] |
| elk kwartier | hər on beş dəqiqədən bir | ['hær 'on 'bɛʃ dægigæ'dæn bir] |
| de klok rond | gecə-gündüz | [gɛ'dʒʲæ gyn'dyz] |

## 18. Maanden. Seizoenen

| januari (de) | yanvar | [jan'var] |
|---|---|---|
| februari (de) | fevral | [fɛv'ral] |
| maart (de) | mart | ['mart] |
| april (de) | aprel | [ap'rɛl] |
| mei (de) | may | ['maj] |
| juni (de) | iyun | [i'jun] |

| juli (de) | iyul | [i'jul] |
|---|---|---|
| augustus (de) | avqust | ['avgust] |

| september (de) | sentyabr | [sɛn'tʲabr] |
|---|---|---|
| oktober (de) | oktyabr | [ok'tʲabr] |
| november (de) | noyabr | [no'jabr] |
| december (de) | dekabr | [dɛ'kabr] |

| lente (de) | yaz | ['jaz] |
|---|---|---|
| in de lente (bw) | yazda | [jaz'da] |
| lente- (abn) | yaz | ['jaz] |

| zomer (de) | yay | ['jaj] |
|---|---|---|
| in de zomer (bw) | yayda | [jaj'da] |
| zomer-, zomers (bn) | yay | ['jaj] |

| herfst (de) | payız | [pa'jız] |
|---|---|---|
| in de herfst (bw) | payızda | [pajız'da] |
| herfst- (abn) | payız | [pa'jız] |

| winter (de) | qış | ['gıʃ] |
|---|---|---|
| in de winter (bw) | qışda | [gıʃ'da] |
| winter- (abn) | qış | ['gıʃ] |

| maand (de) | ay | ['aj] |
|---|---|---|
| deze maand (bw) | bu ay | ['bu 'aj] |
| volgende maand (bw) | gələn ay | [gæ'læn 'aj] |
| vorige maand (bw) | keçən ay | [kɛ'ʧæn 'aj] |

| een maand geleden (bw) | bir ay qabaq | ['bir 'aj ga'bah] |
|---|---|---|
| over een maand (bw) | bir aydan sonra | ['bir aj'dan son'ra] |
| over twee maanden (bw) | iki aydan sonra | [i'ki aj'dan son'ra] |
| de hele maand (bw) | bütün ay | [by'tyn 'aj] |
| een volle maand (bw) | bütöv ay | [by'tøv 'aj] |

| maand-, maandelijks (bn) | aylıq | [aj'lıh] |
|---|---|---|
| maandelijks (bw) | ayda bir dəfə | [aj'da 'bir dæfæ] |
| elke maand (bw) | hər ay | ['hær 'aj] |
| twee keer per maand | ayda iki dəfə | [aj'da i'ki dæ'fæ] |

| jaar (het) | il | ['il] |
|---|---|---|
| dit jaar (bw) | bu il | ['bu 'il] |
| volgend jaar (bw) | gələn il | [gæ'læn 'il] |
| vorig jaar (bw) | keçən il | [kɛ'ʧæn 'il] |

| een jaar geleden (bw) | bir il əvvəl | ['bir 'il æv'væl] |
|---|---|---|
| over een jaar | bir ildən sonra | ['bir il'dæn son'ra] |
| over twee jaar | iki ildən sonra | [i'ki il'dæn son'ra] |
| het hele jaar | il uzunu | ['il uzu'nu] |
| een vol jaar | bütün il boyu | [by'tyn il bo'ju] |

| elk jaar | hər il | ['hær 'il] |
|---|---|---|
| jaar-, jaarlijks (bn) | illik | [il'lik] |
| jaarlijks (bw) | hər ilki | ['hær il'ki] |
| 4 keer per jaar | ildə dörd dəfə | [il'dæ 'dørd dæ'fæ] |

| datum (de) | gün | ['gyn] |
|---|---|---|
| datum (de) | tarix | [ta'riχ] |
| kalender (de) | təqvim | [tæg'vim] |

| een half jaar | yarım il | [ja'rım 'il] |
| zes maanden | yarım illik | [ja'rım il'lik] |
| seizoen (bijv. lente, zomer) | mövsüm | [møv'sym] |
| eeuw (de) | əsr | ['æsr] |

## 19. Tijd. Diversen

| tijd (de) | zaman | [za'man] |
| ogenblik (het) | qırpım | [gır'pım] |
| moment (het) | an | ['an] |
| ogenblikkelijk (bn) | ani | [a'ni] |
| tijdsbestek (het) | müddət | [myd'dæt] |
| leven (het) | həyat | [hæ'jat] |
| eeuwigheid (de) | əbədiyyat | [æbædi'at] |

| epoche (de), tijdperk (het) | dövr | ['døvr] |
| era (de), tijdperk (het) | era | ['ɛra] |
| cyclus (de) | silsilə | [silsi'læ] |
| periode (de) | zaman | [za'man] |
| termijn (vastgestelde periode) | müddət | [myd'dæt] |

| toekomst (de) | gələcək | [gælæ'dʒˈæk] |
| toekomstig (bn) | gələcək | [gælæ'dʒˈæk] |
| de volgende keer | gələn dəfə | [gæ'læn dæ'fæ] |
| verleden (het) | keçmiş | [kɛtʃˈmiʃ] |
| vorig (bn) | keçən | [kɛ'tʃæn] |
| de vorige keer | keçən dəfə | [kɛ'tʃæn dæ'fæ] |

| later (bw) | daha sonra | [da'ha 'sonra] |
| na (~ het diner) | sonra | [son'ra] |
| tegenwoordig (bw) | hal hazırda | ['hal hazır'da] |
| nu (bw) | indi | [in'di] |

| onmiddellijk (bw) | dərhal | ['dærhal] |
| snel (bw) | tezliklə | [tɛz'liklæ] |
| bij voorbaat (bw) | qabaqcadan | [gabagdʒˈa'dan] |

| lang geleden (bw) | çoxdan | [tʃoχ'dan] |
| kort geleden (bw) | bir az bundan əvvəl | ['bir 'az bun'dan æv'væl] |
| noodlot (het) | qismət | [gis'mæt] |
| herinneringen (mv.) | xatirə | [χati'ræ] |
| archief (het) | arxiv | [ar'χiv] |

| tijdens ... (ten tijde van) | zamanı ... | [zama'nı ...] |
| lang (bw) | uzun zaman | [u'zun za'man] |
| niet lang (bw) | az vaxta | [az vaχ'ta] |

| vroeg (bijv. ~ in de ochtend) | erkən | [ɛrkæ'æn] |
| laat (bw) | gec | ['gɛdʒˈ] |

| voor altijd (bw) | əbədi olaraq | [æbæ'di o'larah] |
| beginnen (ww) | başlamaq | [baʃla'mah] |
| uitstellen (ww) | keçirmək | [kɛtʃir'mæk] |
| tegelijkertijd (bw) | eyni zamanda | ['ɛjni zaman'da] |

27

| voortdurend (bw) | həmişə | ['hæmiʃæ] |
| constant (bijv. ~ lawaai) | daimi | [dai'mi] |
| tijdelijk (bn) | müvəqqəti | [myvækkæ'ti] |

| soms (bw) | hərdən | [hær'dæn] |
| zelden (bw) | nadir hallarda | [na'dir hallar'da] |
| vaak (bw) | tez-tez | ['tɛz 'tɛz] |

## 20. Tegenovergestelden

| rijk (bn) | varlı | [var'lı] |
| arm (bn) | kasıb | [ka'sıp] |

| ziek (bn) | xəstə | [χæs'tæ] |
| gezond (bn) | sağlam | [sa'ɣlam] |

| groot (bn) | böyük | [bø'juk] |
| klein (bn) | kiçik | [ki'tʃik] |

| snel (bw) | cəld | ['dʒⁱæld] |
| langzaam (bw) | asta-asta | [as'ta as'ta] |

| snel (bn) | cəld | ['dʒⁱæld] |
| langzaam (bn) | asta | [as'ta] |

| vrolijk (bn) | şən | ['ʃæn] |
| treurig (bn) | qəmgin | [gæm'gin] |

| samen (bw) | birlikdə | [birlik'dæ] |
| apart (bw) | ayrı-ayrı | [aj'rı aj'rı] |

| hardop (~ lezen) | ucadan | [udʒⁱa'dan] |
| stil (~ lezen) | ürəyində | [yræjın'dæ] |

| hoog (bn) | hündür | [hyn'dyr] |
| laag (bn) | alçaq | [al'tʃah] |

| diep (bn) | dərin | [dæ'rin] |
| ondiep (bn) | dayaz | [da'jaz] |

| ja | bəli | ['bæli] |
| nee | xeyr | ['χɛjr] |

| ver (bn) | uzaq | [u'zah] |
| dicht (bn) | yaxın | [ja'χın] |

| ver (bw) | uzaqda | [uzag'da] |
| dichtbij (bw) | yaxında | [jaχın'da] |

| lang (bn) | uzun | [u'zun] |
| kort (bn) | qısa | [gı'sa] |

| vriendelijk (goedhartig) | xeyirxah | [χɛjır'χah] |
| kwaad (bn) | hirsli | [hirs'li] |

| gehuwd (mann.) | evli | [ɛv'li] |
| ongehuwd (mann.) | subay | [su'baj] |

| verbieden (ww) | qadağan etmək | [gada'ɣan ɛt'mæk] |
| toestaan (ww) | icazə vermək | [idʒʲa'zæ vɛr'mæk] |

| einde (het) | son | ['son] |
| begin (het) | başlanqıc | [baʃla'ngɪdʒʲ] |

| linker (bn) | sol | ['sol] |
| rechter (bn) | sağ | ['saɣ] |

| eerste (bn) | birinci | [birin'dʒʲi] |
| laatste (bn) | sonuncu | [sonun'dʒy] |

| misdaad (de) | cinayət | [dʒʲina'jæt] |
| bestraffing (de) | cəza | [dʒʲæ'za] |

| bevelen (ww) | əmr etmək | ['æmr ɛt'mæk] |
| gehoorzamen (ww) | tabe olmaq | [ta'bɛ ol'mah] |

| recht (bn) | düz | ['dyz] |
| krom (bn) | əyri | [æj'ri] |

| paradijs (het) | cənnət | [dʒʲæn'næt] |
| hel (de) | cəhənnəm | [dʒʲæhæn'næm] |

| geboren worden (ww) | anadan olmaq | [ana'dan ol'mah] |
| sterven (ww) | ölmək | [øl'mæk] |

| sterk (bn) | güclü | [gydʒʲ'ly] |
| zwak (bn) | zəif | [zæ'if] |

| oud (bn) | köhnə | [køh'næ] |
| jong (bn) | cavan | [dʒʲa'van] |

| oud (bn) | köhnə | [køh'næ] |
| nieuw (bn) | təzə | [tæ'zæ] |

| hard (bn) | bərk | ['bærk] |
| zacht (bn) | yumşaq | [jum'ʃah] |

| warm (bn) | isti | [is'ti] |
| koud (bn) | soyuq | [so'juh] |

| dik (bn) | yoğun | [jo'ɣun] |
| dun (bn) | arıq | [a'rɪh] |

| smal (bn) | ensiz | [ɛn'siz] |
| breed (bn) | enli | [ɛn'li] |

| goed (bn) | yaxşı | [jaχ'ʃɪ] |
| slecht (bn) | pis | ['pis] |

| moedig (bn) | cəsarətli | [dʒʲæsaræt'li] |
| laf (bn) | qorxaq | [gor'χah] |

## 21. Lijnen en vormen

| | | |
|---|---|---|
| vierkant (het) | kvadrat | [kvad'rat] |
| vierkant (bn) | kvadrat şəkilli | [kvad'rat ʃækil'li] |
| cirkel (de) | dairə | [dai'ræ] |
| rond (bn) | dəyirmi | [dæjır'mi] |
| driehoek (de) | üçbucaq | [ytʃbu'dʒʲah] |
| driehoekig (bn) | üçbucaqlı | [ytʃbudʒʲag'lı] |

| | | |
|---|---|---|
| ovaal (het) | oval | [o'val] |
| ovaal (bn) | oval | [o'val] |
| rechthoek (de) | düzbucaqlı dördbucaq | [dyzbudʒʲag'lı dørdbu'dʒʲah] |
| rechthoekig (bn) | düzbucaqlı | [dyzbudʒʲag'lı] |

| | | |
|---|---|---|
| piramide (de) | piramida | [pira'mida] |
| ruit (de) | romb | ['romp] |
| trapezium (het) | trapesiya | [tra'pɛsija] |
| kubus (de) | kub | ['kup] |
| prisma (het) | prizma | ['prizma] |

| | | |
|---|---|---|
| omtrek (de) | çevrə | [tʃɛv'ræ] |
| bol, sfeer (de) | kürə | [ky'ræ] |
| bal (de) | kürə | [ky'ræ] |
| diameter (de) | diametr | [di'amɛtr] |
| straal (de) | radius | ['radius] |
| omtrek (~ van een cirkel) | perimetr | [pɛ'rimɛtr] |
| middelpunt (het) | mərkəz | [mær'kæz] |

| | | |
|---|---|---|
| horizontaal (bn) | üfqi | [yf'gi] |
| verticaal (bn) | şaquli | [ʃagu'li] |
| parallel (de) | paralel | [para'lɛl] |
| parallel (bn) | paralel | [para'lɛl] |

| | | |
|---|---|---|
| lijn (de) | xətt | ['xætt] |
| streep (de) | xətt | ['xætt] |
| rechte lijn (de) | düz | ['dyz] |
| kromme (de) | əyri | [æj'ri] |
| dun (bn) | nazik | [na'zik] |
| omlijning (de) | kontur | ['kontur] |

| | | |
|---|---|---|
| snijpunt (het) | kəsişmə | [kæsiʃ'mæ] |
| rechte hoek (de) | düz bucaq | ['dyz bu'dʒʲah] |
| segment (het) | seqment | [sɛg'mɛnt] |
| sector (de) | bölmə | [bøl'mæ] |
| zijde (de) | tərəf | [tæ'ræf] |
| hoek (de) | bucaq | [bu'dʒʲah] |

## 22. Meeteenheden

| | | |
|---|---|---|
| gewicht (het) | çəki | [tʃæ'ki] |
| lengte (de) | uzunluq | [uzun'lʲuh] |
| breedte (de) | en | ['ɛn] |
| hoogte (de) | hündürlük | [hyndyr'lyk] |

| diepte (de) | dərinlik | [dærin'lik] |
| volume (het) | həcm | ['hædʒ<sup>j</sup>m] |
| oppervlakte (de) | səth | ['sæth] |

| gram (het) | qram | ['gram] |
| milligram (het) | milliqram | [milli'gram] |
| kilogram (het) | kiloqram | [kilog'ram] |
| ton (duizend kilo) | ton | ['ton] |
| pond (het) | girvənkə | [girvæn'kæ] |
| ons (het) | unsiya | ['unsija] |

| meter (de) | metr | ['mɛtr] |
| millimeter (de) | millimetr | [milli'mɛtr] |
| centimeter (de) | santimetr | [santi'mɛtr] |
| kilometer (de) | kilometr | [kilo'mɛtr] |
| mijl (de) | mil | ['mil] |

| duim (de) | düym | ['dyjm] |
| voet (de) | fut | ['fut] |
| yard (de) | yard | ['jard] |

| vierkante meter (de) | kvadrat metr | [kvad'rat 'mɛtr] |
| hectare (de) | hektar | [hɛk'tar] |

| liter (de) | litr | ['litr] |
| graad (de) | dərəcə | [dæræ'dʒ<sup>j</sup>æ] |
| volt (de) | volt | ['volt] |
| ampère (de) | amper | [am'pɛr] |
| paardenkracht (de) | at gücü | ['at gy'dʒy] |

| hoeveelheid (de) | miqdar | [mig'dar] |
| een beetje ... | bir az ... | ['bir 'az ...] |
| helft (de) | yarım | [ja'rım] |
| dozijn (het) | on iki | ['on i'ki] |
| stuk (het) | ədəd | [æ'dæd] |

| afmeting (de) | ölçü | [øl'tʃu] |
| schaal (bijv. ~ van 1 op 50) | miqyas | [mi'gjas] |

| minimaal (bn) | minimal | [mini'mal] |
| minste (bn) | ən kiçik | ['æn ki'tʃik] |
| medium (bn) | orta | [or'ta] |
| maximaal (bn) | maksimal | [maksi'mal] |
| grootste (bn) | ən böyük | ['æn bø'juk] |

## 23. Containers

| glazen pot (de) | şüşə banka | [ʃy'ʃæ ban'ka] |
| blik (conserven~) | konserv bankası | [kon'sɛrv banka'sı] |
| emmer (de) | vedrə | [vɛd'ræ] |
| ton (bijv. regenton) | çəllək | [tʃæl'læk] |

| ronde waterbak (de) | ləyən | [læ'jæn] |
| tank (bijv. watertank-70-ltr) | bak | ['bak] |

31

| heupfles (de) | mehtərə | [mɛhtæ'ræ] |
| jerrycan (de) | kanistr | [ka'nistr] |
| tank (bijv. ketelwagen) | sistern | [sis'tɛrn] |

| beker (de) | parç | ['partʃ] |
| kopje (het) | fincan | [fin'dʒ'an] |
| schoteltje (het) | nəlbəki | [nælbæ'ki] |
| glas (het) | stəkan | [stæ'kan] |
| wijnglas (het) | qədəh | [gæ'dæh] |
| steelpan (de) | qazan | [ga'zan] |

| fles (de) | şüşə | [ʃy'ʃæ] |
| flessenhals (de) | boğaz | [bo'gaz] |

| karaf (de) | qrafin | [gra'fin] |
| kruik (de) | səhənk | [sæ'hænk] |
| vat (het) | qab | ['gap] |
| pot (de) | bardaq | [bar'dah] |
| vaas (de) | güldan | [gylʲ'dan] |

| flacon (de) | flakon | [fla'kon] |
| flesje (het) | şüşə | [ʃy'ʃæ] |
| tube (bijv. ~ tandpasta) | tübik | ['tybik] |

| zak (bijv. ~ aardappelen) | torba | [tor'ba] |
| tasje (het) | paket | [pa'kɛt] |
| pakje (~ sigaretten, enz.) | paçka | [patʃ'ka] |

| doos (de) | qutu | [gu'tu] |
| kist (de) | yeşik | [ɛ'ʃik] |
| mand (de) | səbət | [sæ'bæt] |

## 24. Materialen

| materiaal (het) | material | [matɛri'al] |
| hout (het) | taxta | [taχ'ta] |
| houten (bn) | taxta | [taχ'ta] |

| glas (het) | şüşə | [ʃy'ʃæ] |
| glazen (bn) | şüşə | [ʃy'ʃæ] |

| steen (de) | daş | ['daʃ] |
| stenen (bn) | daşdan olan | [daʃ'dan o'lan] |

| plastic (het) | plastik kütlə | [plas'tik kyt'læ] |
| plastic (bn) | plastik kütlədən qayrılmış | [plas'tik kytlæ'dæn gajrıl'mıʃ] |

| rubber (het) | rezin | [rɛ'zin] |
| rubber-, rubberen (bn) | rezin | [rɛ'zin] |

| stof (de) | parça | [par'tʃa] |
| van stof (bn) | parçadan | [partʃa'dan] |
| papier (het) | kağız | [ka'ɣız] |

| | | |
|---|---|---|
| papieren (bn) | **kağız** | [ka'ɣɪz] |
| karton (het) | **karton** | [kar'ton] |
| kartonnen (bn) | **karton** | [kar'ton] |

| | | |
|---|---|---|
| polyethyleen (het) | **polietilen** | [poliæti'lɛn] |
| cellofaan (het) | **sellofan** | [sɛllo'fan] |
| multiplex (het) | **faner** | [fa'nɛr] |

| | | |
|---|---|---|
| porselein (het) | **çini qab** | ['ʧini 'gap] |
| porseleinen (bn) | **çini** | ['ʧini] |
| klei (de) | **gil** | ['gil] |
| klei-, van klei (bn) | **saxsı** | [saχ'sı] |
| keramiek (de) | **keramika** | [kɛ'ramika] |
| keramieken (bn) | **keramik** | [kɛra'mik] |

## 25. Metalen

| | | |
|---|---|---|
| metaal (het) | **metal** | [mɛ'tal] |
| metalen (bn) | **metal** | [mɛ'tal] |
| legering (de) | **xəlitə** | [χæli'tæ] |

| | | |
|---|---|---|
| goud (het) | **qızıl** | [gɪ'zɪl] |
| gouden (bn) | **qızıl** | [gɪ'zɪl] |
| zilver (het) | **gümüş** | [gy'myʃ] |
| zilveren (bn) | **gümüş** | [gy'myʃ] |

| | | |
|---|---|---|
| IJzer (het) | **dəmir** | [dæ'mir] |
| IJzeren (bn) | **dəmir** | [dæ'mir] |
| staal (het) | **polad** | [po'lad] |
| stalen (bn) | **polad** | [po'lad] |
| koper (het) | **mis** | ['mis] |
| koperen (bn) | **mis** | ['mis] |

| | | |
|---|---|---|
| aluminium (het) | **alümin** | [aly'min] |
| aluminium (bn) | **alümin** | [aly'min] |
| brons (het) | **bürünc** | [by'ryndʒʲ] |
| bronzen (bn) | **bürünc** | [by'ryndʒʲ] |

| | | |
|---|---|---|
| messing (het) | **latun** | [la'tun] |
| nikkel (het) | **nikel** | ['nikɛl] |
| platina (het) | **platin** | [pla'tin] |
| kwik (het) | **civə** | [dʒʲi'væ] |
| tin (het) | **qalay** | [ga'laj] |
| lood (het) | **qurğuşun** | [gurχu'ʃun] |
| zink (het) | **sink** | ['sink] |

# MENS

## Mens. Het lichaam

### 26. Mensen. Basisbegrippen

| | | |
|---|---|---|
| mens (de) | adam | [a'dam] |
| man (de) | kişi | [ki'ʃi] |
| vrouw (de) | qadın | [ga'dın] |
| kind (het) | uşaq | [u'ʃah] |

| | | |
|---|---|---|
| meisje (het) | qız | ['gız] |
| jongen (de) | oğlan | [o'ɣlan] |
| tiener, adolescent (de) | yeniyetmə | [ɛniɛt'mæ] |
| oude man (de) | qoca | [go'dʒˈa] |
| oude vrouw (de) | qarı | [ga'rı] |

### 27. Menselijke anatomie

| | | |
|---|---|---|
| organisme (het) | orqanizm | [orga'nizm] |
| hart (het) | ürək | [y'ræk] |
| bloed (het) | qan | ['gan] |
| slagader (de) | arteriya | [ar'tɛrija] |
| ader (de) | vena | ['vɛna] |

| | | |
|---|---|---|
| hersenen (mv.) | beyin | [bɛ'jın] |
| zenuw (de) | sinir | [si'nir] |
| zenuwen (mv.) | sinirlər | [sinir'lær] |
| wervel (de) | fəqərə | [fægæ'ræ] |
| ruggengraat (de) | onurğa sümüyü | [onur'ɣa symy'ju] |

| | | |
|---|---|---|
| maag (de) | mədə | [mæ'dæ] |
| darmen (mv.) | bağırsaqlar | [baɣırsag'lar] |
| darm (de) | bağırsaq | [baɣır'sah] |
| lever (de) | qara ciyər | [ga'ra dʒˈi'jær] |
| nier (de) | böyrək | [bøj'ræk] |

| | | |
|---|---|---|
| been (deel van het skelet) | sümük | [sy'myk] |
| skelet (het) | skelet | [skɛ'lɛt] |
| rib (de) | qabırqa | [gabır'ga] |
| schedel (de) | kəllə | [kæl'læ] |

| | | |
|---|---|---|
| spier (de) | əzələ | [æzæ'læ] |
| biceps (de) | biseps | ['bisɛps] |
| triceps (de) | triseps | ['trisɛps] |
| pees (de) | vətər | [væ'tær] |
| gewricht (het) | oynaq | [oj'nah] |

| longen (mv.) | ağ ciyər | ['aɣ ʤ<sup>j</sup>i'ær] |
|---|---|---|
| geslachtsorganen (mv.) | cinsiyyət orqanları | [ʤ<sup>j</sup>insi'æt 'organları] |
| huid (de) | dəri | [dæ'ri] |

## 28. Hoofd

| hoofd (het) | baş | ['baʃ] |
|---|---|---|
| gezicht (het) | üz | ['yz] |
| neus (de) | burun | [bu'run] |
| mond (de) | ağız | [a'ɣız] |

| oog (het) | göz | ['gøz] |
|---|---|---|
| ogen (mv.) | gözlər | [gøz'lær] |
| pupil (de) | göz bəbəyi | [gøz bæ'bæjı] |
| wenkbrauw (de) | qaş | ['gaʃ] |
| wimper (de) | kirpik | [kir'pik] |
| ooglid (het) | göz qapağı | [gøz gapa'ɣı] |

| tong (de) | dil | ['dil] |
|---|---|---|
| tand (de) | diş | ['diʃ] |
| lippen (mv.) | dodaq | [do'dah] |
| jukbeenderen (mv.) | almacıq sümüyü | [alma'ʤ<sup>j</sup>ıh symy'ju] |
| tandvlees (het) | diş əti | ['diʃ æ'ti] |
| gehemelte (het) | damağ | [da'maɣ] |

| neusgaten (mv.) | burun deşikləri | [bu'run dɛʃiklæ'ri] |
|---|---|---|
| kin (de) | çənə | [ʧæ'næ] |
| kaak (de) | çənə | [ʧæ'næ] |
| wang (de) | yanaq | [ja'nah] |

| voorhoofd (het) | alın | [a'lın] |
|---|---|---|
| slaap (de) | gicgah | [giʤ<sup>j</sup>'gah] |
| oor (het) | qulaq | [gu'lah] |
| achterhoofd (het) | peysər | [pɛj'sær] |
| hals (de) | boyun | [bo'jun] |
| keel (de) | boğaz | [bo'gaz] |

| haren (mv.) | saç | ['saʧ] |
|---|---|---|
| kapsel (het) | saç düzümü | ['saʧ dyzy'my] |
| haarsnit (de) | saç vurdurma | ['saʧ vurdur'ma] |
| pruik (de) | parik | [pa'rik] |

| snor (de) | bığ | ['bıɣ] |
|---|---|---|
| baard (de) | saqqal | [sak'kal] |
| dragen (een baard, enz.) | qoymaq | [goj'mah] |
| vlecht (de) | hörük | [hø'ryk] |
| bakkebaarden (mv.) | bakenbard | [bakɛn'bard] |

| ros (roodachtig, rossig) | kürən | [ky'ræn] |
|---|---|---|
| grijs (~ haar) | saçı ağarmış | [sa'ʧı aɣar'mıʃ] |
| kaal (bn) | keçəl | [kɛ'ʧæl] |
| kale plek (de) | daz | ['daz] |
| paardenstaart (de) | quyruq | [guj'ruh] |
| pony (de) | zülf | ['zyl<sup>j</sup>f] |

## 29. Menselijk lichaam

| | | |
|---|---|---|
| hand (de) | əl | ['æl] |
| arm (de) | qol | ['gol] |

| | | |
|---|---|---|
| vinger (de) | barmaq | [bar'mah] |
| duim (de) | baş barmaq | ['baʃ bar'mah] |
| pink (de) | çeçələ barmaq | [ʧɛʧæ'læ bar'mah] |
| nagel (de) | dırnaq | [dır'nah] |

| | | |
|---|---|---|
| vuist (de) | yumruq | [jum'ruh] |
| handpalm (de) | ovuc içi | [o'vuʤ i'ʧi] |
| pols (de) | bilək | [bi'læk] |
| voorarm (de) | bazu önü | [ba'zı ø'ny] |
| elleboog (de) | dirsək | [dir'sæk] |
| schouder (de) | çiyin | [ʧi'jın] |

| | | |
|---|---|---|
| been (rechter ~) | topuq | [to'puh] |
| voet (de) | pəncə | [pæn'ʤæ] |
| knie (de) | diz | ['diz] |
| kuit (de) | baldır | [bal'dır] |
| heup (de) | omba | [om'ba] |
| hiel (de) | daban | [da'ban] |

| | | |
|---|---|---|
| lichaam (het) | bədən | [bæ'dæn] |
| buik (de) | qarın | [ga'rın] |
| borst (de) | sinə | [si'næ] |
| borst (de) | döş | ['døʃ] |
| zijde (de) | böyür | [bø'jur] |
| rug (de) | kürək | [ky'ræk] |
| lage rug (de) | bel | ['bɛl] |
| taille (de) | bel | ['bɛl] |

| | | |
|---|---|---|
| navel (de) | göbək | [gø'bæk] |
| billen (mv.) | sağrı | [sa'ɣrı] |
| achterwerk (het) | arxa | [ar' χa] |

| | | |
|---|---|---|
| huidvlek (de) | xal | ['χal] |
| tatoeage (de) | tatuirovka | [tatui'rovka] |
| litteken (het) | çapıq | [ʧa'pıh] |

# Kleding en accessoires

## 30. Bovenkleding. Jassen

| | | |
|---|---|---|
| kleren (mv.), kleding (de) | geyim | [gɛ'jɪm] |
| bovenkleding (de) | üst geyim | ['just gɛ'jɪm] |
| winterkleding (de) | qış paltarı | ['gɪʃ palta'rɪ] |
| | | |
| jas (de) | palto | [pal'to] |
| bontjas (de) | kürk | ['kyrk] |
| bontjasje (het) | yarımkürk | [jarɪm'kyrk] |
| donzen jas (de) | pərğu geyim | [pær'ɣu gɛ'jɪm] |
| | | |
| jasje (bijv. een leren ~) | gödəkcə | [gødæk'tʃæ] |
| regenjas (de) | plaş | ['plaʃ] |
| waterdicht (bn) | su buraxmayan | ['su bu'raχmajan] |

## 31. Heren & dames kleding

| | | |
|---|---|---|
| overhemd (het) | köynək | [køj'næk] |
| broek (de) | şalvar | [ʃal'var] |
| jeans (de) | cins | ['dʒⁱins] |
| colbert (de) | pencək | [pɛn'dʒⁱæk] |
| kostuum (het) | kişi üçün kostyum | [ki'ʃi ju'tʃun kos'tⁱum] |
| | | |
| jurk (de) | don | ['don] |
| rok (de) | yubka | [yb'ka] |
| blouse (de) | bluzka | [blⁱuz'ka] |
| wollen vest (de) | yun kofta | ['jun kof'ta] |
| blazer (kort jasje) | jaket | [ʒa'kɛt] |
| | | |
| T-shirt (het) | futbolka | [futbol'ka] |
| shorts (mv.) | şort | ['ʃort] |
| trainingspak (het) | idman paltarı | [id'man palta'rɪ] |
| badjas (de) | hamam xələti | [ha'mam χælæ'ti] |
| pyjama (de) | pijama | [pi'ʒama] |
| | | |
| sweater (de) | sviter | ['svitɛr] |
| pullover (de) | pulover | [pulo'vɛr] |
| | | |
| gilet (het) | jilet | [ʒi'lɛt] |
| rokkostuum (het) | frak | ['frak] |
| smoking (de) | smokinq | ['smokinh] |
| | | |
| uniform (het) | forma | ['forma] |
| werkkleding (de) | iş paltarı | ['iʃ palta'rɪ] |
| overall (de) | kombinezon | [kombinɛ'zon] |
| doktersjas (de) | həkim xələti | [hæ'kim χælæ'ti] |

## 32. Kleding. Ondergoed

| | | |
|---|---|---|
| ondergoed (het) | alt paltarı | ['alt palta'rı] |
| onderhemd (het) | mayka | [maj'ka] |
| sokken (mv.) | corab | [dʒʲo'rap] |

| | | |
|---|---|---|
| nachthemd (het) | gecə köynəyi | [gɛ'dʒʲæ køjnæ'jı] |
| beha (de) | büsthalter | [byst'haltɛr] |
| kniekousen (mv.) | golf corab | ['golf dʒʲo'rap] |
| panty (de) | kolqotka | [kolgot'ka] |
| nylonkousen (mv.) | uzun corab | [u'zun dʒʲo'rap] |
| badpak (het) | çimmə paltarı | [ʧim'mæ palta'rı] |

## 33. Hoofddeksels

| | | |
|---|---|---|
| hoed (de) | papaq | [pa'pah] |
| deukhoed (de) | şlyapa | ['ʃlʲapa] |
| honkbalpet (de) | beysbol papağı | [bɛjs'bol papa'ɣı] |
| kleppet (de) | kepka | [kɛp'ka] |

| | | |
|---|---|---|
| baret (de) | beret | [bɛ'rɛt] |
| kap (de) | kapyuşon | [kapy'ʃon] |
| panamahoed (de) | panama | [pa'nama] |
| gebreide muts (de) | yun papaq | ['jun pa'pah] |

| | | |
|---|---|---|
| hoofddoek (de) | baş örtüyü | ['baʃ ørty'ju] |
| dameshoed (de) | kiçik şlyapa | [ki'ʧik 'ʃlʲapa] |

| | | |
|---|---|---|
| veiligheidshelm (de) | kaska | [kas'ka] |
| veldmuts (de) | pilot papağı | [pi'lot papa'ɣı] |
| helm, valhelm (de) | dəbilqə | [dæbil'gæ] |

| | | |
|---|---|---|
| bolhoed (de) | kotelok | [kotɛ'lok] |
| hoge hoed (de) | silindr | [si'lindr] |

## 34. Schoeisel

| | | |
|---|---|---|
| schoeisel (het) | ayaqqabı | [ajakka'bı] |
| schoenen (mv.) | botinka | [botin'ka] |
| vrouwenschoenen (mv.) | tufli | [tuf'li] |
| laarzen (mv.) | uzunboğaz çəkmə | [uzunbo'ɣaz ʧæk'mæ] |
| pantoffels (mv.) | şap-şap | ['ʃap 'ʃap] |

| | | |
|---|---|---|
| sportschoenen (mv.) | krossovka | [kros'sovka] |
| sneakers (mv.) | ket | ['kɛt] |
| sandalen (mv.) | səndəl | [sæn'dæl] |

| | | |
|---|---|---|
| schoenlapper (de) | çəkməçi | [ʧækmæ'ʧi] |
| hiel (de) | daban | [da'ban] |
| paar (een ~ schoenen) | tay | ['taj] |
| veter (de) | qaytan | [gaj'tan] |

| rijgen (schoenen ~) | qaytanlamaq | [gajtanla'mah] |
|---|---|---|
| schoenlepel (de) | dabançəkən | [dabantʃæ'kæn] |
| schoensmeer (de/het) | ayaqqabı kremi | [ajakka'bı krɛ'mi] |

## 35. Textiel. Weefsel

| katoen (de/het) | pambıq parça | [pam'bıh par'tʃa] |
|---|---|---|
| katoenen (bn) | pambıq parçadan | [pam'bıh partʃa'dan] |
| vlas (het) | kətan | [kæ'tan] |
| vlas-, van vlas (bn) | kətan parçadan | [kæ'tan partʃa'dan] |

| zijde (de) | ipək | [i'pæk] |
|---|---|---|
| zijden (bn) | ipək | [i'pæk] |
| wol (de) | yun | ['jun] |
| wollen (bn) | yun | ['jun] |

| fluweel (het) | məxmər | [mæχ'mær] |
|---|---|---|
| suède (de) | zamşa | ['zamʃa] |
| ribfluweel (het) | velvet | [vɛl'vɛt] |

| nylon (de/het) | neylon | [nɛj'lon] |
|---|---|---|
| nylon-, van nylon (bn) | neylondan | [nɛjlon'dan] |
| polyester (het) | poliester | [poli'æstɛr] |
| polyester- (abn) | poliesterdən hazırlanan | [poli'æstɛrdæn hazırla'nan] |

| leer (het) | dəri | [dæ'ri] |
|---|---|---|
| leren (van leer gemaak) | dəridən | [dæri'dæn] |
| bont (het) | xəz | ['χæz] |
| bont- (abn) | xəzdən tikilmiş | [χæz'dæn tikil'miʃ] |

## 36. Persoonlijke accessoires

| handschoenen (mv.) | əlcək | [æl'dʒˈæk] |
|---|---|---|
| wanten (mv.) | təkbarmaq əlcək | [tækbar'mah æl'dʒˈæk] |
| sjaal (fleece ~) | şərf | ['ʃærf] |

| bril (de) | eynək | [ɛj'næk] |
|---|---|---|
| brilmontuur (het) | çərçivə | [tʃærtʃi'væ] |
| paraplu (de) | çətir | [tʃæ'tir] |
| wandelstok (de) | əl ağacı | ['æl aɣa'dʒˈı] |
| haarborstel (de) | şaç şotkası | ['satʃ ʃotka'sı] |
| waaier (de) | yelpik | [ɛl'pik] |

| das (de) | qalstuk | ['galstuk] |
|---|---|---|
| strikje (het) | kəpənək qalstuk | [kæpæ'næk 'galstuk] |
| bretels (mv.) | çiyinbağı | [tʃˈijınba'ɣı] |
| zakdoek (de) | cib dəsmalı | ['dʒˈip dæsma'lı] |

| kam (de) | daraq | [da'rah] |
|---|---|---|
| haarspeldje (het) | baş sancağı | ['baʃ sandʒˈa'ɣı] |
| schuifspeldje (het) | baş sancağı | ['baʃ sandʒˈa'ɣı] |
| gesp (de) | toqqa | [tok'ka] |

| broekriem (de) | kəmər | [kæ'mær] |
| draagriem (de) | kəmərcik | [kæmær'dʒik] |

| handtas (de) | çanta | [ʧan'ta] |
| damestas (de) | qadın cantası | [ga'dın ʧanta'sı] |
| rugzak (de) | arxa çantası | [ar'χa ʧanta'sı] |

## 37. Kleding. Diversen

| mode (de) | moda | ['moda] |
| de mode (bn) | dəbdə olan | [dæb'dæ o'lan] |
| kledingstilist (de) | modelçi | [modɛl'ʧi] |

| kraag (de) | yaxalıq | [jaχa'lıh] |
| zak (de) | cib | ['dʒip] |
| zak- (abn) | cib | ['dʒip] |
| mouw (de) | qol | ['gol] |
| lusje (het) | ilmə asqı | [il'mæ as'gı] |
| gulp (de) | miyança | [mijan'ʧa] |

| rits (de) | zəncir-bənd | [zɛn'dʒir 'bænd] |
| sluiting (de) | bənd | ['bænd] |
| knoop (de) | düymə | [dyj'mæ] |
| knoopsgat (het) | ilmə | [il'mæ] |
| losraken (bijv. knopen) | qopmaq | [gop'mah] |

| naaien (kleren, enz.) | tikmək | [tik'mæk] |
| borduren (ww) | naxış tikmək | [na'χıʃ tik'mæk] |
| borduursel (het) | naxış | [na'χıʃ] |
| naald (de) | iynə | [ij'næ] |
| draad (de) | sap | ['sap] |
| naad (de) | tikiş | [ti'kiʃ] |

| vies worden (ww) | çirklənmək | [ʧirklæn'mæk] |
| vlek (de) | ləkə | [læ'kæ] |
| gekreukt raken (ov. kleren) | əzilmək | [æzil'mæk] |
| scheuren (ov.ww.) | cırmaq | [dʒır'mah] |
| mot (de) | güvə | [gy'væ] |

## 38. Persoonlijke verzorging. Schoonheidsmiddelen

| tandpasta (de) | diş məcunu | ['diʃ mædʒy'nu] |
| tandenborstel (de) | diş fırçası | ['diʃ fırʧa'sı] |
| tanden poetsen (ww) | dişləri fırçalamaq | [diʃlæ'ri fırʧala'mah] |

| scheermes (het) | ülgüc | [yl'gydʒ] |
| scheerschuim (het) | üz qırxmaq üçün krem | ['juz gırχ'mah ju'ʧun 'krɛm] |
| zich scheren (ww) | üzünü qırxmaq | [yzy'ny gırχ'mah] |

| zeep (de) | sabun | [sa'bun] |
| shampoo (de) | şampun | [ʃam'pun] |
| schaar (de) | qayçı | [gaj'ʧı] |

| nagelvijl (de) | dırnaq üçün kiçik bıçqı | [dır'nah ju'tʃun ki'tʃik bıtʃ'gı] |
| nagelknipper (de) | dırnaq üçün kiçik kəlbətin | [dır'nah ju'tʃun ki'tʃik kælbæ'tin] |
| pincet (het) | maqqaş | [mak'kaʃ] |

| cosmetica (de) | kosmetika | [kos'mɛtika] |
| masker (het) | maska | [mas'ka] |
| manicure (de) | manikür | [mani'kyr] |
| manicure doen | manikür etmək | [mani'kyr ɛt'mæk] |
| pedicure (de) | pedikür | [pɛdi'kyr] |

| cosmetica tasje (het) | kosmetika üçün kiçik çanta | [kos'mɛtika ju'tʃun ki'tʃik tʃan'ta] |
| poeder (de/het) | pudra | [pud'ra] |
| poederdoos (de) | pudra qabı | [pud'ra ga'bı] |
| rouge (de) | ənlik | [æn'lik] |

| parfum (de/het) | ətir | [æ'tir] |
| eau de toilet (de) | ətirli su | [ætir'li 'su] |
| lotion (de) | losyon | [lo'sjon] |
| eau de cologne (de) | odekolon | [odɛko'lon] |

| oogschaduw (de) | göz ətrafına sürülən boyalar | [gøz ætrafı'na syry'læn boja'lar] |
| oogpotlood (het) | göz üçün karandaş | [gøz ju'tʃun karan'daʃ] |
| mascara (de) | kirpik üçün tuş | [kir'pik ju'tʃun 'tuʃ] |

| lippenstift (de) | dodaq boyası | [do'dah boja'sı] |
| nagellak (de) | dırnaq üçün lak | [dır'nah ju'tʃun 'lak] |
| haarlak (de) | saç üçün lak | ['satʃ ju'tʃun 'lak] |
| deodorant (de) | dezodorant | [dɛzodo'rant] |

| crème (de) | krem | ['krɛm] |
| gezichtscrème (de) | üz kremi | ['juz krɛ'mi] |
| handcrème (de) | əl kremi | ['æl krɛ'mi] |
| antirimpelcrème (de) | qırışığa qarşı krem | [gırıʃı'ɣa gar'ʃı 'krɛm] |
| dagcrème (de) | gündüz kremi | [gyn'dyz krɛ'mi] |
| nachtcrème (de) | gecə kremi | [gɛ'dʒʲæ krɛ'mi] |

| tampon (de) | tampon | [tam'pon] |
| toiletpapier (het) | tualet kağızı | [tua'lɛt kʲaɣı'zı] |
| föhn (de) | fen | ['fɛn] |

## 39. Juwelen

| sieraden (mv.) | cəvahirat | [dʒʲævahi'rat] |
| edel (bijv. ~ stenen) | qiymətli | [gijmæt'li] |
| keurmerk (het) | damğa | [dam'ɣa] |

| ring (de) | üzük | [y'zyk] |
| trouwring (de) | nişan üzüyü | [ni'ʃan juzy'ju] |
| armband (de) | qolbağ | [gol'baɣ] |
| oorringen (mv.) | sırğa | [sır'ɣa] |
| halssnoer (het) | boyunbağı | [bojunba'ɣı] |

| kroon (de) | tac | ['tadʒ] |
| kralen snoer (het) | muncuq | [mun'dʒyh] |

| diamant (de) | brilyant | [bri'ljant] |
| smaragd (de) | zümrüd | [zym'ryd] |
| robijn (de) | yaqut | [ja'gut] |
| saffier (de) | sapfir | [sap'fir] |
| parel (de) | mirvari | [mirva'ri] |
| barnsteen (de) | kəhrəba | [kæhræ'ba] |

## 40. Horloges. Klokken

| polshorloge (het) | qol saatı | [gol saa'tı] |
| wijzerplaat (de) | siferblat | [sifɛrb'lat] |
| wijzer (de) | əqrəb | [æg'ræp] |
| metalen horlogeband (de) | saat bilərziyi | [sa'at bilærzi'jı] |
| horlogebandje (het) | qayış | [ga'jıʃ] |

| batterij (de) | batareya | [bata'rɛja] |
| leeg zijn (ww) | sıradan çıxmaq | [sıra'dan tʃıx'mah] |
| batterij vervangen | batareyanı dəyişmək | [bata'rɛjanı dæjıʃ'mæk] |
| voorlopen (ww) | irəli getmək | [iræ'li gɛt'mæk] |
| achterlopen (ww) | geri qalmaq | [gɛ'ri gal'mah] |

| wandklok (de) | divar saatı | [di'var saa'tı] |
| zandloper (de) | qum saatı | ['gum saa'tı] |
| zonnewijzer (de) | günəş saatı | [gy'næʃ saa'tı] |
| wekker (de) | zəngli saat | [zæng'li sa'at] |
| horlogemaker (de) | saatsaz | [saa'tsaz] |
| repareren (ww) | təmir etmək | [tæ'mir ɛt'mæk] |

# Voedsel. Voeding

## 41. Voedsel

| | | |
|---|---|---|
| vlees (het) | ət | ['æt] |
| kip (de) | toyuq | [to'juh] |
| kuiken (het) | cücə | [dʒy'dʒ'æ] |
| eend (de) | ördək | [ør'dæk] |
| gans (de) | qaz | ['gaz] |
| wild (het) | ov quşları və heyvanları | ['ov guʃla'rı 'væ hɛjvanla'rı] |
| kalkoen (de) | hind toyuğu | ['hind toju'ɣu] |
| | | |
| varkensvlees (het) | donuz əti | [do'nuz æ'ti] |
| kalfsvlees (het) | dana əti | [da'na æ'ti] |
| schapenvlees (het) | qoyun əti | [go'jun æ'ti] |
| rundvlees (het) | mal əti | ['mal æ'ti] |
| konijnenvlees (het) | ev dovşanı | ['ɛv dovʃa'nı] |
| | | |
| worst (de) | kolbasa | [kolba'sa] |
| saucijs (de) | sosiska | [sosis'ka] |
| spek (het) | bekon | ['bɛkon] |
| ham (de) | vetçina | [vɛtʃi'na] |
| gerookte achterham (de) | donuz budu | [do'nuz bu'du] |
| | | |
| paté, pastei (de) | paştet | [paʃ'tɛt] |
| lever (de) | qara ciyər | [ga'ra dʒ'i'jær] |
| gehakt (het) | qiymə | [gij'mæ] |
| tong (de) | dil | ['dil] |
| | | |
| ei (het) | yumurta | [jumur'ta] |
| eieren (mv.) | yumurtalar | [jumurta'lar] |
| eiwit (het) | zülal | [zy'lal] |
| eigeel (het) | yumurtanın sarısı | [jumurta'nın sarı'sı] |
| | | |
| vis (de) | balıq | [ba'lıh] |
| zeevruchten (mv.) | dəniz məhsulları | [dæ'niz mæhsulla'rı] |
| kaviaar (de) | kürü | [ky'ry] |
| | | |
| krab (de) | qısaquyruq | [gısaguj'ruh] |
| garnaal (de) | krevet | [krɛ'vɛt] |
| oester (de) | istridyə | [istri'd'æ] |
| langoest (de) | lanqust | [lan'gust] |
| octopus (de) | səkkizayaqlı ilbiz | [sækkizajag'lı il'biz] |
| inktvis (de) | kalmar | [kal'mar] |
| | | |
| steur (de) | nərə balığı | [næ'ræ balı'ɣı] |
| zalm (de) | qızılbalıq | [gızılba'lıh] |
| heilbot (de) | paltus | ['paltus] |
| kabeljauw (de) | treska | [trɛs'ka] |
| makreel (de) | skumbriya | ['skumbrija] |

| tonijn (de) | tunes | [tu'nɛs] |
| paling (de) | angvil balığı | [ang'vil balı'ɣı] |

| forel (de) | alabalıq | [alaba'lıh] |
| sardine (de) | sardina | [sar'dina] |
| snoek (de) | durnabalığı | [durnabalı'ɣı] |
| haring (de) | siyənək | [sijæ'næk] |

| brood (het) | çörək | [tʃœ'ræk] |
| kaas (de) | pendir | [pɛn'dir] |
| suiker (de) | şəkər | [ʃæ'kær] |
| zout (het) | duz | ['duz] |

| rijst (de) | düyü | [dy'ju] |
| pasta (de) | makaron | [maka'ron] |
| noedels (mv.) | əriştə | [æriʃ'tæ] |

| boter (de) | kərə yağı | [kæ'ræ jaɣı] |
| plantaardige olie (de) | bitki yağı | [bit'ki ja'ɣı] |
| zonnebloemolie (de) | günəbaxan yağ | [gynæba'χan jaɣ] |
| margarine (de) | marqarin | [marga'rin] |

| olijven (mv.) | zeytun | [zɛj'tun] |
| olijfolie (de) | zeytun yağı | [zɛj'tun ja'ɣı] |

| melk (de) | süd | ['syd] |
| gecondenseerde melk (de) | qatılaşdırılmış süd | [gatılaʃdırıl'mıʃ 'syd] |
| yoghurt (de) | yoqurt | ['jogurt] |
| zure room (de) | xama | [χa'ma] |
| room (de) | xama | [χa'ma] |

| mayonaise (de) | mayonez | [majo'nɛz] |
| crème (de) | krem | ['krɛm] |

| graan (het) | yarma | [jar'ma] |
| meel (het), bloem (de) | un | ['un] |
| conserven (mv.) | konserv | [kon'sɛrv] |

| maïsvlokken (mv.) | qarğıdalı yumağı | [garɣıda'lı juma'ɣı] |
| honing (de) | bal | ['bal] |
| jam (de) | cem | ['dʒˈɛm] |
| kauwgom (de) | saqqız | [sak'kız] |

### 42. Drankjes

| water (het) | su | ['su] |
| drinkwater (het) | içməli su | [itʃmæ'li 'su] |
| mineraalwater (het) | mineral su | [minɛ'ral 'su] |

| zonder gas | qazsız | [gaz'sız] |
| koolzuurhoudend (bn) | qazlı | [gaz'lı] |
| bruisend (bn) | qazlı | [gaz'lı] |
| IJs (het) | buz | ['buz] |
| met ijs | buzlu | [buz'lˈu] |

| alcohol vrij (bn) | spirtsiz | [spir'tsiz] |
| alcohol vrije drank (de) | spirtsiz içki | [spir'tsiz itʃ'ki] |
| frisdrank (de) | sərinləşdirici içki | [særinlæʃdiri'dʒⁱi itʃ'ki] |
| limonade (de) | limonad | [limo'nad] |

| alcoholische dranken (mv.) | spirtli içkilər | [spirt'li itʃki'lær] |
| wijn (de) | çaxır | [tʃa'χır] |
| witte wijn (de) | ağ çaxır | ['aɣ tʃa'χır] |
| rode wijn (de) | qırmızı çaxır | [gırmı'zı tʃa'χır] |

| likeur (de) | likyor | [li'kⁱor] |
| champagne (de) | şampan | [ʃam'pan] |
| vermout (de) | vermut | ['vɛrmut] |

| whisky (de) | viski | ['viski] |
| wodka (de) | araq | [a'rah] |
| gin (de) | cin | ['dʒⁱin] |
| cognac (de) | konyak | [ko'njak] |
| rum (de) | rom | ['rom] |

| koffie (de) | qəhvə | [gæh'væ] |
| zwarte koffie (de) | qara qəhvə | [ga'ra gæh'væ] |
| koffie (de) met melk | südlü qəhvə | [syd'ly gæh'væ] |
| cappuccino (de) | xamalı qəhvə | [χama'lı gæh'væ] |
| oploskoffie (de) | tez həll olunan qəhvə | ['tɛz 'hæll olⁱu'nan gæh'væ] |

| melk (de) | süd | ['syd] |
| cocktail (de) | kokteyl | [kok'tɛjl] |
| milkshake (de) | südlü kokteyl | [syd'ly kok'tɛjl] |

| sap (het) | şirə | [ʃi'ræ] |
| tomatensap (het) | tomat şirəsi | [to'mat ʃiræ'si] |
| sinaasappelsap (het) | portağal şirəsi | [porta'ɣal ʃiræ'si] |
| vers geperst sap (het) | təzə sıxılmış şirə | [tæ'zæ sıχıl'mıʃ ʃi'ræ] |

| bier (het) | pivə | [pi'væ] |
| licht bier (het) | açıq rəngli pivə | [a'tʃıh ræng'li pi'væ] |
| donker bier (het) | tünd rəngli pivə | ['tynd ræng'li pi'væ] |

| thee (de) | çay | ['tʃaj] |
| zwarte thee (de) | qara çay | [ga'ra 'tʃaj] |
| groene thee (de) | yaşıl çay | [ja'ʃıl 'tʃaj] |

### 43. Groenten

| groenten (mv.) | tərəvəz | [tæræ'væz] |
| verse kruiden (mv.) | göyərti | [gøjær'ti] |

| tomaat (de) | pomidor | [pomi'dor] |
| augurk (de) | xiyar | [χi'jar] |
| wortel (de) | kök | ['køk] |
| aardappel (de) | kartof | [kar'tof] |
| ui (de) | soğan | [so'ɣan] |
| knoflook (de) | sarımsaq | [sarım'sah] |

45

| kool (de) | kələm | [kæ'læm] |
| bloemkool (de) | gül kələm | ['gylʲ kæ'læm] |
| spruitkool (de) | Brüssel kələmi | ['bryssɛl kælæ'mi] |
| broccoli (de) | brokkoli kələmi | ['brokkoli kælæ'mi] |

| rode biet (de) | çuğundur | [ʧuɣun'dur] |
| aubergine (de) | badımcan | [badɪm'ʤʲan] |
| courgette (de) | yunan qabağı | [ju'nan gaba'ɣɪ] |
| pompoen (de) | balqabaq | [balga'bah] |
| raap (de) | şalğam | [ʃal'ɣam] |

| peterselie (de) | petruşka | [pɛtruʃ'ka] |
| dille (de) | şüyüt | [ʃy'jut] |
| sla (de) | salat | [sa'lat] |
| selderij (de) | kərəviz | [kæræ'viz] |
| asperge (de) | qulançar | [gulan'ʧar] |
| spinazie (de) | ispanaq | [ispa'nah] |

| erwt (de) | noxud | [no'χud] |
| bonen (mv.) | paxla | [paχ'la] |
| maïs (de) | qarğıdalı | [garɣɪda'lɪ] |
| boon (de) | lobya | [lo'bja] |

| peper (de) | bibər | [bi'bær] |
| radijs (de) | turp | ['turp] |
| artisjok (de) | ənginar | [æŋgi'nar] |

## 44. Vruchten. Noten

| vrucht (de) | meyvə | [mɛj'væ] |
| appel (de) | alma | [al'ma] |
| peer (de) | armud | [ar'mud] |
| citroen (de) | limon | [li'mon] |
| sinaasappel (de) | portağal | [porta'ɣal] |
| aardbei (de) | bağ çiyələyi | ['baɣ ʧijælæ'jɪ] |

| mandarijn (de) | mandarin | [manda'rin] |
| pruim (de) | gavalı | [gava'lɪ] |
| perzik (de) | şaftalı | [ʃafta'lɪ] |
| abrikoos (de) | ərik | [æ'rik] |
| framboos (de) | moruq | [mo'ruh] |
| ananas (de) | ananas | [ana'nas] |

| banaan (de) | banan | [ba'nan] |
| watermeloen (de) | qarpız | [gar'pɪz] |
| druif (de) | üzüm | [y'zym] |
| zure kers (de) | albalı | [alba'lɪ] |
| zoete kers (de) | gilas | [gi'las] |
| meloen (de) | yemiş | [ɛ'miʃ] |

| grapefruit (de) | qreypfrut | ['grɛjpfrut] |
| avocado (de) | avokado | [avo'kado] |
| papaja (de) | papaya | [pa'paja] |
| mango (de) | manqo | ['mango] |

| granaatappel (de) | nar | ['nar] |
|---|---|---|
| rode bes (de) | qırmızı qarağat | [gırmı'zı gara'ɣat] |
| zwarte bes (de) | qara qarağat | [ga'ra gara'ɣat] |
| kruisbes (de) | krıjovnik | [krı'ʒovnik] |
| bosbes (de) | qaragilə | [garagi'læ] |
| braambes (de) | böyürtkən | [bøyrt'kæn] |

| rozijn (de) | kişmiş | [kiʃ'miʃ] |
|---|---|---|
| vijg (de) | əncir | [æn'dʒir] |
| dadel (de) | xurma | [χur'ma] |

| pinda (de) | araxis | [a'raχis] |
|---|---|---|
| amandel (de) | badam | [ba'dam] |
| walnoot (de) | qoz | ['goz] |
| hazelnoot (de) | fındıq | [fın'dıh] |
| kokosnoot (de) | kokos | [ko'kos] |
| pistaches (mv.) | püstə | [pys'tæ] |

## 45. Brood. Snoep

| suikerbakkerij (de) | qənnadı məmulatı | [gænna'dı mæmula'tı] |
|---|---|---|
| brood (het) | çörək | [ʧœ'ræk] |
| koekje (het) | peçenye | [pɛ'ʧɛnjɛ] |

| chocolade (de) | şokolad | [ʃoko'lad] |
|---|---|---|
| chocolade- (abn) | şokolad | [ʃoko'lad] |
| snoepje (het) | konfet | [kon'fɛt] |
| cakeje (het) | pirojna | [piroʒ'na] |
| taart (bijv. verjaardags~) | tort | ['tort] |

| pastei (de) | piroq | [pi'roh] |
|---|---|---|
| vulling (de) | iç | ['iʧ] |

| confituur (de) | mürəbbə | [myræb'bæ] |
|---|---|---|
| marmelade (de) | marmelad | [marmɛ'lad] |
| wafel (de) | vafli | [vaf'li] |
| IJsje (het) | dondurma | [dondur'ma] |

## 46. Bereide gerechten

| gerecht (het) | yemək | [ɛ'mæk] |
|---|---|---|
| keuken (bijv. Franse ~) | mətbəx | [mæt'bæχ] |
| recept (het) | resept | [rɛ'sɛpt] |
| portie (de) | porsiya | ['porsija] |

| salade (de) | salat | [sa'lat] |
|---|---|---|
| soep (de) | şorba | [ʃor'ba] |

| bouillon (de) | ətin suyu | [æ'tin su'ju] |
|---|---|---|
| boterham (de) | buterbrod | [butɛr'brod] |
| spiegelei (het) | qayqanaq | [gajga'nah] |
| hamburger (de) | hamburqer | ['hamburgɛr] |

| biefstuk (de) | bifşteks | [bifʃ'tɛks] |
|---|---|---|
| garnering (de) | qarnir | [gar'nir] |
| spaghetti (de) | spaqetti | [spa'gɛtti] |
| aardappelpuree (de) | kartof püresi | [kar'tof pyrɛ'si] |
| pizza (de) | pitsa | ['piʦa] |
| pap (de) | sıyıq | [sı'jıh] |
| omelet (de) | omlet | [om'lɛt] |

| gekookt (in water) | bişmiş | [biʃ'miʃ] |
|---|---|---|
| gerookt (bn) | hisə verilmiş | [hi'sæ vɛril'miʃ] |
| gebakken (bn) | qızardılmış | [gızardıl'mıʃ] |
| gedroogd (bn) | quru | [gu'ru] |
| diepvries (bn) | dondurulmuş | [dondurul'muʃ] |
| gemarineerd (bn) | duza qoyulmuş | [du'za gojul'muʃ] |

| zoet (bn) | şirin | [ʃi'rin] |
|---|---|---|
| gezouten (bn) | duzlu | [duz'lʲu] |
| koud (bn) | soyuq | [so'juh] |
| heet (bn) | isti | [is'ti] |
| bitter (bn) | acı | [a'dʒʲı] |
| lekker (bn) | dadlı | [dad'lı] |

| koken (in kokend water) | bişirmək | [biʃir'mæk] |
|---|---|---|
| bereiden (avondmaaltijd ~) | hazırlamaq | [hazırla'mah] |
| bakken (ww) | qızartmaq | [gızart'mah] |
| opwarmen (ww) | qızdırmaq | [gızdır'mah] |

| zouten (ww) | duz vurmaq | ['duz vur'mah] |
|---|---|---|
| peperen (ww) | istiot vurmaq | [isti'ot vur'mah] |
| raspen (ww) | sürtkəcdə xırdalamaq | [syrtkædʒ'dæ xırdala'mah] |
| schil (de) | qabıq | [ga'bıh] |
| schillen (ww) | qabığını soymaq | [gabıɣı'nı soj'mah] |

## 47. Kruiden

| zout (het) | duz | ['duz] |
|---|---|---|
| gezouten (bn) | duzlu | [duz'lʲu] |
| zouten (ww) | duz vurmaq | ['duz vur'mah] |

| zwarte peper (de) | qara istiot | [ga'ra isti'ot] |
|---|---|---|
| rode peper (de) | qırmızı istiot | [gırmı'zı isti'ot] |
| mosterd (de) | xardal | [xar'dal] |
| mierikswortel (de) | qıtığotu | [gıtıɣo'tu] |

| condiment (het) | yeməyə dad verən əlavə | [ɛmæ'jæ 'dad vɛ'ræn æla'væ] |
|---|---|---|
| specerij, kruiderij (de) | ədviyyat | [ædvi'at] |
| saus (de) | sous | ['sous] |
| azijn (de) | sirkə | [sir'kæ] |

| anijs (de) | cirə | [dʒʲi'ræ] |
|---|---|---|
| basilicum (de) | reyhan | [rɛj'han] |
| kruidnagel (de) | mixək | [mi'xæk] |
| gember (de) | zəncəfil | [zændʒʲæ'fil] |
| koriander (de) | keşniş | [kɛʃ'niʃ] |

| kaneel (de/het) | darçın | [dar'tʃın] |
| sesamzaad (het) | küncüt | [kyn'dʒyt] |
| laurierblad (het) | dəfnə yarpağı | [dæf'næ jarpa'ɣı] |
| paprika (de) | paprika | ['paprika] |
| komijn (de) | zirə | [zi'ræ] |
| saffraan (de) | zəfəran | [zæfæ'ran] |

## 48. Maaltijden

| eten (het) | yemək | [ɛ'mæk] |
| eten (ww) | yemək | [ɛ'mæk] |

| ontbijt (het) | səhər yeməyi | [sæ'hær ɛmɛ'jı] |
| ontbijten (ww) | səhər yeməyi yemək | [sæ'hær ɛmæ'jı ɛ'mæk] |
| lunch (de) | nahar | [na'har] |
| lunchen (ww) | nahar etmək | [na'har ɛt'mæk] |
| avondeten (het) | axşam yeməyi | [aχ'ʃam ɛmɛ'jı] |
| souperen (ww) | axşam yeməyi yemək | [aχ'ʃam ɛmæ'jı ɛ'mæk] |

| eetlust (de) | iştaha | [iʃta'ha] |
| Eet smakelijk! | Nuş olsun! | ['nuʃ ol'sun] |

| openen (een fles ~) | açmaq | [atʃ'mah] |
| morsen (koffie, enz.) | tökmək | [tøk'mæk] |
| zijn gemorst | tökülmək | [tøkyl'mæk] |
| koken (water kookt bij 100°C) | qaynamaq | [gajna'mah] |
| koken (Hoe om water te ~) | qaynatmaq | [gajnat'mah] |
| gekookt (~ water) | qatnamış | [gajna'mıʃ] |
| afkoelen (koeler maken) | soyutmaq | [sojut'mah] |
| afkoelen (koeler worden) | soyumaq | [soju'mah] |

| smaak (de) | dad | ['dad] |
| nasmaak (de) | dad | ['dad] |

| volgen een dieet | pəhriz saxlamaq | [pæh'riz saχla'mah] |
| dieet (het) | pəhriz | [pæh'riz] |
| vitamine (de) | vitamin | [vita'min] |
| calorie (de) | kaloriya | [ka'lorija] |
| vegetariër (de) | ət yeməyən adam | ['æt 'ɛmæjæn a'dam] |
| vegetarisch (bn) | ətsiz xörək | [æ'tsiz χø'ræk] |

| vetten (mv.) | yağlar | [ja'ɣlar] |
| eiwitten (mv.) | zülallar | [zylal'lar] |
| koolhydraten (mv.) | karbohidratlar | [karbohidrat'lar] |
| snede (de) | dilim | [di'lim] |
| stuk (bijv. een ~ taart) | tikə | [ti'kæ] |
| kruimel (de) | qırıntı | [gırın'tı] |

## 49. Tafelschikking

| lepel (de) | qaşıq | [ga'ʃıh] |
| mes (het) | bıçaq | [bı'tʃah] |

| vork (de) | çəngəl | [ʧæ'ngæl] |
| kopje (het) | fincan | [fin'dʒian] |
| bord (het) | boşqab | [boʃ'gap] |
| schoteltje (het) | nəlbəki | [nælbæ'ki] |
| servet (het) | salfetka | [salfɛt'ka] |
| tandenstoker (de) | dişqurdalayan | [diʃgurdala'jan] |

## 50. Restaurant

| restaurant (het) | restoran | [rɛsto'ran] |
| koffiehuis (het) | qəhvəxana | [gæhvæχa'na] |
| bar (de) | bar | ['bar] |
| tearoom (de) | çay salonu | ['ʧaj salo'nu] |

| kelner, ober (de) | ofisiant | [ofisi'ant] |
| serveerster (de) | ofisiant qız | [ofisi'ant 'gız] |
| barman (de) | barmen | ['barmɛn] |

| menu (het) | menyu | [mɛ'nju] |
| wijnkaart (de) | çaxırlar kartı | [ʧaχır'lar kar'tı] |
| een tafel reserveren | masa sifarişi etmək | [ma'sa sifa'riʃ ɛt'mæk] |

| gerecht (het) | yemək | [ɛ'mæk] |
| bestellen (eten ~) | yemək sifarişi etmək | [ɛ'mæk sifa'riʃ æt'mæk] |
| een bestelling maken | sifariş etmək | [sifa'riʃ ɛt'mæk] |

| aperitief (de/het) | aperitiv | [apɛri'tiv] |
| voorgerecht (het) | qəlyanaltı | [gæ'ljanaltı] |
| dessert (het) | desert | [dɛ'sɛrt] |

| rekening (de) | hesab | [hɛ'sap] |
| de rekening betalen | hesabı ödəmək | [hɛsa'bı ødæ'mæk] |
| wisselgeld teruggeven | pulun artığını qaytarmaq | [pu'lʲun artıɣı'nı gajtar'mah] |
| fooi (de) | çaypulu | [ʧajpu'lʲu] |

# Familie, verwanten en vrienden

## 51. Persoonlijke informatie. Formulieren

| | | |
|---|---|---|
| naam (de) | ad | ['ad] |
| achternaam (de) | soyadı | ['sojadı] |
| geboortedatum (de) | anadan olduğu tarix | [ana'dan oldu'ɣu ta'rix] |
| geboorteplaats (de) | anadan olduğu yer | [ana'dan oldu'ɣu 'ɛr] |

| | | |
|---|---|---|
| nationaliteit (de) | milliyəti | [millijæ'ti] |
| woonplaats (de) | yaşayış yeri | [jaʃa'jıʃ jɛ'ri] |
| land (het) | ölkə | [øl'kæ] |
| beroep (het) | peşəsi | [pɛʃæ'si] |

| | | |
|---|---|---|
| geslacht (ov. het vrouwelijk ~) | cinsi | [dʒin'si] |
| lengte (de) | boyu | [bo'ju] |
| gewicht (het) | çəki | [tʃæ'ki] |

## 52. Familieleden. Verwanten

| | | |
|---|---|---|
| moeder (de) | ana | [a'na] |
| vader (de) | ata | [a'ta] |
| zoon (de) | oğul | [o'ɣul] |
| dochter (de) | qız | ['gız] |

| | | |
|---|---|---|
| jongste dochter (de) | kiçik qız | [ki'tʃik 'gız] |
| jongste zoon (de) | kiçik oğul | [kitʃik o'ɣul] |
| oudste dochter (de) | böyük qız | [bø'juk 'gız] |
| oudste zoon (de) | böyük oğul | [bøyk o'ɣul] |

| | | |
|---|---|---|
| broer (de) | qardaş | [gar'daʃ] |
| zuster (de) | bacı | [ba'dʒı] |

| | | |
|---|---|---|
| neef (zoon van oom, tante) | xalaoğlu | [ҳalao'ɣlʲu] |
| nicht (dochter van oom, tante) | xalaqızı | [ҳalagı'zı] |
| mama (de) | ana | [a'na] |
| papa (de) | ata | [a'ta] |
| ouders (mv.) | valideynlər | [validɛjn'lær] |
| kind (het) | uşaq | [u'ʃah] |
| kinderen (mv.) | uşaqlar | [uʃag'lar] |

| | | |
|---|---|---|
| oma (de) | nənə | [næ'næ] |
| opa (de) | baba | [ba'ba] |
| kleinzoon (de) | nəvə | [næ'væ] |
| kleindochter (de) | nəvə | [næ'væ] |
| kleinkinderen (mv.) | nəvələr | [nævæ'lær] |

| | | |
|---|---|---|
| oom (de) | dayı | [da'jı] |
| tante (de) | xala | [χa'la] |
| neef (zoon van broer, zus) | bacıoğlu | [badʒˡıo'ɣlˡu] |
| nicht (dochter van broer, zus) | bacıqızı | [badʒˡıgı'zı] |

| | | |
|---|---|---|
| schoonmoeder (de) | qayınana | [gajına'na] |
| schoonvader (de) | qayınata | [gajna'ta] |
| schoonzoon (de) | yeznə | [ɛz'næ] |
| stiefmoeder (de) | analıq | [ana'lıh] |
| stiefvader (de) | atalıq | [ata'lıh] |

| | | |
|---|---|---|
| zuigeling (de) | südəmər uşaq | [sydæ'mær u'ʃah] |
| wiegenkind (het) | çağa | [ʧa'ɣa] |
| kleuter (de) | körpə | [kør'pæ] |

| | | |
|---|---|---|
| vrouw (de) | arvad | [ar'vad] |
| man (de) | ər | ['ær] |
| echtgenoot (de) | həyat yoldaşı | [hæ'jat jolda'ʃı] |
| echtgenote (de) | həyat yoldaşı | [hæ'jat jolda'ʃı] |

| | | |
|---|---|---|
| gehuwd (mann.) | evli | [ɛv'li] |
| gehuwd (vrouw.) | ərli qadın | [ær'li ga'dın] |
| ongehuwd (mann.) | subay | [su'baj] |
| vrijgezel (de) | subay | [su'baj] |
| gescheiden (bn) | boşanmış | [boʃan'mıʃ] |
| weduwe (de) | dul qadın | ['dul ga'dın] |
| weduwnaar (de) | dul kişi | ['dul ki'ʃi] |

| | | |
|---|---|---|
| familielid (het) | qohum | [go'hum] |
| dichte familielid (het) | yaxın qohum | [ja'χın go'hum] |
| verre familielid (het) | uzaq qohum | [u'zah go'hum] |
| familieleden (mv.) | qohumlar | [gohum'lar] |

| | | |
|---|---|---|
| wees (de), weeskind (het) | yetim | [ɛ'tim] |
| voogd (de) | himayəçi | [himajæ'ʧi] |
| adopteren (een jongen te ~) | oğulluğa götürmək | [oɣullˡu'ɣa gøtyr'mæk] |
| adopteren (een meisje te ~) | qızlığa götürmək | [gızlı'ɣa gøtyr'mæk] |

## 53. Vrienden. Collega's

| | | |
|---|---|---|
| vriend (de) | dost | ['dost] |
| vriendin (de) | rəfiqə | [ræfi'gæ] |
| vriendschap (de) | dostluq | [dost'lˡuh] |
| bevriend zijn (ww) | dostluq etmək | [dost'lˡuh ɛt'mæk] |

| | | |
|---|---|---|
| makker (de) | dost | ['dost] |
| vriendin (de) | rəfiqə | [ræfi'gæ] |
| partner (de) | partnyor | [part'nˡor] |

| | | |
|---|---|---|
| chef (de) | rəis | [ræ'is] |
| baas (de) | müdir | [my'dir] |
| ondergeschikte (de) | tabelikdə olan | [tabɛlik'dæ o'lan] |
| collega (de) | peşə yoldaşı | [pɛ'ʃæ jolda'ʃı] |
| kennis (de) | tanış | [ta'nıʃ] |

| medereiziger (de) | yol yoldaşı | ['jol jolda'ʃı] |
| klasgenoot (de) | sinif yoldaşı | [si'nif jolda'ʃı] |

| buurman (de) | qonşu | [gon'ʃu] |
| buurvrouw (de) | qonşu | [gon'ʃu] |
| buren (mv.) | qonşular | [gonʃu'lar] |

## 54. Man. Vrouw

| vrouw (de) | qadın | [ga'dın] |
| meisje (het) | qız | ['gız] |
| bruid (de) | nişanlı | [niʃan'lı] |

| mooi(e) (vrouw, meisje) | gözəl | [gø'zæl] |
| groot, grote (vrouw, meisje) | ucaboylu | [udʒˈaboj'lʲu] |
| slank(e) (vrouw, meisje) | boylu-buxunlu | [boj'lʲu buχun'lʲu] |
| korte, kleine (vrouw, meisje) | bəstəboylu | [bæstæboj'lʲu] |

| blondine (de) | sarıyağız | [sarıja'ɣız] |
| brunette (de) | qarayağız | [garaja'ɣız] |

| dames- (abn) | qadın | [ga'dın] |
| maagd (de) | bakirə qız | [baki'ræ 'gız] |
| zwanger (bn) | hamilə | [hami'læ] |

| man (de) | kişi | [ki'ʃi] |
| blonde man (de) | sarıyağız | [sarıja'ɣız] |
| bruinharige man (de) | qarayağız | [garaja'ɣız] |
| groot (bn) | hündür | [hyn'dyr] |
| klein (bn) | bəstəboylu | [bæstæboj'lʲu] |

| onbeleefd (bn) | kobud | [ko'bud] |
| gedrongen (bn) | enlikürək | [ɛnliky'ræk] |
| robuust (bn) | canıbərk | [dʒˈa'nı 'bærk] |
| sterk (bn) | güclü | [gydʒˈ'ly] |
| sterkte (de) | güc | ['gydʒˈ] |

| mollig (bn) | yoğun | [jo'ɣun] |
| getaand (bn) | qarabuğdayı | [garabuɣda'jı] |
| slank (bn) | boylu-buxunlu | [boj'lʲu buχun'lʲu] |
| elegant (bn) | zövqlü | [zøvg'ly] |

## 55. Leeftijd

| leeftijd (de) | yaş | ['jaʃ] |
| jeugd (de) | gənclik | [gændʒˈ'lik] |
| jong (bn) | cavan | [dʒˈa'van] |

| jonger (bn) | kiçik | [ki'tʃik] |
| ouder (bn) | böyük | [bø'juk] |
| jongen (de) | gənc oğlan | ['gændʒˈ o'ɣlan] |
| tiener, adolescent (de) | yeniyetmə | [ɛniɛt'mæ] |

| kerel (de) | oğlan | [o'ɣlan] |
| oude man (de) | qoca | [go'dʒ⅃a] |
| oude vrouw (de) | qarı | [ga'rɪ] |

| volwassen (bn) | yetişkin | [ɛtiʃ'kin] |
| van middelbare leeftijd (bn) | orta yaşlı | [or'ta jaʃ'lɪ] |
| bejaard (bn) | yaşa dolmuş | [ja'ʃa dol'muʃ] |
| oud (bn) | qoca | [go'dʒ⅃a] |

| pensioen (het) | təqaüd | [tæga'jud] |
| met pensioen gaan | təqaüdə çıxmaq | [tægay'dæ tʃɪχ'mah] |
| gepensioneerde (de) | təqaüdçü | [tægayd'tʃu] |

## 56. Kinderen

| kind (het) | uşaq | [u'ʃah] |
| kinderen (mv.) | uşaqlar | [uʃag'lar] |
| tweeling (de) | əkizlər | [ækiz'lær] |

| wieg (de) | beşik | [bɛ'ʃik] |
| rammelaar (de) | şax-şax | ['ʃaχ 'ʃaχ] |
| luier (de) | uşaq əskisi | [u'ʃah æski'si] |

| speen (de) | əmzik | [æm'zik] |
| kinderwagen (de) | uşaq arabası | [u'ʃah araba'sɪ] |
| kleuterschool (de) | uşaq baxçası | [u'ʃah baχtʃa'sɪ] |
| babysitter (de) | dayə | [da'jæ] |

| kindertijd (de) | uşaqlıq | [uʃag'lıh] |
| pop (de) | gəlincik | [gɛlin'dʒ⅃ik] |
| speelgoed (het) | oyuncaq | [ojun'dʒ⅃ah] |
| bouwspeelgoed (het) | konstruktor | [konst'ruktor] |
| welopgevoed (bn) | tərbiyəli | [tærbijæ'li] |
| onopgevoed (bn) | tərbiyəsiz | [tærbijæ'siz] |
| verwend (bn) | ərköyün | [ærkø'jun] |

| stout zijn (ww) | dəcəllik etmək | [dædʒ⅃æl'lik ɛt'mæk] |
| stout (bn) | dəcəl | [dæ'dʒ⅃æl] |
| stoutheid (de) | dəcəllik | [dædʒ⅃æl'lik] |
| stouterd (de) | dəcəl uşaq | [dæ'dʒ⅃æl u'ʃah] |

| gehoorzaam (bn) | sözə baxan | [sø'zæ ba'χan] |
| ongehoorzaam (bn) | sözə baxmayan | [sø'zæ 'baχmajan] |

| braaf (bn) | düşüncəli | [dyʃyndʒ⅃æ'li] |
| slim (verstandig) | ağıllı | [aɣıl'lı] |
| wonderkind (het) | vunderkind | [vundɛr'kind] |

## 57. Gehuwde paren. Gezinsleven

| kussen (een kus geven) | öpmək | [øp'mæk] |
| elkaar kussen (ww) | öpüşmək | [øpyʃ'mæk] |

| | | |
|---|---|---|
| gezin (het) | ailə | [ai'læ] |
| gezins- (abn) | ailəli | [ailæ'li] |
| paar (het) | ər-arvad | ['ær ar'vad] |
| huwelijk (het) | ailə həyatı | [ai'læ hæja'tı] |
| thuis (het) | ailə ocağı | [ai'læ oʤa'ɣı] |
| dynastie (de) | sülalə | [syla'læ] |

| | | |
|---|---|---|
| date (de) | görüş | [gø'ryʃ] |
| zoen (de) | öpüş | [ø'pyʃ] |

| | | |
|---|---|---|
| liefde (de) | sevqi | [sɛv'gi] |
| liefhebben (ww) | sevmək | [sɛv'mæk] |
| geliefde (bn) | sevqili | [sɛvgi'li] |

| | | |
|---|---|---|
| tederheid (de) | zəriflik | [zærif'lik] |
| teder (bn) | zərif | [zæ'rif] |
| trouw (de) | sədaqət | [sæda'gæt] |
| trouw (bn) | sadiq | [sa'dih] |
| zorg (bijv. bejaarden~) | qayğı | [gaj'ɣı] |
| zorgzaam (bn) | qayğıkeş | [gajɣı'kɛʃ] |

| | | |
|---|---|---|
| jonggehuwden (mv.) | yeni evlənənlər | [ɛ'ni ævlænæn'lær] |
| wittebroodsweken (mv.) | bal ayı | ['bal a'jı] |
| trouwen (vrouw) | ərə getmək | [æ'ræ gɛt'mæk] |
| trouwen (man) | evlənmək | [ɛvlæn'mæk] |

| | | |
|---|---|---|
| bruiloft (de) | toy | ['toj] |
| gouden bruiloft (de) | qızıl toy | [gı'zıl 'toj] |
| verjaardag (de) | ildönümü | [ildøny'my] |

| | | |
|---|---|---|
| minnaar (de) | məşuq | [mæ'ʃuh] |
| minnares (de) | məşuqə | [mæʃu'gæ] |

| | | |
|---|---|---|
| overspel (het) | xəyanət | [χæja'næt] |
| overspel plegen (ww) | xəyanət etmək | [χæja'næt ɛt'mæk] |
| jaloers (bn) | qısqanc | [gıs'gandʒ] |
| jaloers zijn (echtgenoot, enz.) | qısqanmaq | [gısgan'mah] |
| echtscheiding (de) | boşanma | [boʃan'ma] |
| scheiden (ww) | boşanmaq | [boʃan'mah] |

| | | |
|---|---|---|
| ruzie hebben (ww) | dalaşmaq | [dalaʃ'mah] |
| vrede sluiten (ww) | barışmaq | [barıʃ'mah] |
| samen (bw) | birlikdə | [birlik'dæ] |
| seks (de) | seks | ['sɛks] |

| | | |
|---|---|---|
| geluk (het) | xoşbəxtlik | [χoʃbæχt'lik] |
| gelukkig (bn) | xoşbəxt | [χoʃ'bæχt] |
| ongeluk (het) | bədbəxtlik | [bædbæχt'lik] |
| ongelukkig (bn) | bədbəxt | [bæd'bæχt] |

# Karakter. Gevoelens. Emoties

## 58. Gevoelens. Emoties

| gevoel (het) | hiss | ['his] |
|---|---|---|
| gevoelens (mv.) | hisslər | [hiss'lær] |

| honger (de) | aclıq | [adʒ'lıh] |
|---|---|---|
| honger hebben (ww) | yemək istəmək | [ɛ'mæk istɛ'mæk] |
| dorst (de) | susuzluq | [susuz'lʲuh] |
| dorst hebben | içmək istəmək | [itʃ'mæk istæ'mæk] |
| slaperigheid (de) | yuxululuq | [juχulʲu'lʲuh] |
| willen slapen | yatmaq istəmək | [jat'mah istæ'mæk] |

| moeheid (de) | yorğunluq | [jorχun'lʲuh] |
|---|---|---|
| moe (bn) | yorğun | [jor'χun] |
| vermoeid raken (ww) | yorulmaq | [jorul'mah] |

| stemming (de) | əhval-ruhiyyə | [æh'val ruhi'æ] |
|---|---|---|
| verveling (de) | darıxma | [darıχ'ma] |
| zich vervelen (ww) | darıxmaq | [darıχ'mah] |
| afzondering (de) | tənhalıq | [tænha'lıh] |
| zich afzonderen (ww) | tənha bir yerə çəkilmək | [tæn'ha 'bir ɛ'ræ tʃækil'mæk] |

| bezorgd maken (ww) | narahat etmək | [nara'hat ɛt'mæk] |
|---|---|---|
| zich bezorgd maken | narahat olmaq | [nara'hat ol'mah] |
| zorg (bijv. geld~en) | narahatçılıq | [narahatʃı'lıh] |
| ongerustheid (de) | həyacan | [hæja'dʒʲan] |
| ongerust (bn) | qayğılı | [gajχı'lı] |
| zenuwachtig zijn (ww) | əsəbiləşmək | [æsæbilæʃ'mæk] |
| in paniek raken | vahiməyə düşmək | [vahimæ'jæ dyʃ'mæk] |

| hoop (de) | ümid | [y'mid] |
|---|---|---|
| hopen (ww) | ümid etmək | [y'mid ɛt'mæk] |

| zekerheid (de) | əminlik | [æmin'lik] |
|---|---|---|
| zeker (bn) | əmin | [æ'min] |
| onzekerheid (de) | əmin olmama | [æ'min 'olmama] |
| onzeker (bn) | əmin olmayan | [æ'min 'olmajan] |

| dronken (bn) | sərxoş | [sær'χoʃ] |
|---|---|---|
| nuchter (bn) | içki içməyən | [itʃ'ki 'itʃmæjæn] |
| zwak (bn) | zəif | [zæ'if] |
| gelukkig (bn) | bəxti üzdə olan | [bæχ'ti juz'dæ o'lan] |
| doen schrikken (ww) | qorxutmaq | [gorχut'mah] |
| toorn (de) | quduzluq | [guduz'lʲuh] |
| woede (de) | qəzəb | [gæ'zæp] |

| depressie (de) | ruh düşkünlüyü | ['ruh dyʃkynly'ju] |
|---|---|---|
| ongemak (het) | narahatlıq | [narahat'lıh] |

| gemak, comfort (het) | rahatlıq | [rahat'lıh] |
| spijt hebben (ww) | heyfsilənmək | [hɛjfsilæn'mæk] |
| spijt (de) | heyfsilənmə | [hɛjfsilæn'mæ] |
| pech (de) | uğursuzluq | [uɣursuz'lʲuh] |
| bedroefdheid (de) | dilxorluq | [dilχor'lʲuh] |

| schaamte (de) | xəcalət | [χædʒʲa'læt] |
| pret (de), plezier (het) | şənlik | [ʃæn'lik] |
| enthousiasme (het) | ruh yüksəkliyi | ['ruh juksɛkli'jı] |
| enthousiasteling (de) | entuziast | [ɛntuzi'ast] |
| enthousiasme vertonen | ruh yüksəkliyi göstərmək | ['ruh juksɛkli'jı gøstær'mæk] |

## 59. Karakter. Persoonlijkheid

| karakter (het) | xasiyyət | [χasi'æt] |
| karakterfout (de) | nöqsan | [nøg'san] |
| verstand (het) | ağıl | [a'ɣıl] |
| rede (de) | dərrakə | [dærra'kæ] |

| geweten (het) | vicdan | [vidʒʲ'dan] |
| gewoonte (de) | vərdiş | [vær'diʃ] |
| bekwaamheid (de) | qabiliyyət | [gabili'æt] |
| kunnen (bijv., ~ zwemmen) | bacarmaq | [badʒʲar'mah] |

| geduldig (bn) | səbir | [sæ'bir] |
| ongeduldig (bn) | səbirli | [sæbir'li] |
| nieuwsgierig (bn) | hər şeyi bilməyə çalışan | ['hær ʃɛ'jı bilmæ'jæ tʃalı'ʃan] |
| nieuwsgierigheid (de) | hər şeyi bilmək istəyi | ['hær ʃɛ'jı bil'mæk istæ'jı] |

| bescheidenheid (de) | təvazökarlıq | [tævazøkar'lıh] |
| bescheiden (bn) | təvazökar | [tævazø'kar] |
| onbescheiden (bn) | təvazökar olmayan | [tævazø'kar 'olmajan] |

| luiheid (de) | tənbəllik | ['tæn'bællik] |
| lui (bn) | tənbəl | [tæn'bæl] |
| luiwammes (de) | tənbəl | [tæn'bæl] |

| sluwheid (de) | hiyləgərlik | [hijlægær'lik] |
| sluw (bn) | hiyləgər | [hijlæ'gær] |
| wantrouwen (het) | inamsızlıq | [inamsız'lıh] |
| wantrouwig (bn) | heç kəsə inanmayan | ['hɛtʃ kæ'sæ i'nanmajan] |

| gulheid (de) | səxavət | [sæχa'væt] |
| gul (bn) | səxavətli | [sæχavæt'li] |
| talentrijk (bn) | istedadlı | [istɛdad'lı] |
| talent (het) | istedad | [istɛ'dad] |

| moedig (bn) | cəsarətli | [dʒʲæsaræt'li] |
| moed (de) | cəsarət | [dʒʲæsa'ræt] |
| eerlijk (bn) | namus | [na'mus] |
| eerlijkheid (de) | namuslu | [namus'lʲu] |

| voorzichtig (bn) | ehtiyatlı | [ɛhtijat'lı] |
| manhaftig (bn) | cürətli | [dʒyræt'li] |

| ernstig (bn) | ciddi | [dʒʲid'di] |
|---|---|---|
| streng (bn) | tələbkar | [tæləb'kar] |

| resoluut (bn) | qətiyyətli | [gætiæt'li] |
|---|---|---|
| onzeker, irresoluut (bn) | qətiyyətsiz | [gætiæ'tsiz] |
| schuchter (bn) | cəsarətsiz | [dʒʲæsaræ'tsiz] |
| schuchterheid (de) | cəsarətsizlik | [dʒʲæsaraɛtsiz'lik] |

| vertrouwen (het) | inam | [i'nam] |
|---|---|---|
| vertrouwen (ww) | inanmaq | [inan'mah] |
| goedgelovig (bn) | hər kəsə inanan | ['hær kæ'sæ ina'nan] |

| oprecht (bw) | səmimiyyətlə | [sæmimi'ætlæ] |
|---|---|---|
| oprecht (bn) | səmimi | [sæmi'mi] |
| oprechtheid (de) | səmimiyyət | [sæmimi'æt] |
| open (bn) | səmimi | [sæmi'mi] |

| rustig (bn) | sakit | [sa'kit] |
|---|---|---|
| openhartig (bn) | səmimi | [sæmi'mi] |
| naïef (bn) | sadəlövh | [sadæ'løvh] |
| verstrooid (bn) | fikri dağınıq | [fik'ri dayı'nıh] |
| leuk, grappig (bn) | məzəli | [mæzæ'li] |

| gierigheid (de) | acgözlük | [adʒ'gøz'lyk] |
|---|---|---|
| gierig (bn) | acgöz | [adʒ'gøz] |
| inhalig (bn) | xəsis | [χæ'sis] |
| kwaad (bn) | hirsli | [hirs'li] |
| koppig (bn) | inadkar | [inad'kar] |
| onaangenaam (bn) | nifrət oyadan | [nif'ræt oja'dan] |

| egoïst (de) | xudbin adam | [χud'bin a'dam] |
|---|---|---|
| egoïstisch (bn) | xudbin | [χud'bin] |
| lafaard (de) | qorxaq | [gor'χah] |
| laf (bn) | qorxaq | [gor'χah] |

## 60. Slaap. Dromen

| slapen (ww) | yatmaq | [jat'mah] |
|---|---|---|
| slaap (in ~ vallen) | yuxu | [ju'χu] |
| droom (de) | röya | [rø'ja] |
| dromen (in de slaap) | yuxu görmək | [ju'χu gør'mæk] |
| slaperig (bn) | yuxulu | [juχu'lʲu] |

| bed (het) | çarpayı | [ʧarpa'jı] |
|---|---|---|
| matras (de) | döşək | [dø'ʃæk] |
| deken (de) | yorğan | [jor'ɣan] |
| kussen (het) | yastıq | [jas'tıh] |
| laken (het) | mələfə | [mælæ'fæ] |

| slapeloosheid (de) | yuxusuzluq | [juχusuz'lʲuh] |
|---|---|---|
| slapeloos (bn) | yuxusuz | [juχu'suz] |
| slaapmiddel (het) | yuxu dərmanı | [ju'χu dærma'nı] |
| slaapmiddel innemen | yuxu dərmanı qəbul etmək | [ju'χu dærma'nı gæ'bul ɛt'mæk] |

| willen slapen | yatmaq istəmək | [jat'mah istæ'mæk] |
| geeuwen (ww) | əsnəmək | [æsnæ'mæk] |
| gaan slapen | yatmağa getmək | [jatma'ɣa gɛtmæk] |
| het bed opmaken | yorğan-döşək salmaq | [jor'ɣan dø'ʃæk sal'mah] |
| inslapen (ww) | yuxulamaq | [juχula'mah] |

| nachtmerrie (de) | kabus | [ka'bus] |
| gesnurk (het) | xorultu | [χorul'tu] |
| snurken (ww) | xoruldamaq | [χorulda'mah] |

| wekker (de) | zəngli saat | [zæng'li sa'at] |
| wekken (ww) | oyatmaq | [ojat'mah] |
| wakker worden (ww) | oyanmaq | [ojna'mah] |
| opstaan (ww) | qalxmaq | [galχ'mah] |
| zich wassen (ww) | əl-üz yumaq | ['æl 'juz ju'mah] |

## 61. Humor. Gelach. Blijdschap

| humor (de) | yumor | ['jumor] |
| gevoel (het) voor humor | hiss | ['his] |
| plezier hebben (ww) | şənlənmək | [ʃænlæn'mæk] |
| vrolijk (bn) | şən | ['ʃæn] |
| pret (de), plezier (het) | şənlik | [ʃæn'lik] |

| glimlach (de) | təbəssüm | [tæbæs'sym] |
| glimlachen (ww) | gülümsəmək | [gylymsæ'mæk] |
| beginnen te lachen (ww) | gülmək | [gylⁱ'mæk] |
| lachen (ww) | gülmək | [gylⁱ'mæk] |
| lach (de) | gülüş | [gy'lyʃ] |

| mop (de) | lətifə | [læti'fæ] |
| grappig (een ~ verhaal) | məzəli | [mæzæ'li] |
| grappig (~e clown) | gülməli | [gylmæ'li] |

| grappen maken (ww) | zarafat etmək | [zara'fat ɛt'mæk] |
| grap (de) | zarafat | [zara'fat] |
| blijheid (de) | sevinc | [sɛ'vindʒⁱ] |
| blij zijn (ww) | sevinmək | [sɛvin'mæk] |
| blij (bn) | sevincli | [sɛvindʒⁱ'li] |

## 62. Discussie, conversatie. Deel 1

| communicatie (de) | ünsiyyət | [ynsi'æt] |
| communiceren (ww) | ünsiyyət saxlamaq | [ynsi'æt saχla'mah] |

| conversatie (de) | danışıq | [danı'ʃih] |
| dialoog (de) | dialoq | [dia'loh] |
| discussie (de) | müzakirə | [myzaki'ræ] |
| debat (het) | mübahisə | [mybahi'sæ] |
| debatteren, twisten (ww) | mübahisə etmək | [mybahi'sæ ɛt'mæk] |
| gesprekspartner (de) | həmsöhbət | [hæmsøh'bæt] |
| thema (het) | mövzu | [møv'zu] |

| standpunt (het) | nöqteyi-nəzər | [nøg'tɛi næ'zær] |
| mening (de) | mülahizə | [mylahi'zæ] |
| toespraak (de) | nitq | ['nith] |

| bespreking (de) | müzakirə | [myzaki'ræ] |
| bespreken (spreken over) | müzakirə etmək | [myzaki'ræ ɛt'mæk] |
| gesprek (het) | söhbət | [søh'bæt] |
| spreken (converseren) | söhbət etmək | [søh'bæt ɛt'mæk] |
| ontmoeting (de) | görüş | [gø'ryʃ] |
| ontmoeten (ww) | görüşmək | [gøryʃ'mæk] |

| spreekwoord (het) | atalar sözü | [ata'lar sø'zy] |
| gezegde (het) | zərbi-məsəl | ['zærbi mæ'sæl] |
| raadsel (het) | tapmaca | [tapma'dʒa] |
| een raadsel opgeven | tapmaca demək | [tapma'dʒa dɛ'mæk] |
| wachtwoord (het) | parol | [pa'rol] |
| geheim (het) | gizli iş | [giz'li 'iʃ] |

| eed (de) | and | ['and] |
| zweren (een eed doen) | and içmək | ['and itʃ'mæk] |
| belofte (de) | vəd | ['væd] |
| beloven (ww) | vəd etmək | ['væd ɛt'mæk] |

| advies (het) | məsləhət | [mæslæ'hæt] |
| adviseren (ww) | məsləhət vermək | [mæslæ'hæt vɛr'mæk] |
| luisteren (gehoorzamen) | məsləhətə | [mæslæhæ'tæ |
| | əməl etmək | æ'mæl ɛt'mæk] |

| nieuws (het) | yenilik | [ɛni'lik] |
| sensatie (de) | sensasiya | [sɛn'sasija] |
| informatie (de) | məlumat | [mælʲu'mat] |
| conclusie (de) | nəticə | [næti'dʒæ] |
| stem (de) | səs | ['sæs] |
| compliment (het) | kompliment | [kompli'mɛnt] |
| vriendelijk (bn) | iltifatlı | [iltifat'lı] |

| woord (het) | söz | ['søz] |
| zin (de), zinsdeel (het) | ibarə | [iba'ræ] |
| antwoord (het) | cavab | [dʒa'vap] |

| waarheid (de) | həqiqət | [hægi'gæt] |
| leugen (de) | uydurma | [ujdur'ma] |

| gedachte (de) | düşüncə | [dyʃyn'dʒæ] |
| idee (de/het) | fikir | [fi'kir] |
| fantasie (de) | xülya | [xy'lja] |

## 63. Discussie, conversatie. Deel 2

| gerespecteerd (bn) | hörmət edilən | [hør'mæt ɛdi'læn] |
| respecteren (ww) | hörmət etmək | [hør'mæt ɛt'mæk] |
| respect (het) | hörmət | [hør'mæt] |
| Geachte ... (brief) | Hörmətli ... | [hørmæt'li ...] |
| voorstellen (Mag ik jullie ~) | tanış etmək | [ta'nıʃ ɛt'mæk] |

| | | |
|---|---|---|
| intentie (de) | niyyət | [ni'æt] |
| intentie hebben (ww) | niyyətində olmaq | [niætin'dæ ol'mah] |
| wens (de) | arzu | [ar'zu] |
| wensen (ww) | arzu etmək | [ar'zu ɛt'mæk] |

| | | |
|---|---|---|
| verbazing (de) | təəccüb | [taæ'dʒyp] |
| verbazen (verwonderen) | təəccübləndirmək | [taædʒyblændir'mæk] |
| verbaasd zijn (ww) | təəccüblənmək | [taædʒyblæn'mæk] |

| | | |
|---|---|---|
| geven (ww) | vermək | [vɛr'mæk] |
| nemen (ww) | almaq | [al'mah] |
| teruggeven (ww) | qaytarmaq | [gajtar'mah] |
| retourneren (ww) | qaytarmaq | [gajtar'mah] |

| | | |
|---|---|---|
| zich verontschuldigen | üzr istəmək | ['juzr istæ'mæk] |
| verontschuldiging (de) | bağışlama | [baɣɪʃla'ma] |
| vergeven (ww) | bağışlamaq | [baɣɪʃla'mah] |

| | | |
|---|---|---|
| spreken (ww) | danışmaq | [danɪʃ'mah] |
| luisteren (ww) | qulaq asmaq | [gu'lah as'mah] |
| aanhoren (ww) | dinləmək | [dinlæ'mæk] |
| begrijpen (ww) | başa düşmək | [ba'ʃa dyʃ'mæk] |

| | | |
|---|---|---|
| tonen (ww) | göstərmək | [gøstær'mæk] |
| kijken naar … | baxmaq | [baχ'mah] |
| roepen (vragen te komen) | çağırmaq | [tʃaɣɪr'mah] |
| storen (lastigvallen) | mane olmaq | [ma'nɛ ol'mah] |
| doorgeven (ww) | vermək | [vɛr'mæk] |
| verzoek (het) | xahiş | [χa'hiʃ] |
| verzoeken (ww) | xahiş etmək | [χa'hiʃ ɛt'mæk] |
| eis (de) | tələb | [tæ'læp] |
| eisen (met klem vragen) | tələb etmək | [tæ'læp ɛt'mæk] |

| | | |
|---|---|---|
| beledigen (beledigende namen geven) | cırnatmaq | [dʒⁱɪrnat'mah] |
| uitlachen (ww) | rişxənd etmək | [riʃ'χænd ɛt'mæk] |
| spot (de) | rişxənd | [riʃ'χænd] |
| bijnaam (de) | ayama | [aja'ma] |

| | | |
|---|---|---|
| zinspeling (de) | eyham | [ɛj'ham] |
| zinspelen (ww) | eyham vurmaq | [ɛj'ham vur'mah] |
| impliceren (duiden op) | nəzərdə tutmaq | [næzær'dæ tut'mah] |

| | | |
|---|---|---|
| beschrijving (de) | təsvir | [tæs'vir] |
| beschrijven (ww) | təsvir etmək | [tæs'vir ɛt'mæk] |
| lof (de) | tərif | [tæ'rif] |
| loven (ww) | tərifləmək | [tæriflæ'mæk] |

| | | |
|---|---|---|
| teleurstelling (de) | məyusluq | [mæys'lⁱuh] |
| teleurstellen (ww) | məyus etmək | [mæ'jus ɛt'mæk] |
| teleurgesteld zijn (ww) | məyus olmaq | [mæ'jus ol'mah] |

| | | |
|---|---|---|
| veronderstelling (de) | fərziyyə | [færzi'æ] |
| veronderstellen (ww) | fərz etmək | ['færz ɛt'mæk] |
| waarschuwing (de) | xəbərdarlıq | [χæbærdar'lɪh] |
| waarschuwen (ww) | xəbərdar etmək | [χæbær'dar ɛt'mæk] |

## 64. Discussie, conversatie. Deel 3

| | | |
|---|---|---|
| aanpraten (ww) | yola gətirmək | [jo'la gætir'mæk] |
| kalmeren (kalm maken) | sakitləşdirmək | [sakitlæʃdir'mæk] |
| | | |
| stilte (de) | susma | [sus'ma] |
| zwijgen (ww) | susmaq | [sus'mah] |
| fluisteren (ww) | pıçıldamaq | [pɪtʃɪlda'mah] |
| gefluister (het) | pıçıltı | [pɪtʃɪl'tɪ] |
| | | |
| open, eerlijk (bw) | açıq | [a'tʃɪh] |
| volgens mij ... | mənim fikrimcə ... | [mæ'nim fik'rimʤæ ...] |
| | | |
| detail (het) | təfərrüat | [tæfærry'at] |
| gedetailleerd (bn) | ətraflı | [ætraf'lɪ] |
| gedetailleerd (bw) | təfərrüatı ilə | [tæfærrya'tɪ i'læ] |
| | | |
| hint (de) | xəlvətçə söyləmə | [χæl'vætʃæ søjlæ'mæ] |
| een hint geven | xəlvətçə söyləmək | [χæl'vætʃæ søjlæ'mæk] |
| | | |
| blik (de) | baxış | [ba'χɪʃ] |
| een kijkje nemen | baxmaq | [baχ'mah] |
| strak (een ~ke blik) | durğun | [dur'ɣun] |
| knipperen (ww) | göz qırpmaq | [gøz gɪrp'mah] |
| knipogen (ww) | kirpik çalmaq | [kir'pik tʃal'mah] |
| knikken (ww) | başı ilə razılıq | [ba'ʃɪ i'læ razɪ'lɪh |
| | bildirmək | bildir'mæk] |
| | | |
| zucht (de) | nəfəs alma | [næ'fæs al'ma] |
| zuchten (ww) | nəfəs almaq | [næ'fæs al'mah] |
| huiveren (ww) | diksinmək | [diksin'mæk] |
| gebaar (het) | əl-qol hərəkəti | ['æl 'gol hærækæ'ti] |
| aanraken (ww) | toxunmaq | [toχun'mah] |
| grijpen (ww) | tutmaq | [tut'mah] |
| een schouderklopje geven | vurmaq | [vur'mah] |
| | | |
| Kijk uit! | Diqqətli ol! | [dikkæt'li 'ol] |
| Echt? | Mümkünmü? | [mym'kynmy] |
| Bent je er zeker van? | Bundan əminsən? | [bun'dan æ'minsæn] |
| Succes! | Uğurlar olsun! | [uɣur'lar ol'sun] |
| Juist, ja! | Aydındır! | [aj'dɪndɪr] |
| Wat jammer! | Heyf! | ['hɛjf] |

## 65. Overeenstemming. Weigering

| | | |
|---|---|---|
| instemming (het) | razılıq | [razɪ'lɪh] |
| instemmen (akkoord gaan) | razı olmaq | [ra'zɪ ol'mah] |
| goedkeuring (de) | təqdir etmə | [tæg'dir ɛt'mæ] |
| goedkeuren (ww) | təqdir etmək | [tæg'dir ɛt'mæk] |
| weigering (de) | imtina | [imti'na] |
| weigeren (ww) | imtina etmək | [imti'na ɛt'mæk] |
| Geweldig! | Əla! | [æ'la] |
| Goed! | Yaxşı! | ['jaχʃɪ] |

| Akkoord! | Oldu! | [ol'du] |
|---|---|---|
| verboden (bn) | qadağan olmuş | [gada'ɣan ol'muʃ] |
| het is verboden | olmaz | [ol'maz] |
| het is onmogelijk | mümkün deyil | [mym'kyn 'dɛjɪl] |
| onjuist (bn) | yanlış | [jan'lɪʃ] |

| afwijzen (ww) | rədd etmək | ['rædd ɛt'mæk] |
|---|---|---|
| steunen | dəstəkləmək | [dæstæklæ'mæk] |
| (een goed doel, enz.) | | |
| aanvaarden (excuses ~) | qəbul etmək | [gæ'bul ɛt'mæk] |

| bevestigen (ww) | təsdiq etmək | [tæs'dih ɛt'mæk] |
|---|---|---|
| bevestiging (de) | təsdiq etmə | [tæs'dih ɛt'mæ] |
| toestemming (de) | icazə | [idʒ'a'zæ] |
| toestaan (ww) | icazə vermək | [idʒ'a'zæ vɛr'mæk] |

| beslissing (de) | qərar | [gæ'rar] |
|---|---|---|
| z'n mond houden (ww) | susmaq | [sus'mah] |

| voorwaarde (de) | şərt | ['ʃært] |
|---|---|---|
| smoes (de) | bəhanə | [bæha'næ] |
| lof (de) | tərif | [tæ'rif] |
| loven (ww) | tərifləmək | [tæriflæ'mæk] |

## 66. Succes. Veel geluk. Mislukking

| succes (het) | müvəffəqiyyət | [myvæffægi'æt] |
|---|---|---|
| succesvol (bw) | müvəffəqiyyətlə | [myvæffægi'ætlæ] |
| succesvol (bn) | müvəffəqiyyətli | [myvæffægiæt'li] |

| geluk (het) | bəxtin gətirməsi | [bæχ'tin gætirmæ'si] |
|---|---|---|
| Succes! | Uğurlar olsun! | [uɣur'lar ol'sun] |

| geluks- (bn) | uğurlu | [uɣur'lʲu] |
|---|---|---|
| gelukkig (fortuinlijk) | uğurlu | [uɣur'lʲu] |

| mislukking (de) | müvəffəqiyyətsizlik | [myvæffægiætsiz'lik] |
|---|---|---|
| tegenslag (de) | uğursuzluq | [uɣursuz'lʲuh] |
| pech (de) | uğursuzluq | [uɣursuz'lʲuh] |

| zonder succes (bn) | uğursuz | [uɣur'suz] |
|---|---|---|
| catastrofe (de) | fəlakət | [fæla'kæt] |

| fierheid (de) | fəxr | ['fæχr] |
|---|---|---|
| fier (bn) | məğrur | [mæ'ɣrur] |
| fier zijn (ww) | fəxr etmək | ['fæχr ɛt'mæk] |

| winnaar (de) | qalib | [ga'lip] |
|---|---|---|
| winnen (ww) | qalib gəlmək | [ga'lip gæl'mæk] |

| verliezen (ww) | məğlubiyyətə uğramaq | [mæɣlʲubiæ'tæ uɣra'mah] |
|---|---|---|
| poging (de) | təşəbbüs | [tæʃæb'bys] |
| pogen, proberen (ww) | cəhd göstərmək | ['dʒ'æhd gøstær'mæk] |
| kans (de) | şans | ['ʃans] |

## 67. Ruzies. Negatieve emoties

| | | |
|---|---|---|
| schreeuw (de) | çığırtı | [ʧɪɣɪr'tɪ] |
| schreeuwen (ww) | çığırmaq | [ʧɪɣɪr'mah] |
| beginnen te schreeuwen | çığırmaq | [ʧɪɣɪr'mah] |

| | | |
|---|---|---|
| ruzie (de) | dalaşma | [dalaʃ'ma] |
| ruzie hebben (ww) | dalaşmaq | [dalaʃ'mah] |
| schandaal (het) | qalmaqal | [galma'gal] |
| schandaal maken (ww) | qalmaqal salmaq | [galma'gal sal'mah] |
| conflict (het) | münaqişə | [mynagi'ʃæ] |
| misverstand (het) | anlaşmazlıq | [anlaʃmaz'lıh] |

| | | |
|---|---|---|
| belediging (de) | təhkir | [tæh'kir] |
| beledigen | təhkir etmək | [tæh'kir ɛt'mæk] |
| (met scheldwoorden) | | |
| beledigd (bn) | təhkir olunmuş | [tæh'kir ol'un'muʃ] |
| krenking (de) | inciklik | [indʒik'lik] |
| krenken (beledigen) | incitmək | [indʒit'mæk] |
| gekwetst worden (ww) | incimək | [indʒi'mæk] |

| | | |
|---|---|---|
| verontwaardiging (de) | hiddət | [hid'dæt] |
| verontwaardigd zijn (ww) | hiddətlənmək | [hiddætlæn'mæk] |
| klacht (de) | şikayət | [ʃika'jæt] |
| klagen (ww) | şikayət etmək | [ʃika'jæt ɛt'mæk] |

| | | |
|---|---|---|
| verontschuldiging (de) | bağışlama | [bayɪʃla'ma] |
| zich verontschuldigen | üzr istəmək | ['juzr istæ'mæk] |
| excuus vragen | əfv diləmək | ['æfv dilæ'mæk] |

| | | |
|---|---|---|
| kritiek (de) | tənqid | [tæn'gid] |
| bekritiseren (ww) | tənqid etmək | [tæn'gid ɛt'mæk] |
| beschuldiging (de) | ittiham | [itti'ham] |
| beschuldigen (ww) | ittiham etmək | [itti'ham ɛt'mæk] |

| | | |
|---|---|---|
| wraak (de) | intiqam | [inti'gam] |
| wreken (ww) | intiqam almaq | [inti'gam al'mah] |
| wraak nemen (ww) | əvəzini çıxmaq | [ævæzi'ni ʧɪχ'mah] |

| | | |
|---|---|---|
| minachting (de) | xor baxılma | ['χor baχɪl'ma] |
| minachten (ww) | xor baxmaq | ['χor baχ'mah] |
| haat (de) | nifrət | [nif'ræt] |
| haten (ww) | nifrət etmək | [nif'ræt ɛt'mæk] |

| | | |
|---|---|---|
| zenuwachtig (bn) | əsəbi | [æsæ'bi] |
| zenuwachtig zijn (ww) | əsəbiləşmək | [æsæbilæʃ'mæk] |
| boos (bn) | hirsli | [hirs'li] |
| boos maken (ww) | hirsləndirmək | [hirslændir'mæk] |

| | | |
|---|---|---|
| vernedering (de) | alçaltma | [alʧalt'ma] |
| vernederen (ww) | alçaltmaq | [alʧalt'mah] |
| zich vernederen (ww) | alçalmaq | [alʧal'mah] |

| | | |
|---|---|---|
| schok (de) | şok | ['ʃok] |
| schokken (ww) | şok vəziyyətinə salmaq | ['ʃok væziæti'næ sal'mah] |

| | | |
|---|---|---|
| onaangenaamheid (de) | xoşagəlməz hadisə | [χoʃagæl'mæz hadi'sæ] |
| onaangenaam (bn) | nifrət oyadan | [nif'ræt oja'dan] |
| | | |
| vrees (de) | qorxu | [gor'χu] |
| vreselijk (bijv. ~ onweer) | şiddətli | [ʃiddæt'li] |
| eng (bn) | qorxulu | [gorχu'lʲu] |
| gruwel (de) | dəhşət | [dæh'ʃæt] |
| vreselijk (~ nieuws) | dəhşətli | [dæhʃæt'li] |
| | | |
| huilen (wenen) | ağlamaq | [aɣla'mah] |
| beginnen te huilen (wenen) | ağlamaq | [aɣla'mah] |
| traan (de) | göz yaşı | [gøz ja'ʃı] |
| | | |
| schuld (~ geven aan) | qəbahət | [gæba'hæt] |
| schuldgevoel (het) | taqsır | [tag'sır] |
| schande (de) | biabırçılıq | [biabırtʃı'lıh] |
| protest (het) | etiraz | [ɛti'raz] |
| stress (de) | stres | ['strɛs] |
| | | |
| storen (lastigvallen) | mane olmaq | [ma'nɛ ol'mah] |
| kwaad zijn (ww) | hirslənmək | [hirslæn'mæk] |
| kwaad (bn) | hirsli | [hirs'li] |
| beëindigen (een relatie ~) | kəsmək | [kæs'mæk] |
| vloeken (ww) | söyüş söymək | [sø'juʃ søj'mæk] |
| | | |
| schrikken (schrik krijgen) | qorxmaq | [gorχ'mah] |
| slaan (iemand ~) | vurmaq | [vur'mah] |
| vechten (ww) | dalaşmaq | [dalaʃ'mah] |
| | | |
| regelen (conflict) | nizama salmaq | [niza'ma sal'mah] |
| ontevreden (bn) | narazı | [nara'zı] |
| woedend (bn) | qəzəbli | [gæzæb'li] |
| | | |
| Dat is niet goed! | Bu, heç də yaxşı iş deyil! | ['bu 'hɛtʃ 'dæ jaχ'ʃı 'iʃ 'dɛjıl] |
| Dat is slecht! | Bu, pisdir! | ['bu 'pisdir] |

# Geneeskunde

## 68. Ziekten

| ziekte (de) | xəstəlik | [χæstæ'lik] |
| ziek zijn (ww) | xəstə olmaq | [χæs'tæ ol'mah] |
| gezondheid (de) | sağlamlıq | [saɣlam'lıh] |

| snotneus (de) | zökəm | [zø'kæm] |
| angina (de) | angina | [a'ngina] |
| verkoudheid (de) | soyuqdəymə | [sojugdæj'mæ] |
| verkouden raken (ww) | özünü soyuğa vermək | [øzy'ny soju'ɣa vɛr'mæk] |

| bronchitis (de) | bronxit | [bron'χit] |
| longontsteking (de) | sətəlcəm | [sætæl'dʒ|æm] |
| griep (de) | qrip | ['grip] |

| bijziend (bn) | uzağı görməyən | [uza'ɣı 'gørmæjæn] |
| verziend (bn) | uzağı yaxşı görən | [uza'ɣı jaχ'ʃı gø'ræn] |
| scheelheid (de) | çəpgözlük | [tʃæpgøz'lyk] |
| scheel (bn) | çəpgöz | [tʃæp'gøz] |
| grauwe staar (de) | katarakta | [kata'rakta] |
| glaucoom (het) | qlaukoma | [glau'koma] |

| beroerte (de) | insult | [in'sul|t] |
| hartinfarct (het) | infarkt | [in'farkt] |
| myocardiaal infarct (het) | miokard infarktı | [mio'kard infark'tı] |
| verlamming (de) | iflic | [if'lidʒ|] |
| verlammen (ww) | iflic olmaq | [if'lidʒ| ol'mah] |

| allergie (de) | allergiya | [allɛr'gija] |
| astma (de/het) | astma | ['astma] |
| diabetes (de) | diabet | [dia'bɛt] |

| tandpijn (de) | diş ağrısı | ['diʃ aɣrı'sı] |
| tandbederf (het) | kariyes | ['kariɛs] |

| diarree (de) | diareya | [dia'rɛja] |
| constipatie (de) | qəbizlik | [gæbiz'lik] |
| maagstoornis (de) | mədə pozuntusu | [mæ'dæ pozuntu'su] |
| voedselvergiftiging (de) | zəhərlənmə | [zæhærlæn'mæ] |
| voedselvergiftiging oplopen | qidadan zəhərlənmək | [gida'dan zæhærlæn'mæk] |

| artritis (de) | artrit | [art'rit] |
| rachitis (de) | raxit | [ra'χit] |
| reuma (het) | revmatizm | [rɛvma'tizm] |
| arteriosclerose (de) | ateroskleroz | [atɛrosklɛ'roz] |

| gastritis (de) | qastrit | [gast'rit] |
| blindedarmontsteking (de) | appendisit | [appɛndi'sit] |

| galblaasontsteking (de) | xolesistit | [χolɛsis'tit] |
| zweer (de) | xora | [χo'ra] |

| mazelen (mv.) | qızılca | [gızıl'dʒʲa] |
| rodehond (de) | məxmərək | [mæχmæ'ræk] |
| geelzucht (de) | sarılıq | [sarı'lıh] |
| leverontsteking (de) | hepatit | [hɛpa'tit] |

| schizofrenie (de) | şizofreniya | [ʃizofrɛ'nija] |
| dolheid (de) | quduzluq | [guduz'lʲuh] |
| neurose (de) | nevroz | [nɛv'roz] |
| hersenschudding (de) | beyin sarsıntısı | [bɛ'jın sarsıntı'sı] |

| kanker (de) | rak | ['rak] |
| sclerose (de) | skleroz | [sklɛ'roz] |
| multiple sclerose (de) | dağınıq skleroz | [daɣı'nıh sklɛ'roz] |

| alcoholisme (het) | əyyaşlıq | [æjaʃ'lıh] |
| alcoholicus (de) | əyyaş | [æ'jaʃ] |
| syfilis (de) | sifilis | ['sifilis] |
| AIDS (de) | QİÇS | ['gitʃs] |

| tumor (de) | şiş | ['ʃiʃ] |
| kwaadaardig (bn) | bədxassəli | ['bædχas'sæli] |
| goedaardig (bn) | xoşxassəli | [χoʃχas'sæli] |

| koorts (de) | qızdırma | [gızdır'ma] |
| malaria (de) | malyariya | [malʲa'rija] |
| gangreen (het) | qanqrena | [gang'rɛna] |
| zeeziekte (de) | dəniz xəstəliyi | [dæ'niz χæstæli'jı] |
| epilepsie (de) | epilepsiya | [ɛpi'lɛpsija] |

| epidemie (de) | epidemiya | [ɛpi'dɛmija] |
| tyfus (de) | yatalaq | [jata'lah] |
| tuberculose (de) | vərəm | [væ'ræm] |
| cholera (de) | vəba | [væ'ba] |
| pest (de) | taun | [ta'un] |

## 69. Symptomen. Behandelingen. Deel 1

| symptoom (het) | əlamət | [æla'mæt] |
| temperatuur (de) | qızdırma | [gızdır'ma] |
| verhoogde temperatuur (de) | yüksək qızdırma | [jyk'sæk gızdır'ma] |
| polsslag (de) | nəbz | ['næbz] |

| duizeling (de) | başgicəllənməsi | [baʃgidʒʲællænmæ'si] |
| heet (erg warm) | isti | [is'ti] |
| koude rillingen (mv.) | titrəmə | [titræ'mæ] |
| bleek (bn) | rəngi ağarmış | [ræ'ngi aɣar'mıʃ] |

| hoest (de) | öskürək | [øsky'ræk] |
| hoesten (ww) | öskürmək | [øskyr'mæk] |
| niezen (ww) | asqırmaq | [asgır'mah] |
| flauwte (de) | bihuşluq | [bihuʃ'lʲuh] |

| flauwvallen (ww) | huşunu itirmək | ['huʃunu itir'mæk] |
| blauwe plek (de) | qançır | [gan'tʃɪr] |
| buil (de) | şiş | ['ʃiʃ] |
| zich stoten (ww) | dəymək | [dæj'mæk] |
| kneuzing (de) | zədələmə | [zædælæ'mæ] |
| kneuzen (gekneusd zijn) | zədələnmək | [zædælæn'mæk] |

| hinken (ww) | axsamaq | [aχsa'mah] |
| verstuiking (de) | burxulma | [burχul'ma] |
| verstuiken (enkel, enz.) | burxutmaq | [burχut'mah] |
| breuk (de) | sınıq | [sɪ'nɪh] |
| een breuk oplopen | sındırmaq | [sɪndɪr'mah] |

| snijwond (de) | kəsik | [kæ'sik] |
| zich snijden (ww) | kəsmək | [kæs'mæk] |
| bloeding (de) | qanaxma | [ganaχ'ma] |

| brandwond (de) | yanıq | [ja'nɪh] |
| zich branden (ww) | yanmaq | [jan'mah] |

| prikken (ww) | batırmaq | [batɪr'mah] |
| zich prikken (ww) | batırmaq | [batɪr'mah] |
| blesseren (ww) | zədələmək | [zædælæ'mæk] |
| blessure (letsel) | zədə | [zæ'dæ] |
| wond (de) | yara | [ja'ra] |
| trauma (het) | travma | ['travma] |

| IJlen (ww) | sayıqlamaq | [sajɪgla'mah] |
| stotteren (ww) | kəkələmək | [kækælæ'mæk] |
| zonnesteek (de) | gün vurması | ['gyn vurma'sɪ] |

## 70. Symptomen. Behandelingen. Deel 2

| pijn (de) | ağrı | [a'γrɪ] |
| splinter (de) | tikan | [ti'kan] |

| zweet (het) | tər | ['tær] |
| zweten (ww) | tərləmək | [tærlæ'mæk] |
| braking (de) | qusma | [gus'ma] |
| stuiptrekkingen (mv.) | qıc | ['gɪdʒʲ] |

| zwanger (bn) | hamilə | [hami'læ] |
| geboren worden (ww) | anadan olmaq | [ana'dan ol'mah] |
| geboorte (de) | doğuş | [do'γuʃ] |
| baren (ww) | doğmaq | [do'γmah] |
| abortus (de) | uşaq saldırma | [u'ʃah saldɪr'ma] |

| ademhaling (de) | tənəffüs | [tænæf'fys] |
| inademing (de) | nəfəs alma | [næ'fæs al'ma] |
| uitademing (de) | nəfəs vermə | [næ'fæs vɛr'mæ] |
| uitademen (ww) | nəfəs vermək | [næ'fæs vɛr'mæk] |
| inademen (ww) | nəfəs almaq | [næ'fæs al'mah] |
| invalide (de) | əlil | [æ'lil] |
| gehandicapte (de) | şikəst | [ʃi'kæst] |

| drugsverslaafde (de) | narkoman | [narko'man] |
| doof (bn) | kar | ['kar] |
| stom (bn) | lal | ['lal] |
| doofstom (bn) | lal-kar | ['lal 'kar] |

| krankzinnig (bn) | dəli | [dæ'li] |
| krankzinnige (man) | dəli | [dæ'li] |
| krankzinnige (vrouw) | dəli | [dæ'li] |
| krankzinnig worden | dəli olmaq | [dæ'li ol'mah] |

| gen (het) | gen | ['gɛn] |
| immuniteit (de) | immunitet | [immuni'tɛt] |
| erfelijk (bn) | irsi | [ir'si] |
| aangeboren (bn) | anadangəlmə | [anadangæl'mæ] |

| virus (het) | virus | ['virus] |
| microbe (de) | mikrob | [mik'rop] |
| bacterie (de) | bakteriya | [bak'tɛrija] |
| infectie (de) | infeksiya | [in'fɛksija] |

## 71. Symptomen. Behandelingen. Deel 3

| ziekenhuis (het) | xəstəxana | [χæstæχa'na] |
| patiënt (de) | pasiyent | [pasi'ɛnt] |

| diagnose (de) | diaqnoz | [di'agnoz] |
| genezing (de) | müalicə | [myali'ʤ'æ] |
| onder behandeling zijn | müalicə olunmaq | [myali'ʤ'æ olʲun'mah] |
| behandelen (ww) | müalicə etmək | [myali'ʤ'æ ɛt'mæk] |
| zorgen (zieken ~) | xəstəyə qulluq etmək | [χæstæ'jæ gul'lʲuh ɛt'mæk] |
| ziekenzorg (de) | xəstəyə qulluq | [χæstæ'jæ gul'lʲuh] |

| operatie (de) | əməliyyat | [æmæli'at] |
| verbinden (een arm ~) | sarğı bağlamaq | [sar'ɣɪ baɣla'mah] |
| verband (het) | sarğı | [sar'ɣɪ] |

| vaccin (het) | peyvənd | [pɛj'vænd] |
| inenten (vaccineren) | peyvənd etmək | [pɛj'vænd æt'mæk] |
| injectie (de) | iynə | [ij'næ] |
| een injectie geven | iynə vurmaq | [ij'næ vur'mah] |

| amputatie (de) | amputasiya | [ampu'tasija] |
| amputeren (ww) | amputasiya etmək | [ampu'tasija ɛt'mæk] |
| coma (het) | koma | ['koma] |
| in coma liggen | komaya düşmək | ['komaja dyʃ'mæk] |
| intensieve zorg, ICU (de) | reanimasiya | [rɛani'masija] |

| zich herstellen (ww) | sağalmaq | [saɣal'mah] |
| toestand (de) | vəziyyət | [væzi'æt] |
| bewustzijn (het) | huş | ['huʃ] |
| geheugen (het) | yaddaş | [jad'daʃ] |

| trekken (een kies ~) | çəkdirmək | [ʧækdir'mæk] |
| vulling (de) | plomb | ['plomp] |

| vullen (ww) | plomblamaq | [plombla'mah] |
|---|---|---|
| hypnose (de) | hipnoz | [hip'noz] |
| hypnotiseren (ww) | hipnoz etmək | [hip'noz ɛt'mæk] |

## 72. Artsen

| dokter, arts (de) | həkim | [hæ'kim] |
|---|---|---|
| ziekenzuster (de) | tibb bacısı | ['tibp badʒʲı'sı] |
| lijfarts (de) | şəxsi həkim | [ʃæχ'si hæ'kim] |

| tandarts (de) | diş həkimi | ['diʃ hæki'mi] |
|---|---|---|
| oogarts (de) | göz həkimi | [gøz hæki'mi] |
| therapeut (de) | terapevt | [tɛra'pɛvt] |
| chirurg (de) | cərrah | [dʒʲær'rah] |

| psychiater (de) | psixiatr | [psiχi'atr] |
|---|---|---|
| pediater (de) | pediatr | [pɛdi'atr] |
| psycholoog (de) | psixoloq | [psi'χoloh] |
| gynaecoloog (de) | ginekoloq | [ginɛ'koloh] |
| cardioloog (de) | kardioloq | [kardi'oloh] |

## 73. Geneeskunde. Medicijnen. Accessoires

| geneesmiddel (het) | dərman | [dær'man] |
|---|---|---|
| middel (het) | dava | [da'va] |
| voorschrijven (ww) | yazmaq | [jaz'mah] |
| recept (het) | resept | [rɛ'sɛpt] |

| tablet (de/het) | həb | ['hæp] |
|---|---|---|
| zalf (de) | məlhəm | [mæl'hæm] |
| ampul (de) | ampula | ['ampula] |
| drank (de) | mikstura | [miks'tura] |
| siroop (de) | sirop | [si'rop] |
| pil (de) | həb | ['hæp] |
| poeder (de/het) | toz dərman | ['toz dær'man] |

| verband (het) | bint | ['bint] |
|---|---|---|
| watten (mv.) | pambıq | [pam'bıh] |
| jodium (het) | yod | ['jod] |
| pleister (de) | yapışan məlhəm | [japı'ʃan mæl'hæm] |
| pipet (de) | damcıtökən | [damdʒʲıtø'kæn] |
| thermometer (de) | termometr | [tɛr'momɛtr] |
| spuit (de) | şpris | ['ʃpris] |

| rolstoel (de) | əlil arabası | [æ'lil araba'sı] |
|---|---|---|
| krukken (mv.) | qoltuqağacı | [goltuɣa'dʒʲı] |

| pijnstiller (de) | ağrıkəsici | [aɣrıkæsi'dʒʲi] |
|---|---|---|
| laxeermiddel (het) | işlətmə dərmanı | [iʃlæt'mæ dærma'nı] |
| spiritus (de) | spirt | ['spirt] |
| medicinale kruiden (mv.) | bitki | [bit'ki] |
| kruiden- (abn) | bitki | [bit'ki] |

## 74. Roken. Tabaksproducten

| | | |
|---|---|---|
| tabak (de) | tütün | [ty'tyn] |
| sigaret (de) | siqaret | [siga'rɛt] |
| sigaar (de) | siqara | [si'gara] |
| pijp (de) | tənbəki çubuğu | [tænbæ'ki ʧubu'ɣu] |
| pakje (~ sigaretten) | paçka | [paʧ'ka] |

| | | |
|---|---|---|
| lucifers (mv.) | kibrit | [kib'rit] |
| luciferdoosje (het) | kibrit qutusu | [kib'rit gutu'su] |
| aansteker (de) | alışqan | [alɪʃ'gan] |
| asbak (de) | külqabı | ['kylʲgabɪ] |
| sigarettendoosje (het) | portsiqar | [portsi'gar] |

| | | |
|---|---|---|
| sigarettenpijpje (het) | müştük | [myʃ'tyk] |
| filter (de/het) | süzgəc | [syz'gædʒʲ] |

| | | |
|---|---|---|
| roken (ww) | çəkmək | [ʧæk'mæk] |
| een sigaret opsteken | çəkmək | [ʧæk'mæk] |
| roken (het) | çəkmə | [ʧæk'mæ] |
| roker (de) | çəkən | [ʧæ'kæn] |

| | | |
|---|---|---|
| peuk (de) | siqaret kötüyü | [siga'rɛt køty'ju] |
| rook (de) | tüstü | [tys'ty] |
| as (de) | kül | ['kylʲ] |

# HET MENSELIJKE LEEFGEBIED

## Stad

### 75. Stad. Het leven in de stad

| | | |
|---|---|---|
| stad (de) | şəhər | [ʃæ'hær] |
| hoofdstad (de) | paytaxt | [paj'taχt] |
| dorp (het) | kənd | ['kænd] |
| | | |
| plattegrond (de) | şəhərin planı | [ʃæhæ'rin pla'nı] |
| centrum (ov. een stad) | şəhərin mərkəzi | [ʃæhæ'rin mærkæ'zi] |
| voorstad (de) | şəhərətrafı qəsəbə | [ʃæhærætra'fı gæsæ'bæ] |
| voorstads- (abn) | şəhərətrafı | [ʃæhærætra'fı] |
| | | |
| randgemeente (de) | kənar | [kæ'nar] |
| omgeving (de) | ətraf yerlər | [æt'raf ɛr'lɛr] |
| blok (huizenblok) | məhəllə | [mæhæl'læ] |
| woonwijk (de) | yaşayış məhəlləsi | [jaʃa'jıʃ mæhællæ'si] |
| | | |
| verkeer (het) | hərəkət | [hæræ'kæt] |
| verkeerslicht (het) | svetofor | [svɛto'for] |
| openbaar vervoer (het) | şəhər nəqliyyatı | [ʃæ'hær næglia'tı] |
| kruispunt (het) | dörd yol ağzı | [dørd 'jol a'ɣzı] |
| | | |
| zebrapad (oversteekplaats) | keçid | [kɛ'tʃid] |
| onderdoorgang (de) | yeraltı keçid | [ɛral'tı kɛ'tʃid] |
| oversteken (de straat ~) | keçmək | [kɛtʃ'mæk] |
| voetganger (de) | piyada gedən | [pija'da gɛ'dæn] |
| trottoir (het) | küçə səkisi | [ky'tʃæ sæki'si] |
| | | |
| brug (de) | körpü | [kør'py] |
| dijk (de) | sahil küçəsi | [sa'hil kytʃæ'si] |
| fontein (de) | fəvvarə | ['fævva'ræ] |
| | | |
| allee (de) | xiyaban | [χija'ban] |
| park (het) | park | ['park] |
| boulevard (de) | bulvar | [bul'var] |
| plein (het) | meydan | [mɛj'dan] |
| laan (de) | prospekt | [pros'pɛkt] |
| straat (de) | küçə | [ky'tʃæ] |
| zijstraat (de) | döngə | [dø'ngæ] |
| doodlopende straat (de) | dalan | [da'lan] |
| | | |
| huis (het) | ev | ['ɛv] |
| gebouw (het) | bina | [bi'na] |
| wolkenkrabber (de) | göydələn | [gøjdæ'læn] |
| gevel (de) | fasad | [fa'sad] |
| dak (het) | dam | ['dam] |

| venster (het) | pəncərə | [pændʒ¡æ'ræ] |
| boog (de) | arka | ['arka] |
| pilaar (de) | sütun | [sy'tun] |
| hoek (ov. een gebouw) | tin | ['tin] |

| vitrine (de) | vitrin | [vit'rin] |
| gevelreclame (de) | lövhə | [løv'hæ] |
| affiche (de/het) | afişa | [a'fiʃa] |
| reclameposter (de) | reklam plakatı | [rɛk'lam plaka'tı] |
| aanplakbord (het) | reklam lövhəsi | [rɛk'lam løvhæ'si] |

| vuilnis (de/het) | tullantılar | [tullantı'lar] |
| vuilnisbak (de) | urna | ['urna] |
| afval weggooien (ww) | zibilləmək | [zibillæ'mæk] |
| stortplaats (de) | zibil tökülən yer | [zi'bil tøky'læn 'ɛr] |

| telefooncel (de) | telefon budkası | [tɛlɛ'fon budka'sı] |
| straatlicht (het) | fənərli dirək | [fænær'li di'ræk] |
| bank (de) | skamya | [skam'ja] |

| politieagent (de) | polis işçisi | [po'lis iʃtʃi'si] |
| politie (de) | polis | [po'lis] |
| zwerver (de) | dilənçi | [dilæn'tʃi] |
| dakloze (de) | evsiz-eşiksiz | [ɛv'siz æʃik'siz] |

## 76. Stedelijke instellingen

| winkel (de) | mağaza | [ma'ɣaza] |
| apotheek (de) | aptek | [ap'tɛk] |
| optiek (de) | optik cihazlar | [op'tik dʒ¡ihaz'lar] |
| winkelcentrum (het) | ticarət mərkəzi | [tidʒ¡a'ræt mærkæ'zi] |
| supermarkt (de) | supermarket | [supɛr'markɛt] |

| bakkerij (de) | çörəkçixana | [tʃœræktʃiχa'na] |
| bakker (de) | çörəkçi | ['tʃœræk'tʃi] |
| banketbakkerij (de) | şirniyyat mağazası | [ʃirni'at ma'ɣazası] |
| kruidenier (de) | bakaleya mağazası | [baka'lɛja ma'ɣazası] |
| slagerij (de) | ət dükanı | ['æt dyka'nı] |

| groentewinkel (de) | tərəvəz dükanı | [tæræ'væz dyka'nı] |
| markt (de) | bazar | [ba'zar] |

| koffiehuis (het) | kafe | [ka'fɛ] |
| restaurant (het) | restoran | [rɛsto'ran] |
| bar (de) | pivəxana | [pivæχa'na] |
| pizzeria (de) | pitseriya | [pitsɛ'rija] |

| kapperssalon (de/het) | bərbərxana | [bærbærχa'na] |
| postkantoor (het) | poçt | ['potʃt] |
| stomerij (de) | kimyəvi təmizləmə | [kimjæ'vi tæmizlæ'mæ] |
| fotostudio (de) | fotoatelye | [fotoatɛ'ljɛ] |

| schoenwinkel (de) | ayaqqabı mağazası | [ajakka'bı ma'ɣazası] |
| boekhandel (de) | kitab mağazası | [ki'tap ma'ɣazası] |

| sportwinkel (de) | idman malları mağazası | [id'man malla'rı ma'yazası] |
|---|---|---|
| kledingreparatie (de) | paltarların təmiri | [paltarla'rın tæmi'ri] |
| kledingverhuur (de) | paltarların kirayəsi | [paltarla'rın kirajæ'si] |
| videotheek (de) | filmlərin kirayəsi | [filmlæ'rin kirajæ'si] |

| circus (de/het) | sirk | ['sirk] |
|---|---|---|
| dierentuin (de) | heyvanat parkı | [hɛjva'nat par'kı] |
| bioscoop (de) | kinoteatr | [kinotɛ'atr] |
| museum (het) | muzey | [mu'zɛj] |
| bibliotheek (de) | kitabxana | [kitapҳa'na] |

| theater (het) | teatr | [tɛ'atr] |
|---|---|---|
| opera (de) | opera | ['opɛra] |
| nachtclub (de) | gecə klubu | [gɛ'dʒʲæ klʲu'bu] |
| casino (het) | kazino | [kazi'no] |

| moskee (de) | məsçid | [mæs'tʃid] |
|---|---|---|
| synagoge (de) | sinaqoq | [sina'goh] |
| kathedraal (de) | baş kilsə | ['baʃ kil'sæ] |
| tempel (de) | məbəd | [mæ'bæd] |
| kerk (de) | kilsə | [kil'sæ] |

| instituut (het) | institut | [insti'tut] |
|---|---|---|
| universiteit (de) | universitet | [univɛrsi'tɛt] |
| school (de) | məktəb | [mæk'tæp] |

| gemeentehuis (het) | prefektura | [prɛfɛk'tura] |
|---|---|---|
| stadhuis (het) | bələdiyyə | [bælædi'æ] |
| hotel (het) | mehmanxana | [mɛhmanҳa'na] |
| bank (de) | bank | ['bank] |

| ambassade (de) | səfirlik | [sæfir'lik] |
|---|---|---|
| reisbureau (het) | turizm agentliyi | [tu'rizm agɛntli'jı] |
| informatieloket (het) | məlumat bürosu | [mælʲu'mat byro'su] |
| wisselkantoor (het) | mübadilə mərtəqəsi | [mybadi'læ mæntægæ'si] |

| metro (de) | metro | [mɛt'ro] |
|---|---|---|
| ziekenhuis (het) | xəstəxana | [ҳæstæҳa'na] |

| benzinestation (het) | yanacaq doldurma mərtəqəsi | [jana'dʒʲah doldur'ma mæntægæ'si] |
|---|---|---|
| parking (de) | avtomobil dayanacağı | [avtomo'bil dajanadʒʲa'ɣı] |

## 77. Stedelijk vervoer

| bus, autobus (de) | avtobus | [av'tobus] |
|---|---|---|
| tram (de) | tramvay | [tram'vaj] |
| trolleybus (de) | trolleybus | [trol'lɛjbus] |
| route (de) | marşrut | [marʃ'rut] |
| nummer (busnummer, enz.) | nömrə | [nøm'ræ] |

| rijden met … | getmək | [gɛt'mæk] |
|---|---|---|
| stappen (in de bus ~) | minmək | [min'mæk] |
| afstappen (ww) | enmək | [ɛn'mæk] |

| halte (de) | dayanacaq | [dajana'dʒ¦ah] |
| volgende halte (de) | növbəti dayanacaq | [nøvbæ'ti dajana'dʒ¦ah] |
| eindpunt (het) | axırıncı dayanacaq | [aχɪrɪn'dʒ¦ɪ dajana'dʒ¦ah] |
| dienstregeling (de) | hərəkət cədvəli | [hæræ'kæt dʒ¦ædvæ'li] |
| wachten (ww) | gözləmək | [gøzlæ'mæk] |

| kaartje (het) | bilet | [bi'lɛt] |
| reiskosten (de) | biletin qiyməti | [bilɛ'tin gijmæ'ti] |

| kassier (de) | kassir | [kas'sir] |
| kaartcontrole (de) | nəzarət | [næza'ræt] |
| controleur (de) | nəzarətçi | [næzaræ'ʧi] |

| te laat zijn (ww) | gecikmək | [gɛdʒ¦ik'mæk] |
| missen (de bus ~) | gecikmək | [gɛdʒ¦ik'mæk] |
| zich haasten (ww) | tələsmək | [tælæs'mæk] |

| taxi (de) | taksi | [tak'si] |
| taxichauffeur (de) | taksi sürücüsü | [tak'si syrydʒy'sy] |
| met de taxi (bw) | taksi ilə | [tak'si i'læ] |
| taxistandplaats (de) | taksi dayanacağı | [tak'si dajanadʒ¦a'ɣɪ] |
| een taxi bestellen | taksi sifariş etmək | [tak'si sifa'riʃ ɛt'mæk] |
| een taxi nemen | taksi tutmaq | [tak'si tut'mah] |

| verkeer (het) | küçə hərəkəti | [ky'ʧæ hærækæ'ti] |
| file (de) | tıxac | [tɪ'χadʒ¦] |
| spitsuur (het) | pik saatları | ['pik saatla'rɪ] |
| parkeren (on.ww.) | park olunmaq | ['park ol¦un'mah] |
| parkeren (ov.ww.) | park etmək | ['park ɛt'mæk] |
| parking (de) | avtomobil dayanacağı | [avtomo'bil dajanadʒ¦a'ɣɪ] |

| metro (de) | metro | [mɛt'ro] |
| halte (bijv. kleine treinhalte) | stansiya | ['stansija] |
| de metro nemen | metro ilə getmək | [mɛt'ro i'læ gɛt'mæk] |
| trein (de) | qatar | [ga'tar] |
| station (treinstation) | dəmiryol vağzalı | [dæ'mirjol vaɣza'lɪ] |

## 78. Bezienswaardigheden

| monument (het) | abidə | [abi'dæ] |
| vesting (de) | qala | [ga'la] |
| paleis (het) | saray | [sa'raj] |
| kasteel (het) | qəsr | ['gæsr] |
| toren (de) | qüllə | [gyl'læ] |
| mausoleum (het) | məqbərə | [mægbæ'ræ] |

| architectuur (de) | memarlıq | [mɛmar'lɪh] |
| middeleeuws (bn) | orta əsrlərə aid | [or'ta æsrlæ'ræ a'id] |
| oud (bn) | qədimi | [gædi'mi] |
| nationaal (bn) | milli | [mil'li] |
| bekend (bn) | məşhur | [mæʃ'hur] |

| toerist (de) | turist | [tu'rist] |
| gids (de) | bələdçi | [bælæd'ʧi] |

| rondleiding (de) | gəzinti | [gæzin'ti] |
| tonen (ww) | göstərmək | [gøstær'mæk] |
| vertellen (ww) | söyləmək | [søjlæ'mæk] |

| vinden (ww) | tapmaq | [tap'mah] |
| verdwalen (de weg kwijt zijn) | itmək | [it'mæk] |
| plattegrond (~ van de metro) | sxem | ['sχɛm] |
| plattegrond (~ van de stad) | plan | ['plan] |

| souvenir (het) | suvenir | [suvɛ'nir] |
| souvenirwinkel (de) | suvenir mağazası | [suvɛ'nir ma'ɣazası] |
| een foto maken (ww) | fotoşəkil çəkmək | [fotoʃæ'kil tʃæk'mæk] |
| zich laten fotograferen | fotoşəkil çəkdirmək | [fotoʃæ'kil tʃækdir'mæk] |

## 79. Winkelen

| kopen (ww) | almaq | [al'mah] |
| aankoop (de) | satın alınmış şey | [sa'tın alın'mıʃ 'ʃɛj] |
| winkelen (ww) | alış-veriş etmək | [a'lıʃ vɛ'riʃ æt'mæk] |
| winkelen (het) | şoppinq | ['ʃoppinh] |

| open zijn (ov. een winkel, enz.) | işləmək | [iʃlæ'mæk] |
| gesloten zijn (ww) | bağlanmaq | [baɣlan'mah] |

| schoeisel (het) | ayaqqabı | [ajakka'bı] |
| kleren (mv.) | geyim | [gɛ'jım] |
| cosmetica (de) | kosmetika | [kos'mɛtika] |
| voedingswaren (mv.) | ərzaq | [ær'zah] |
| geschenk (het) | hədiyyə | [hædi'æ] |

| verkoper (de) | satıcı | [satı'dʒɪ] |
| verkoopster (de) | satıcı qadın | [satı'dʒɪ ga'dın] |

| kassa (de) | kassa | ['kassa] |
| spiegel (de) | güzgü | [gyz'gy] |
| toonbank (de) | piştaxta | [piʃtaχ'ta] |
| paskamer (de) | paltarı ölçüb baxmaq üçün yer | [palta'rı øl'tʃup baχ'mah ju'tʃun 'ɛr] |

| aanpassen (ww) | paltarı ölçüb baxmaq | [palta'rı øl'tʃup baχ'mah] |
| passen (ov. kleren) | münasib olmaq | [myna'sip ol'mah] |
| bevallen (prettig vinden) | xoşuna gəlmək | [χoʃu'na gæl'mæk] |

| prijs (de) | qiymət | [gij'mæt] |
| prijskaartje (het) | qiymət yazılan birka | [gij'mæt jazı'lan 'birka] |
| kosten (ww) | qiyməti olmaq | [gijmæ'ti ol'mah] |
| Hoeveel? | Neçəyədir? | [nɛtʃæ'jædir] |
| korting (de) | endirim | [ɛndi'rim] |

| niet duur (bn) | baha olmayan | [ba'ha 'olmajan] |
| goedkoop (bn) | ucuz | [u'dʒyz] |
| duur (bn) | bahalı | [baha'lı] |
| Dat is duur. | Bu, bahadır. | ['bu ba'hadır] |

| verhuur (de) | kirayə | [kira'jæ] |
|---|---|---|
| huren (smoking, enz.) | kirayəyə götürmək | [kirajæ'jæ gøtyr'mæk] |
| krediet (het) | kredit | [krɛ'dit] |
| op krediet (bw) | kreditlə almaq | [krɛ'ditlæ al'mah] |

## 80. Geld

| geld (het) | pul | ['pul] |
|---|---|---|
| ruil (de) | mübadilə | [mybadi'læ] |
| koers (de) | kurs | ['kurs] |
| geldautomaat (de) | bankomat | [banko'mat] |
| muntstuk (de) | pul | ['pul] |

| dollar (de) | dollar | ['dollar] |
|---|---|---|
| euro (de) | yevro | ['ɛvro] |

| lire (de) | lira | ['lira] |
|---|---|---|
| Duitse mark (de) | marka | [mar'ka] |
| frank (de) | frank | ['frank] |
| pond sterling (het) | funt sterling | ['funt 'stɛrlinh] |
| yen (de) | yena | ['jɛna] |

| schuld (geldbedrag) | borc | ['bordʒʲ] |
|---|---|---|
| schuldenaar (de) | borclu | [bordʒʲ'lʲu] |
| uitlenen (ww) | borc vermək | ['bordʒʲ vɛr'mæk] |
| lenen (geld ~) | borc almaq | ['bordʒʲ al'mah] |

| bank (de) | bank | ['bank] |
|---|---|---|
| bankrekening (de) | hesab | [hɛ'sap] |
| op rekening storten | hesaba yatırmaq | [hɛsa'ba jatır'mah] |
| opnemen (ww) | hesabdan pul götürmək | [hɛsab'dan 'pul gøtyr'mæk] |

| kredietkaart (de) | kredit kartı | [krɛ'dit kar'tı] |
|---|---|---|
| baar geld (het) | nəqd pul | ['nægd 'pul] |
| cheque (de) | çek | ['ʧɛk] |
| een cheque uitschrijven | çek yazmaq | ['ʧɛk jaz'mah] |
| chequeboekje (het) | çek kitabçası | ['ʧɛk kitapʧa'sı] |

| portefeuille (de) | cib kisəsi | ['dʒʲip kisæ'si] |
|---|---|---|
| geldbeugel (de) | pul kisəsi | ['pul kisæ'si] |
| safe (de) | seyf | ['sɛjf] |

| erfgenaam (de) | vərəsə | [væræ'sæ] |
|---|---|---|
| erfenis (de) | miras | [mi'ras] |
| fortuin (het) | var-dövlət | ['var døv'læt] |

| huur (de) | icarə | [idʒʲa'ræ] |
|---|---|---|
| huurprijs (de) | mənzil haqqı | [mæn'zil hak'kı] |
| huren (huis, kamer) | kirayə etmək | [kira'jæ ɛt'mæk] |

| prijs (de) | qiymət | [gij'mæt] |
|---|---|---|
| kostprijs (de) | qiymət | [gij'mæt] |
| som (de) | məbləğ | [mæb'læɣ] |
| uitgeven (geld besteden) | sərf etmək | ['særf ɛt'mæk] |

| kosten (mv.) | xərclər | [xærdʒ''lær] |
|---|---|---|
| bezuinigen (ww) | qənaət etmək | [gæna'æt ɛt'mæk] |
| zuinig (bn) | qənaətcil | [gænaæt'dʒʲil] |

| betalen (ww) | pulunu ödəmək | [pulʲu'nu ødæ'mæk] |
|---|---|---|
| betaling (de) | ödəniş | [ødæ'niʃ] |
| wisselgeld (het) | pulun artığı | [pu'lʲun artı'ɣı] |

| belasting (de) | vergi | [vɛr'gi] |
|---|---|---|
| boete (de) | cərimə | [dʒʲæri'mæ] |
| beboeten (bekeuren) | cərimə etmək | [dʒʲæri'mæ ɛt'mæk] |

## 81. Post. Postkantoor

| postkantoor (het) | poçt binası | ['potʃt bina'sı] |
|---|---|---|
| post (de) | poçt | ['potʃt] |
| postbode (de) | poçtalyon | [potʃta'lʲon] |
| openingsuren (mv.) | iş saatları | ['iʃ saatla'rı] |

| brief (de) | məktub | [mæk'tup] |
|---|---|---|
| aangetekende brief (de) | sifarişli məktub | [sifariʃ'li mæk'tup] |
| briefkaart (de) | poçt kartoçkası | ['potʃt kartotʃka'sı] |
| telegram (het) | teleqram | [tɛlɛg'ram] |
| postpakket (het) | bağlama | [baɣla'ma] |
| overschrijving (de) | pul köçürməsi | ['pul køtʃurmæ'si] |

| ontvangen (ww) | almaq | [al'mah] |
|---|---|---|
| sturen (zenden) | göndərmək | [gøndær'mæk] |
| verzending (de) | göndərilmə | [gøndæril'mæ] |

| adres (het) | ünvan | [yn'van] |
|---|---|---|
| postcode (de) | indeks | ['indɛks] |
| verzender (de) | göndərən | [gøndæ'ræn] |
| ontvanger (de) | alan | [a'lan] |

| naam (de) | ad | ['ad] |
|---|---|---|
| achternaam (de) | soyadı | ['sojadı] |

| tarief (het) | tarif | [ta'rif] |
|---|---|---|
| standaard (bn) | adi | [a'di] |
| zuinig (bn) | qənaətə imkan verən | [gænaæ'tæ im'kan vɛ'ræn] |

| gewicht (het) | çəki | [tʃæ'ki] |
|---|---|---|
| afwegen (op de weegschaal) | çəkmək | [tʃæk'mæk] |
| envelop (de) | zərf | ['zærf] |
| postzegel (de) | marka | [mar'ka] |

# Woning. Huis. Thuis

## 82. Huis. Woning

| | | |
|---|---|---|
| huis (het) | ev | ['ɛv] |
| thuis (bw) | evdə | [ɛv'dæ] |
| cour (de) | həyət | [hæ'jæt] |
| omheining (de) | çəpər | [ʧæ'pær] |
| | | |
| baksteen (de) | kərpic | [kær'piʤ] |
| van bakstenen | kərpicdən olan | [kærpiʤ'dæn o'lan] |
| steen (de) | daş | ['daʃ] |
| stenen (bn) | daşdan olan | [daʃ'dan o'lan] |
| beton (het) | beton | [bɛ'ton] |
| van beton | betondan olan | [bɛton'dan o'lan] |
| | | |
| nieuw (bn) | təzə | [tæ'zæ] |
| oud (bn) | köhnə | [køh'næ] |
| vervallen (bn) | uçuq-sökük | [u'ʧuh sø'kyk] |
| modern (bn) | müasir | [mya'sir] |
| met veel verdiepingen | çoxmərtəbəli | [ʧoχmærtæbæ'li] |
| hoog (bn) | hündür | [hyn'dyr] |
| | | |
| verdieping (de) | mərtəbə | [mærtæ'bæ] |
| met een verdieping | birmərtəbəli | [birmærtæbæ'li] |
| | | |
| laagste verdieping (de) | alt mərtəbə | ['alt mærtæ'bæ] |
| bovenverdieping (de) | üst mərtəbə | ['just mærtæ'bæ] |
| | | |
| dak (het) | dam | ['dam] |
| schoorsteen (de) | boru | [bo'ru] |
| | | |
| dakpan (de) | kirəmit | [kiræ'mit] |
| pannen- (abn) | kirəmitdən olan | [kiræmit'dæn o'lan] |
| zolder (de) | çardaq | [ʧar'dah] |
| | | |
| venster (het) | pəncərə | [pænʤæ'ræ] |
| glas (het) | şüşə | [ʃy'ʃæ] |
| | | |
| vensterbank (de) | pəncərə altı | [pænʤæ'ræ al'tı] |
| luiken (mv.) | pəncərə qapaqları | [pænʤæ'ræ gapagla'rı] |
| | | |
| muur (de) | divar | [di'var] |
| balkon (het) | balkon | [bal'kon] |
| regenpijp (de) | nov borusu | ['nov boru'su] |
| | | |
| boven (bw) | yuxarıda | [juχarı'da] |
| naar boven gaan (ww) | qalxmaq | [galχ'mah] |
| afdalen (on.ww.) | aşağı düşmək | [aʃa'ɣı dyʃ'mæk] |
| verhuizen (ww) | köçmək | [køʧ'mæk] |

## 83. Huis. Ingang. Lift

| | | |
|---|---|---|
| ingang (de) | giriş yolu | [gi'riʃ jo'lʲu] |
| trap (de) | pilləkən | [pillæ'kæn] |
| treden (mv.) | pillələr | [pillæ'lær] |
| trapleuning (de) | məhəccər | [mæhæ'dʒʲær] |
| hal (de) | xoll | ['χoll] |

| | | |
|---|---|---|
| postbus (de) | poçt qutusu | ['potʃt gutu'su] |
| vuilnisbak (de) | zibil qabı | [zi'bil ga'bı] |
| vuilniskoker (de) | zibil borusu | [zi'bil boru'su] |

| | | |
|---|---|---|
| lift (de) | lift | ['lift] |
| goederenlift (de) | yük lifti | ['juk lif'ti] |
| liftcabine (de) | kabina | [ka'bina] |
| de lift nemen | liftə minmək | [lif'tæ min'mæk] |

| | | |
|---|---|---|
| appartement (het) | mənzil | [mæn'zil] |
| bewoners (mv.) | sakinlər | [sakin'lær] |
| buurman (de) | qonşu | [gon'ʃu] |
| buurvrouw (de) | qonşu | [gon'ʃu] |
| buren (mv.) | qonşular | [gonʃu'lar] |

## 84. Huis. Deuren. Sloten

| | | |
|---|---|---|
| deur (de) | qapı | [ga'pı] |
| toegangspoort (de) | darvaza | [darva'za] |
| deurkruk (de) | qapı dəstəyi | [ga'pı dæstæ'jı] |
| ontsluiten (ontgrendelen) | açmaq | [atʃ'mah] |
| openen (ww) | açmaq | [atʃ'mah] |
| sluiten (ww) | bağlamaq | [baɣla'mah] |

| | | |
|---|---|---|
| sleutel (de) | açar | [a'tʃar] |
| sleutelbos (de) | bağlama | [baɣla'ma] |

| | | |
|---|---|---|
| knarsen (bijv. scharnier) | cırıldamaq | [dʒʲırılda'mah] |
| knarsgeluid (het) | cırıltı | [dʒʲırıl'tı] |
| scharnier (het) | rəzə | [ræ'zæ] |
| deurmat (de) | xalça | [χal'tʃa] |

| | | |
|---|---|---|
| slot (het) | qıfıl | [gı'fıl] |
| sleutelgat (het) | açar yeri | [a'tʃar ɛ'ri] |
| grendel (de) | siyirmə | [sijır'mæ] |
| schuif (de) | siyirtmə | [sijırt'mæ] |
| hangslot (het) | asma qıfıl | [as'ma gı'fıl] |

| | | |
|---|---|---|
| aanbellen (ww) | zəng etmək | ['zæng ɛt'mæk] |
| bel (geluid) | zəng | ['zænh] |
| deurbel (de) | zəng | ['zænh] |
| belknop (de) | düymə | [dyj'mæ] |

| | | |
|---|---|---|
| geklop (het) | taqqıltı | [takkıl'tı] |
| kloppen (ww) | taqqıldatmaq | [takkıldat'mah] |

| code (de) | kod | ['kod] |
|---|---|---|
| cijferslot (het) | kodlu qıfıl | [kod'lʲu gı'fıl] |
| parlofoon (de) | domofon | [domo'fon] |
| nummer (het) | nömrə | [nøm'ræ] |
| naambordje (het) | lövhəcik | [løvhæ'dʒʲik] |
| deurspion (de) | qapının deşiyi | [gapı'nın dɛʃi'jı] |

## 85. Huis op het platteland

| dorp (het) | kənd | ['kænd] |
|---|---|---|
| moestuin (de) | bostan | [bos'tan] |
| hek (het) | hasar | [ha'sar] |
| houten hekwerk (het) | çəpər | [tʃæ'pær] |
| tuinpoortje (het) | kiçik qapı | [ki'tʃik ga'pı] |

| graanschuur (de) | anbar | [an'bar] |
|---|---|---|
| wortelkelder (de) | zirzəmi | [zirzæ'mi] |
| schuur (de) | dam | ['dam] |
| waterput (de) | quyu | [gu'ju] |

| kachel (de) | soba | [so'ba] |
|---|---|---|
| de kachel stoken | qalamaq | [gala'mah] |
| brandhout (het) | odun | [o'dun] |
| houtblok (het) | odun parçası | [o'dun partʃa'sı] |

| veranda (de) | şüşəbənd | [ʃyʃæ'bænd] |
|---|---|---|
| terras (het) | terras | [tɛr'ras] |
| bordes (het) | artırma | [artır'ma] |
| schommel (de) | yellənçək | [ɛllæn'tʃæk] |

## 86. Kasteel. Paleis

| kasteel (het) | qəsr | ['gæsr] |
|---|---|---|
| paleis (het) | saray | [sa'raj] |
| vesting (de) | qala | [ga'la] |

| ringmuur (de) | divar | [di'var] |
|---|---|---|
| toren (de) | güllə | [gyl'læ] |
| donjon (de) | əsas güllə | [æ'sas gyl'læ] |

| valhek (het) | qaldırılan darvaza | [galdırı'lan darva'za] |
|---|---|---|
| onderaardse gang (de) | yeraltı yol | [ɛral'tı 'jol] |
| slotgracht (de) | xəndək | [χæn'dæk] |

| ketting (de) | zəncir | [zæn'dʒʲir] |
|---|---|---|
| schietgat (het) | qala bacası | [ga'la badʒʲa'sı] |

| prachtig (bn) | təmtəraqlı | [tæmtærag'lı] |
|---|---|---|
| majestueus (bn) | əzəmətli | [æzæmæt'li] |

| onneembaar (bn) | yenilməz | [ɛnil'mæz] |
|---|---|---|
| middeleeuws (bn) | orta əsrlərə aid | [or'ta æsrlæ'ræ a'id] |

## 87. Appartement

| | | |
|---|---|---|
| appartement (het) | mənzil | [mæn'zil] |
| kamer (de) | otaq | [o'tah] |
| slaapkamer (de) | yataq otağı | [ja'tah ota'ɣɪ] |
| eetkamer (de) | yemək otağı | [ɛ'mæk ota'ɣɪ] |
| salon (de) | qonaq otağı | [go'nah ota'ɣɪ] |
| studeerkamer (de) | iş otağı | ['iʃ ota'ɣɪ] |
| | | |
| gang (de) | dəhliz | [dæh'liz] |
| badkamer (de) | vanna otağı | [van'na ota'ɣɪ] |
| toilet (het) | tualet | [tua'lɛt] |
| | | |
| plafond (het) | tavan | [ta'van] |
| vloer (de) | döşəmə | [døʃæ'mæ] |
| hoek (de) | künc | ['kyndʒ] |

## 88. Appartement. Schoonmaken

| | | |
|---|---|---|
| schoonmaken (ww) | yığışdırmaq | [jɪɣɪʃdɪr'mah] |
| opbergen (in de kast, enz.) | aparmaq | [apar'mah] |
| stof (het) | toz | ['toz] |
| stoffig (bn) | tozlu | [toz'lʲu] |
| stoffen (ww) | toz almaq | ['toz al'mah] |
| stofzuiger (de) | tozsoran | [tozso'ran] |
| stofzuigen (ww) | tozsoranla toz almaq | [tozso'ranla 'toz al'mah] |
| | | |
| vegen (de vloer ~) | süpürmək | [sypyr'mæk] |
| veegsel (het) | zibil | [zi'bil] |
| orde (de) | səliqə-sahman | [sæli'gæ sah'man] |
| wanorde (de) | səliqəsizlik | [sæligæsiz'lik] |
| | | |
| zwabber (de) | lif süpürgə | ['lif sypyr'gæ] |
| poetsdoek (de) | əski | [æs'ki] |
| veger (de) | süpürgə | [sypyr'gæ] |
| stofblik (het) | xəkəndaz | [xækæn'daz] |

## 89. Meubels. Interieur

| | | |
|---|---|---|
| meubels (mv.) | mebel | ['mɛbɛl] |
| tafel (de) | masa | [ma'sa] |
| stoel (de) | stul | ['stul] |
| bed (het) | çarpayı | [ʧarpa'jɪ] |
| bankstel (het) | divan | [di'van] |
| fauteuil (de) | kreslo | ['krɛslo] |
| | | |
| boekenkast (de) | kitab şkafı | [ki'tap ʃka'fɪ] |
| boekenrek (het) | kitab rəfi | [ki'tap ræ'fi] |
| | | |
| kledingkast (de) | paltar üçün şkaf | [pal'tar ju'ʧun ʃ'kaf] |
| kapstok (de) | paltarasan | [paltara'san] |

| | | |
|---|---|---|
| staande kapstok (de) | dik paltarasan | ['dik paltara'san] |
| commode (de) | kamod | [ka'mod] |
| salontafeltje (het) | jurnal masası | [ʒur'nal masa'sı] |

| | | |
|---|---|---|
| spiegel (de) | güzgü | [gyz'gy] |
| tapijt (het) | xalı | [χa'lı] |
| tapijtje (het) | xalça | [χal'ʧa] |

| | | |
|---|---|---|
| haard (de) | kamin | [ka'min] |
| kaars (de) | şam | ['ʃam] |
| kandelaar (de) | şamdan | [ʃam'dan] |

| | | |
|---|---|---|
| gordijnen (mv.) | pərdə | [pær'dæ] |
| behang (het) | divar kağızı | [di'var kʲaɣı'zı] |
| jaloezie (de) | jalyuzi | [ʒalʲu'zi] |

| | | |
|---|---|---|
| bureaulamp (de) | stol lampası | ['stol lamp'sı] |
| wandlamp (de) | çıraq | [ʧı'rah] |
| staande lamp (de) | torşer | [tor'ʃɛr] |
| luchter (de) | çilçıraq | [ʧilʧı'rah] |

| | | |
|---|---|---|
| poot (ov. een tafel, enz.) | ayaq | [a'jah] |
| armleuning (de) | qoltuqaltı | [goltuɣal'tı] |
| rugleuning (de) | söykənəcək | ['søjkænæ'ʤʲæk] |
| la (de) | siyirtmə | [sijırt'mæ] |

## 90. Beddengoed

| | | |
|---|---|---|
| beddengoed (het) | yataq dəyişəyi | [ja'tah dæiʃæ'jı] |
| kussen (het) | yastıq | [jas'tıh] |
| kussenovertrek (de) | yastıqüzü | [jastıgy'zy] |
| deken (de) | yorğan | [jor'ɣan] |
| laken (het) | mələfə | [mælæ'fæ] |
| sprei (de) | örtük | [ør'tyk] |

## 91. Keuken

| | | |
|---|---|---|
| keuken (de) | mətbəx | [mæt'bæχ] |
| gas (het) | qaz | ['gaz] |
| gasfornuis (het) | qaz plitəsi | ['gaz plitæ'si] |
| elektrisch fornuis (het) | elektrik plitəsi | [ɛlɛkt'rik plitæ'si] |
| oven (de) | duxovka | [duχov'ka] |
| magnetronoven (de) | mikrodalğalı soba | [mikrodalɣa'lı so'ba] |

| | | |
|---|---|---|
| koelkast (de) | soyuducu | [sojudu'ʤy] |
| diepvriezer (de) | dondurucu kamera | [donduru'ʤy 'kamɛra] |
| vaatwasmachine (de) | qabyuyan maşın | [gaby'jan ma'ʃın] |

| | | |
|---|---|---|
| vleesmolen (de) | ət çəkən maşın | ['æt ʧæ'kæn ma'ʃın] |
| vruchtenpers (de) | şirəçəkən maşın | [ʃiræʧæ'kæn ma'ʃın] |
| toaster (de) | toster | ['tostɛr] |
| mixer (de) | mikser | ['miksɛr] |

| | | |
|---|---|---|
| koffiemachine (de) | qəhvə hazırlayan maşın | [gæh'væ hazırla'jan ma'ʃın] |
| koffiepot (de) | qəhvədan | [gæhvæ'dan] |
| koffiemolen (de) | qəhvə üyüdən maşın | [gæh'væ yjy'dæn ma'ʃın] |

| | | |
|---|---|---|
| fluitketel (de) | çaydan | [ʧaj'dan] |
| theepot (de) | dəm çaydanı | ['dæm ʧajda'nı] |
| deksel (de/het) | qapaq | [ga'pah] |
| theezeefje (het) | kiçik ələk | [ki'ʧik æ'læk] |

| | | |
|---|---|---|
| lepel (de) | qaşıq | [ga'ʃıh] |
| theelepeltje (het) | çay qaşığı | ['ʧaj gaʃı'ɣı] |
| eetlepel (de) | xörək qaşığı | [χø'ræk gaʃı'ɣı] |
| vork (de) | çəngəl | [ʧæ'ngæl] |
| mes (het) | bıçaq | [bı'ʧah] |

| | | |
|---|---|---|
| vaatwerk (het) | qab-qacaq | ['gap ga'ʤah] |
| bord (het) | boşqab | [boʃ'gap] |
| schoteltje (het) | nəlbəki | [nælbæ'ki] |

| | | |
|---|---|---|
| likeurglas (het) | qədəh | [gæ'dæh] |
| glas (het) | stəkan | [stæ'kan] |
| kopje (het) | fincan | [fin'ʤan] |

| | | |
|---|---|---|
| suikerpot (de) | qənd qabı | ['gænd ga'bı] |
| zoutvat (het) | duz qabı | ['duz ga'bı] |
| pepervat (het) | istiot qabı | [isti'ot ga'bı] |
| boterschaaltje (het) | yağ qabı | ['jaɣ ga'bı] |

| | | |
|---|---|---|
| steelpan (de) | qazan | [ga'zan] |
| bakpan (de) | tava | [ta'va] |
| pollepel (de) | çömçə | [ʧœm'ʧæ] |
| vergiet (de/het) | aşsüzən | [aʃsy'zæn] |
| dienblad (het) | məcməyi | [mæʤ'mæ'jı] |

| | | |
|---|---|---|
| fles (de) | şüşə | [ʃy'ʃæ] |
| glazen pot (de) | şüşə banka | [ʃy'ʃæ ban'ka] |
| blik (conserven~) | banka | [ban'ka] |

| | | |
|---|---|---|
| flesopener (de) | açan | [a'ʧan] |
| blikopener (de) | konserv ağzı açan | [kon'sɛrv a'ɣzı a'ʧan] |
| kurkentrekker (de) | burğu | [bur'ɣu] |
| filter (de/het) | süzgəc | [syz'gæʤ] |
| filteren (ww) | süzgəcdən keçirmək | [syzgæʤ'dæn kɛʧir'mæk] |

| | | |
|---|---|---|
| huisvuil (het) | zibil | [zi'bil] |
| vuilnisemmer (de) | zibil vedrəsi | [zi'bil vɛdræ'si] |

## 92. Badkamer

| | | |
|---|---|---|
| badkamer (de) | vanna otağı | [van'na ota'ɣı] |
| water (het) | su | ['su] |
| kraan (de) | kran | ['kran] |
| warm water (het) | isti su | [is'ti 'su] |
| koud water (het) | soyuq su | [so'juh 'su] |

| tandpasta (de) | diş məcunu | ['diʃ mædʒy'nu] |
| tanden poetsen (ww) | dişləri fırçalamaq | [diʃlæ'ri fɪrtʃala'mah] |

| zich scheren (ww) | üzünü qırxmaq | [yzy'ny gɪrχ'mah] |
| scheercrème (de) | üz qırxmaq üçün köpük | ['juz gɪrχ'mah ju'tʃun kø'pyk] |
| scheermes (het) | ülgüc | [ylʲ'gydʒʲ] |

| wassen (ww) | yumaq | [ju'mah] |
| een bad nemen | yuyunmaq | [jujun'mah] |
| douche (de) | duş | ['duʃ] |
| een douche nemen | duş qəbul etmək | ['duʃ gæ'bul ɛt'mæk] |

| bad (het) | vanna | [van'na] |
| toiletpot (de) | unitaz | [uni'taz] |
| wastafel (de) | su çanağı | ['su tʃana'ɣɪ] |

| zeep (de) | sabun | [sa'bun] |
| zeepbakje (het) | sabun qabı | [sa'bun ga'bɪ] |

| spons (de) | hamam süngəri | [ha'mam syngæ'ri] |
| shampoo (de) | şampun | [ʃam'pun] |
| handdoek (de) | dəsmal | [dæs'mal] |
| badjas (de) | hamam xələti | [ha'mam χælæ'ti] |

| was (bijv. handwas) | paltarın yuyulması | [palta'rɪn yjulma'sɪ] |
| wasmachine (de) | paltaryuyan maşın | [paltary'jan ma'ʃɪn] |
| de was doen | paltar yumaq | [pal'tar ju'mah] |
| waspoeder (de) | yuyucu toz | [juju'dʒy 'toz] |

## 93. Huishoudelijke apparaten

| televisie (de) | televizor | [tɛlɛ'vizor] |
| cassettespeler (de) | maqnitofon | [magnito'fon] |
| videorecorder (de) | videomaqnitofon | [vidɛomagnito'fon] |
| radio (de) | qəbuledici | [gæbulɛdi'dʒʲi] |
| speler (de) | pleyer | ['plɛjɛr] |

| videoprojector (de) | video proyektor | [vidɛo pro'ɛktor] |
| home theater systeem (het) | ev kinoteatrı | ['æv kinotɛat'rɪ] |
| DVD-speler (de) | DVD maqnitofonu | [divi'di magnitofo'nu] |
| versterker (de) | səs gücləndiricisi | ['sæs gydʒʲlændiridʒʲi'si] |
| spelconsole (de) | oyun ələvəsi | [o'jun ælavæ'si] |

| videocamera (de) | videokamera | [vidɛo'kamɛra] |
| fotocamera (de) | fotoaparat | [fotoapa'rat] |
| digitale camera (de) | rəqəm fotoaparatı | [ræ'gæm fotoapara'tɪ] |

| stofzuiger (de) | tozsoran | [tozso'ran] |
| strijkijzer (het) | ütü | [y'ty] |
| strijkplank (de) | ütü taxtası | [y'ty taχta'sɪ] |

| telefoon (de) | telefon | [tɛlɛ'fon] |
| mobieltje (het) | mobil telefon | [mo'bil tɛlɛ'fon] |
| schrijfmachine (de) | yazı maşını | [ja'zɪ maʃɪ'nɪ] |

| | | |
|---|---|---|
| naaimachine (de) | tikiş maşını | [ti'kiʃ maʃɪ'nɪ] |
| microfoon (de) | mikrofon | [mikro'fon] |
| koptelefoon (de) | qulaqlıqlar | [gulaglɪg'lar] |
| afstandsbediening (de) | pult | ['pult] |

| | | |
|---|---|---|
| CD (de) | SD diski | [si'di dis'ki] |
| cassette (de) | kasset | [kas'sɛt] |
| vinylplaat (de) | val | ['val] |

## 94. Reparaties. Renovatie

| | | |
|---|---|---|
| renovatie (de) | təmir | [tæ'mir] |
| renoveren (ww) | təmir işləri aparmaq | [tæ'mir iʃlæ'ri apar'mah] |
| repareren (ww) | təmir etmək | [tæ'mir ɛt'mæk] |
| op orde brengen | qaydaya salmaq | [gajda'ja sal'mah] |
| overdoen (ww) | yenidən düzəltmək | [ɛni'dæn dyzælt'mæk] |

| | | |
|---|---|---|
| verf (de) | boya | [bo'ja] |
| verven (muur ~) | boyamaq | [boja'mah] |
| schilder (de) | boyaqçı | [bojag'tʃɪ] |
| kwast (de) | fırça | [fɪr'tʃa] |

| | | |
|---|---|---|
| kalk (de) | ağartma | [aɣart'ma] |
| kalken (ww) | ağartmaq | [aɣart'mah] |

| | | |
|---|---|---|
| behang (het) | divar kağızı | [di'var kʲaɣɪ'zɪ] |
| behangen (ww) | divar kağızı vurmaq | [di'var kaɣɪ'zɪ vur'mah] |
| lak (de/het) | lak | ['lak] |
| lakken (ww) | lak vurmaq | ['lak vur'mah] |

## 95. Loodgieterswerk

| | | |
|---|---|---|
| water (het) | su | ['su] |
| warm water (het) | isti su | [is'ti 'su] |
| koud water (het) | soyuq su | [so'juh 'su] |
| kraan (de) | kran | ['kran] |

| | | |
|---|---|---|
| druppel (de) | damcı | [dam'dʒʲɪ] |
| druppelen (ww) | damcılamaq | [damdʒʲɪla'mah] |
| lekken (een lek hebben) | axmaq | [aɣ'mah] |
| lekkage (de) | axıb getmək | [a'ɣɪp gɛt'mæk] |
| plasje (het) | gölməçə | [gølmæ'tʃæ] |

| | | |
|---|---|---|
| buis, leiding (de) | boru | [bo'ru] |
| stopkraan (de) | ventil | ['vɛntil] |
| verstopt raken (ww) | yolu tutulmaq | [jo'lʲu tutul'mah] |

| | | |
|---|---|---|
| gereedschap (het) | alətlər | [alæt'lær] |
| Engelse sleutel (de) | aralayan açar | [arala'jan a'tʃar] |
| losschroeven (ww) | açmaq | [atʃ'mah] |
| aanschroeven (ww) | bərkitmək | [bærkit'mæk] |
| ontstoppen (riool, enz.) | təmizləmək | [tæmizlæ'mæk] |

| loodgieter (de) | santexnik | [san'tɛχnik] |
| kelder (de) | zirzəmi | [zirzæ'mi] |
| riolering (de) | kanalizasiya | [kanali'zasija] |

## 96. Brand. Vuurzee

| vuur (het) | od | ['od] |
| vlam (de) | alov | [a'lov] |
| vonk (de) | qığılcım | [gıχıl'dʒʲım] |
| rook (de) | tüstü | [tys'ty] |
| fakkel (de) | məşəl | [mæ'ʃæl] |
| kampvuur (het) | tonqal | [ton'gal] |

| benzine (de) | benzin | [bɛn'zin] |
| kerosine (de) | ağ neft | ['aχ 'nɛft] |
| brandbaar (bn) | alışqan | [alıʃ'gan] |
| ontplofbaar (bn) | partlama təhlükəsi olan | [partla'ma tæhlykæ'si o'lan] |
| VERBODEN TE ROKEN! | SİQARET ÇƏKMƏYİN! | [siga'rɛt 'tʃækmæjın] |

| veiligheid (de) | təhlükəsizlik | [tæhlykæsiz'lik] |
| gevaar (het) | təhlükə | [tæhly'kæ] |
| gevaarlijk (bn) | təhlükəli | [tæhlykæ'li] |

| in brand vliegen (ww) | alışmaq | [alıʃ'mah] |
| explosie (de) | partlayış | [partla'jıʃ] |
| in brand steken (ww) | yandırmaq | [jandır'mah] |
| brandstichter (de) | qəsdən yandıran | ['gæsdæn jandı'ran] |
| brandstichting (de) | od vurma | ['od vur'ma] |

| vlammen (ww) | alışıb yanmaq | [alı'ʃıp jan'mah] |
| branden (ww) | yanmaq | [jan'mah] |
| afbranden (ww) | yanıb qurtarmaq | [ja'nıp gurtar'mah] |

| brandweerman (de) | yanğınsöndürən | [janχınsøndy'ræn] |
| brandweerwagen (de) | yanğın maşını | [jan'χın maʃi'nı] |
| brandweer (de) | yanğınsöndürmə komandası | [janχınsøndyr'mæ ko'mandası] |
| uitschuifbare ladder (de) | yanğın nərdivanı | [jan'χın nærdiva'nı] |

| brandslang (de) | şlanq | ['ʃlanh] |
| brandblusser (de) | odsöndürən | [odsøndy'ræn] |
| helm (de) | kaska | [kas'ka] |
| sirene (de) | sirena | [si'rɛna] |

| roepen (ww) | çığırmaq | [tʃıχır'mah] |
| hulp roepen | köməyə çağırmaq | [kømæ'jæ tʃaχır'mah] |
| redder (de) | xilas edən | [χi'las ɛ'dæn] |
| redden (ww) | xilas etmək | [χi'las ɛt'mæk] |

| aankomen (per auto, enz.) | gəlmək | [gæl'mæk] |
| blussen (ww) | söndürmək | [søndyr'mæk] |
| water (het) | su | ['su] |
| zand (het) | qum | ['gum] |
| ruïnes (mv.) | xarabalıq | [χaraba'lıh] |

| instorten (gebouw, enz.) | uçmaq | [utʃ'mah] |
| ineenstorten (ww) | uçmaq | [utʃ'mah] |
| inzakken (ww) | dağılmaq | [dayıl'mah] |

| brokstuk (het) | qırıntı | [gırın'tı] |
| as (de) | kül | ['kylʲ] |

| verstikken (ww) | boğulmaq | [boɣul'mah] |
| omkomen (ww) | həlak olmaq | [hæ'lak ol'mah] |

# MENSELIJKE ACTIVITEITEN

## Baan. Business. Deel 1

### 97. Bankieren

| | | |
|---|---|---|
| bank (de) | bank | ['bank] |
| bankfiliaal (het) | şöbə | [ʃo'bæ] |
| | | |
| bankbediende (de) | məsləhətçi | [mæslæhæ'tʃi] |
| manager (de) | idarə başçısı | [ida'ræ baʃtʃɪ'sɪ] |
| | | |
| bankrekening (de) | hesab | [hɛ'sap] |
| rekeningnummer (het) | hesab nömrəsi | [hɛ'sap nømræ'si] |
| lopende rekening (de) | cari hesab | [dʒʲa'ri hɛ'sap] |
| spaarrekening (de) | yığılma hesabı | [jɪɣɪl'ma hɛsa'bɪ] |
| | | |
| een rekening openen | hesab açmaq | [hɛ'sap atʃ'mah] |
| de rekening sluiten | bağlamaq | [baɣla'mah] |
| op rekening storten | hesaba yatırmaq | [hɛsa'ba jatɪr'mah] |
| opnemen (ww) | hesabdan pul götürmək | [hɛsab'dan 'pul gøtyr'mæk] |
| | | |
| storting (de) | əmanət | [æma'næt] |
| een storting maken | əmanət qoymaq | [æma'næt goj'mah] |
| overschrijving (de) | köçürmə | [køtʃur'mæ] |
| een overschrijving maken | köçürmə etmək | [køtʃur'mæ ɛt'mæk] |
| | | |
| som (de) | məbləğ | [mæb'læɣ] |
| Hoeveel? | Nə qədər? | ['næ gæ'dær] |
| | | |
| handtekening (de) | imza | [im'za] |
| ondertekenen (ww) | imzalamaq | [imzala'mah] |
| | | |
| kredietkaart (de) | kredit kartı | [krɛ'dit kar'tɪ] |
| code (de) | kod | ['kod] |
| | | |
| kredietkaartnummer (het) | kredit kartının nömrəsi | [krɛ'dit kartɪ'nɪn nømræ'si] |
| geldautomaat (de) | bankomat | [banko'mat] |
| | | |
| cheque (de) | çek | ['tʃɛk] |
| een cheque uitschrijven | çek yazmaq | ['tʃɛk jaz'mah] |
| chequeboekje (het) | çek kitabçası | ['tʃɛk kitaptʃa'sɪ] |
| | | |
| lening, krediet (de) | kredit | [krɛ'dit] |
| een lening aanvragen | kredit üçün müraciət etmək | [krɛ'dit ju'tʃun myradʒʲi'æt æt'mæk] |
| een lening nemen | kredit götürmək | [krɛ'dit gøtyr'mæk] |
| een lening verlenen | kredit vermək | [krɛ'dit vɛr'mæk] |
| garantie (de) | qarantiya | [ga'rantija] |

## 98. Telefoon. Telefoongesprek

| | | |
|---|---|---|
| telefoon (de) | telefon | [tɛlɛ'fon] |
| mobieltje (het) | mobil telefon | [mo'bil tɛlɛ'fon] |
| antwoordapparaat (het) | avtomatik cavab verən | [avtoma'tik dʒʲa'vap vɛ'ræn] |
| | | |
| bellen (ww) | zəng etmək | ['zæng ɛt'mæk] |
| belletje (telefoontje) | zəng | ['zænh] |
| | | |
| een nummer draaien | nömrəni yığmaq | [nømræ'ni jı'ɣmah] |
| Hallo! | allo! | [al'lo] |
| vragen (ww) | soruşmaq | [soruʃ'mah] |
| antwoorden (ww) | cavab vermək | [dʒʲa'vap vɛr'mæk] |
| | | |
| horen (ww) | eşitmək | [ɛʃit'mæk] |
| goed (bw) | yaxşı | [jaχ'ʃı] |
| slecht (bw) | pis | ['pis] |
| storingen (mv.) | maneələr | [manɛæ'lær] |
| | | |
| hoorn (de) | dəstək | [dæs'tæk] |
| opnemen (ww) | dəstəyi götürmək | [dæstæ'jı gøtyr'mæk] |
| ophangen (ww) | dəstəyi qoymaq | [dæstæ'jı goj'mah] |
| | | |
| bezet (bn) | məşğul | [mæʃ'ɣul] |
| overgaan (ww) | zəng etmək | ['zæng ɛt'mæk] |
| telefoonboek (het) | telefon kitabçası | [tɛlɛ'fon kitabtʃa'sı] |
| | | |
| lokaal (bn) | yerli | [ɛr'li] |
| interlokaal (bn) | şəhərlərarası | [ʃæhærlærara'sı] |
| buitenlands (bn) | beynəlxalq | [bɛjnæl'χalh] |

## 99. Mobiele telefoon

| | | |
|---|---|---|
| mobieltje (het) | mobil telefon | [mo'bil tɛlɛ'fon] |
| scherm (het) | displey | [disp'lɛj] |
| toets, knop (de) | düymə | [dyj'mæ] |
| simkaart (de) | SİM kart | ['sim 'kart] |
| | | |
| batterij (de) | batareya | [bata'rɛja] |
| leeg zijn (ww) | boşalmaq | [boʃal'mah] |
| acculader (de) | elektrik doldurucu cihaz | [ɛlɛkt'rik dolduru'dʒy dʒʲi'haz] |
| | | |
| menu (het) | menyu | [mɛ'nju] |
| instellingen (mv.) | sazlamalar | [sazlama'lar] |
| melodie (beltoon) | melodiya | [mɛ'lodija] |
| selecteren (ww) | seçmək | [sɛtʃ'mæk] |
| | | |
| rekenmachine (de) | kalkulyator | [kalʲku'lʲator] |
| voicemail (de) | avtomatik cavab verən | [avtoma'tik dʒʲa'vap vɛ'ræn] |
| wekker (de) | zəngli saat | [zæng'li sa'at] |
| contacten (mv.) | telefon kitabçası | [tɛlɛ'fon kitabtʃa'sı] |
| SMS-bericht (het) | SMS-xəbər | [ɛsɛ'mɛs χæ'bær] |
| abonnee (de) | abunəçi | [abunæ'tʃi] |

## 100. Schrijfbehoeften

| | | |
|---|---|---|
| balpen (de) | diyircəkli avtoqələm | [diʤɪrʤ'æk'li avtogæ'læm] |
| vulpen (de) | ucluğu olan qələm | [uʤylʲuˈɣu oˈlan gæ'læm] |
| | | |
| potlood (het) | karandaş | [karanˈdaʃ] |
| marker (de) | markyor | [marˈkʲor] |
| viltstift (de) | flomaster | [floˈmastɛr] |
| | | |
| notitieboekje (het) | bloknot | [blokˈnot] |
| agenda (boekje) | gündəlik | [gyndæˈlik] |
| | | |
| liniaal (de/het) | xətkeş | [χætˈkɛʃ] |
| rekenmachine (de) | kalkulyator | [kalʲkuˈlʲator] |
| gom (de) | pozan | [poˈzan] |
| punaise (de) | basmadüymə | [basmadyjˈmæ] |
| paperclip (de) | qısqac | [gɪsˈgaʤʲ] |
| | | |
| lijm (de) | yapışqan | [japɪʃˈgan] |
| nietmachine (de) | stepler | [ˈstɛplɛr] |
| perforator (de) | deşikaçan | [dɛʃikaˈʧan] |
| potloodslijper (de) | qələm yonan | [gæ'læm joˈnan] |

# Baan. Business. Deel 2

## 101. Massamedia

| krant (de) | qəzet | [gæ'zɛt] |
|---|---|---|
| tijdschrift (het) | jurnal | [ʒur'nal] |
| pers (gedrukte media) | mətbuat | [mætbu'at] |
| radio (de) | radio | ['radio] |
| radiostation (het) | radio stansiyası | ['radio 'stansijası] |
| televisie (de) | televiziya | [tɛlɛ'vizija] |

| presentator (de) | aparıcı | [aparı'ʤʰı] |
|---|---|---|
| nieuwslezer (de) | diktor | ['diktor] |
| commentator (de) | şərhçi | [ʃærh'ʧi] |

| journalist (de) | jurnalist | [ʒurna'list] |
|---|---|---|
| correspondent (de) | müxbir | [myχ'bir] |
| fotocorrespondent (de) | foto müxbir | ['foto myχ'bir] |
| reporter (de) | reportyor | [rɛpor'tʲor] |

| redacteur (de) | redaktor | [rɛ'daktor] |
|---|---|---|
| chef-redacteur (de) | baş redaktor | ['baʃ rɛ'daktor] |

| zich abonneren op | abunə olmaq | [abu'næ ol'mah] |
|---|---|---|
| abonnement (het) | abunə | [abu'næ] |
| abonnee (de) | abunəçi | [abunæ'ʧi] |
| lezen (ww) | oxumaq | [oχu'mah] |
| lezer (de) | oxucu | [oχu'ʤʲu] |

| oplage (de) | tiraj | [ti'raʒ] |
|---|---|---|
| maand-, maandelijks (bn) | aylıq | [aj'lıh] |
| wekelijks (bn) | həftəlik | [hæftæ'lik] |
| nummer (het) | nömrə | [nøm'ræ] |
| vers (~ van de pers) | təzə | [tæ'zæ] |

| kop (de) | başlıq | [baʃ'lıh] |
|---|---|---|
| korte artikel (het) | kiçik məqalə | [ki'ʧik mæga'læ] |
| rubriek (de) | rubrika | ['rubrika] |
| artikel (het) | məqalə | [mæga'læ] |
| pagina (de) | səhifə | [sæhi'fæ] |

| reportage (de) | reportaj | [rɛpor'taʒ] |
|---|---|---|
| gebeurtenis (de) | hadisə | [hadi'sæ] |
| sensatie (de) | sensasiya | [sɛn'sasija] |
| schandaal (het) | qalmaqal | [galma'gal] |
| schandalig (bn) | qalmaqallı | [galmagal'lı] |
| groot (~ schandaal, enz.) | böyük | [bø'juk] |

| programma (het) | veriliş | [vɛri'liʃ] |
|---|---|---|
| interview (het) | müsahibə | [mysahi'bæ] |

| live uitzending (de) | birbaşa translyasiya | [birba'ʃa trans'lʲasija] |
| kanaal (het) | kanal | [ka'nal] |

## 102. Landbouw

| landbouw (de) | kənd təsərrüfatı | ['kænd tæsærryfa'tı] |
| boer (de) | kəndli | [kænd'li] |
| boerin (de) | kəndli qadın | [kænd'li ga'dın] |
| landbouwer (de) | fermer | ['fɛrmɛr] |

| tractor (de) | traktor | ['traktor] |
| maaidorser (de) | kombayn | [kom'bajn] |

| ploeg (de) | kotan | [ko'tan] |
| ploegen (ww) | şumlamaq | [ʃumla'mah] |
| akkerland (het) | şum | ['ʃum] |
| voor (de) | şırım | [ʃı'rım] |

| zaaien (ww) | əkmək | [æk'mæk] |
| zaaimachine (de) | toxumsəpən maşın | [toχumsæ'pæn ma'ʃın] |
| zaaien (het) | əkin | [æ'kin] |

| zeis (de) | dəryaz | [dær'jaz] |
| maaien (ww) | ot biçmək | ['ot bitʃ'mæk] |

| schop (de) | bel | ['bɛl] |
| spitten (ww) | belləmək | [bɛllæ'mæk] |

| schoffel (de) | çapacaq | [tʃapa'dʒʲah] |
| wieden (ww) | alaq vurmaq | [a'lah vur'mah] |
| onkruid (het) | alaq otu | [a'lah oty] |

| gieter (de) | susəpələyən | [susæpælæ'jæn] |
| begieten (water geven) | suvarmaq | [suvar'mah] |
| bewatering (de) | suvarma | [suvar'ma] |

| riek, hooivork (de) | yaba | [ja'ba] |
| hark (de) | dırmıq | [dır'mıh] |

| meststof (de) | gübrə | [gyb'ræ] |
| bemesten (ww) | gübrələmək | [gybrælæ'mæk] |
| mest (de) | peyin | [pɛ'jın] |

| veld (het) | tarla | [tar'la] |
| wei (de) | çəmən | [tʃæ'mæn] |
| moestuin (de) | bostan | [bos'tan] |
| boomgaard (de) | bağ | ['baɣ] |

| weiden (ww) | otarmaq | [otar'mah] |
| herder (de) | çoban | [tʃo'ban] |
| weiland (de) | otlaq | [ot'lah] |

| veehouderij (de) | heyvandarlıq | [hɛjvandar'lıh] |
| schapenteelt (de) | qoyunçuluq | [gojuntʃu'lʲuh] |

| plantage (de) | tarla | [tar'la] |
| rijtje (het) | lək | ['læk] |
| broeikas (de) | parnik | [par'nik] |

| droogte (de) | quraqlıq | [gurag'lıh] |
| droog (bn) | quraqlı | [gurag'lı] |

| graangewassen (mv.) | dənli | [dæn'li] |
| oogsten (ww) | yığmaq | [jı'ɣmah] |

| molenaar (de) | dəyirmançı | [dæjırman'ʧı] |
| molen (de) | dəyirman | [dæjır'man] |
| malen (graan ~) | dən üyütmək | ['dæn yjut'mæk] |
| bloem (bijv. tarwebloem) | un | ['un] |
| stro (het) | saman | [sa'man] |

## 103. Gebouw. Bouwproces

| bouwplaats (de) | inşaat yeri | [inʃa'at ɛ'ri] |
| bouwen (ww) | inşa etmək | [in'ʃa ɛt'mæk] |
| bouwvakker (de) | inşaatçı | [inʃaa'ʧı] |

| project (het) | layihə | [lai'hæ] |
| architect (de) | memar | [mɛ'mar] |
| arbeider (de) | fəhlə | [fæh'læ] |

| fundering (de) | bünövrə | [bynøv'ræ] |
| dak (het) | dam | ['dam] |
| heipaal (de) | dirək | [di'ræk] |
| muur (de) | divar | [di'var] |

| betonstaal (het) | armatura | [arma'tura] |
| steigers (mv.) | taxtabənd | [taχta'bænd] |

| beton (het) | beton | [bɛ'ton] |
| graniet (het) | qranit | [gra'nit] |
| steen (de) | daş | ['daʃ] |
| baksteen (de) | kərpic | [kær'piʤ] |

| zand (het) | qum | ['gum] |
| cement (de/het) | sement | [sɛ'mɛnt] |
| pleister (het) | suvaq | [su'vah] |
| pleisteren (ww) | suvaqlamaq | [suvagla'mah] |

| verf (de) | boya | [bo'ja] |
| verven (muur ~) | boyamaq | [boja'mah] |
| ton (de) | çəllək | [ʧæl'læk] |

| kraan (de) | kran | ['kran] |
| heffen, hijsen (ww) | qaldırmaq | [galdır'mah] |
| neerlaten (ww) | endirmək | [ɛndir'mæk] |

| bulldozer (de) | buldozer | [bul'dozɛr] |
| graafmachine (de) | ekskavator | [ɛkska'vator] |

| graafbak (de) | təknə | [tæk'næ] |
| graven (tunnel, enz.) | qazmaq | [gaz'mah] |
| helm (de) | kaska | [kas'ka] |

# Beroepen en ambachten

## 104. Zoeken naar werk. Ontslag

| | | |
|---|---|---|
| baan (de) | iş | ['iʃ] |
| werknemers (mv.) | ştat | ['ʃtat] |
| | | |
| carrière (de) | karyera | [kar'jɛra] |
| vooruitzichten (mv.) | perspektiv | [pɛrspɛk'tiv] |
| meesterschap (het) | ustalıq | [usta'lıh] |
| | | |
| keuze (de) | seçmə | [sɛtʃ'mæ] |
| uitzendbureau (het) | kadrlar agentliyi | ['kadrlar agɛntli'jı] |
| CV, curriculum vitae (het) | CV | [si'vi] |
| sollicitatiegesprek (het) | müsahibə | [mysahi'bæ] |
| vacature (de) | vakansiya | [va'kansija] |
| | | |
| salaris (het) | əmək haqqı | [æ'mæk hak'kı] |
| vaste salaris (het) | maaş | [ma'aʃ] |
| loon (het) | haqq | ['hagh] |
| | | |
| betrekking (de) | vəzifə | [væzi'fæ] |
| taak, plicht (de) | vəzifə | [væzi'fæ] |
| takenpakket (het) | dairə | [dai'ræ] |
| bezig (~ zijn) | məşğul | [mæʃ'ɣul] |
| | | |
| ontslagen (ww) | azad etmək | [a'zad ɛt'mæk] |
| ontslag (het) | azad edilmə | [a'zad ɛdil'mæ] |
| | | |
| werkloosheid (de) | işsizlik | [iʃsiz'lik] |
| werkloze (de) | işsiz | [iʃ'siz] |
| pensioen (het) | təqaüd | [tæga'jud] |
| met pensioen gaan | təqaüdə çıxmaq | [tægay'dæ tʃıχ'mah] |

## 105. Zakenmensen

| | | |
|---|---|---|
| directeur (de) | direktor | [di'rɛktor] |
| beheerder (de) | idarə başçısı | [ida'ræ baʃtʃı'sı] |
| hoofd (het) | rəhbər | [ræh'bær] |
| | | |
| baas (de) | müdir | [my'dir] |
| superieuren (mv.) | rəhbərlik | [ræhbær'lik] |
| president (de) | prezident | [prɛzi'dɛnt] |
| voorzitter (de) | sədr | ['sædr] |
| | | |
| adjunct (de) | müavin | [mya'vin] |
| assistent (de) | köməkçi | [kømæk'tʃi] |
| secretaris (de) | katibə | [kⁱati'bæ] |

| persoonlijke assistent (de) | şəxsi katib | [ʃæχ'si ka'tip] |
| zakenman (de) | biznesmen | ['biznɛsmɛn] |
| ondernemer (de) | sahibkar | [sahib'kⁱar] |
| oprichter (de) | təsisçi | [tæsis'ʧi] |
| oprichten | təsis etmək | [tæ'sis ɛt'mæk] |
| (een nieuw bedrijf ~) | | |

| stichter (de) | təsisçi | [tæsis'ʧi] |
| partner (de) | partnyor | [part'nⁱor] |
| aandeelhouder (de) | səhmdar | [sæhm'dar] |

| miljonair (de) | milyoner | [miljo'nɛr] |
| miljardair (de) | milyarder | [miljar'dɛr] |
| eigenaar (de) | sahib | [sa'hip] |
| landeigenaar (de) | torpaq sahibi | [tor'pah sahi'bi] |

| klant (de) | müştəri | [myʃtæ'ri] |
| vaste klant (de) | daimi müştəri | [dai'mi myʃtæ'ri] |
| koper (de) | alıcı | [alı'dʒⁱı] |
| bezoeker (de) | ziyarətçi | [zijaræ'ʧi] |

| professioneel (de) | peşəkar | [pɛʃæ'kar] |
| expert (de) | ekspert | [ɛks'pɛrt] |
| specialist (de) | mütəxəssis | [mytæχæs'sis] |

| bankier (de) | bank sahibi | ['bank sahi'bi] |
| makelaar (de) | broker | ['brokɛr] |

| kassier (de) | kassir | [kas'sir] |
| boekhouder (de) | mühasib | [myha'sip] |
| bewaker (de) | mühafizəçi | [myhafizæ'ʧi] |

| investeerder (de) | investor | [in'vɛstor] |
| schuldenaar (de) | borclu | [bordʒ'lⁱu] |
| crediteur (de) | kreditor | [krɛdi'tor] |
| lener (de) | borc alan | ['bordʒⁱ a'lan] |

| importeur (de) | idxalatçı | [idχala'ʧı] |
| exporteur (de) | ixracatçı | [iχradʒⁱa'ʧı] |

| producent (de) | istehsalçı | [istɛhsal'ʧı] |
| distributeur (de) | distribütor | [distri'bytor] |
| bemiddelaar (de) | vasitəçi | [vasitæ'ʧi] |

| adviseur, consulent (de) | məsləhətçi | [mæslæhæ'ʧi] |
| vertegenwoordiger (de) | təmsilçi | [tæmsil'ʧi] |
| agent (de) | agent | [a'gɛnt] |
| verzekeringsagent (de) | sığorta agenti | [sıɣor'ta agɛn'ti] |

## 106. Dienstverlenende beroepen

| kok (de) | aşpaz | [aʃ'paz] |
| chef-kok (de) | baş aşpaz | ['baʃ aʃ'paz] |
| bakker (de) | çörəkçi | ['ʧœræk'ʧi] |

| barman (de) | barmen | ['barmɛn] |
| kelner, ober (de) | ofisiant | [ofisi'ant] |
| serveerster (de) | ofisiant qız | [ofisi'ant 'gız] |

| advocaat (de) | vəkil | [væ'kil] |
| jurist (de) | hüquqşünas | [hygukʃy'nas] |
| notaris (de) | notarius | [no'tarius] |

| elektricien (de) | montyor | [mon'tʲor] |
| loodgieter (de) | santexnik | [san'tɛχnik] |
| timmerman (de) | dülgər | [dylʲ'gær] |

| masseur (de) | masajçı | [masaʒ'tʃı] |
| masseuse (de) | masajçı qadın | [masaʒ'tʃı ga'dın] |
| dokter, arts (de) | həkim | [hæ'kim] |

| taxichauffeur (de) | taksi sürücüsü | [tak'si syrydʒy'sy] |
| chauffeur (de) | sürücü | [syry'dʒy] |
| koerier (de) | kuryer | [ku'rjɛr] |

| kamermeisje (het) | otaq qulluqçusu | [o'tah gulʲ'ugtʃu'su] |
| bewaker (de) | mühafizəçi | [myhafizæ'tʃi] |
| stewardess (de) | stüardessa | [styar'dɛssa] |

| meester (de) | müəllim | [myæl'lim] |
| bibliothecaris (de) | kitabxanaçı | [kitapχana'tʃı] |
| vertaler (de) | tərcüməçi | [tærdʒymæ'tʃi] |
| tolk (de) | tərcüməçi | [tærdʒymæ'tʃi] |
| gids (de) | bələdçi | [bælæd'tʃi] |

| kapper (de) | bərbər | [bær'bær] |
| postbode (de) | poçtalyon | [potʃta'lʲon] |
| verkoper (de) | satıcı | [satı'dʒʲı] |

| tuinman (de) | bağban | [ba'γban] |
| huisbediende (de) | nökər | [nø'kær] |
| dienstmeisje (het) | ev qulluqçusu | ['ɛv gulʲ'ugtʃu'su] |
| schoonmaakster (de) | xadimə | [χadi'mæ] |

## 107. Militaire beroepen en rangen

| soldaat (rang) | sıravi | [sıra'vi] |
| sergeant (de) | çavuş | [tʃa'vuʃ] |
| luitenant (de) | leytenant | [lɛjtɛ'nant] |
| kapitein (de) | kapitan | [kapi'tan] |

| majoor (de) | mayor | [ma'jor] |
| kolonel (de) | polkovnik | [pol'kovnik] |
| generaal (de) | general | [gɛnɛ'ral] |
| maarschalk (de) | marşal | ['marʃal] |
| admiraal (de) | admiral | [admi'ral] |

| militair (de) | hərbiçi | [hærbi'tʃi] |
| soldaat (de) | əsgər | [æs'gær] |

| officier (de) | zabit | [za'bit] |
| commandant (de) | komandir | [koman'dir] |

| grenswachter (de) | sərhəd keşikçisi | [sær'hæd kɛʃiktʃi'si] |
| marconist (de) | radist | [ra'dist] |
| verkenner (de) | kəşfiyyatçı | [kæʃfia'tʃɪ] |
| sappeur (de) | istehkamçı | [istɛhkam'tʃɪ] |
| schutter (de) | atıcı | [atɪ'dʒɪ] |
| stuurman (de) | şturman | ['ʃturman] |

## 108. Ambtenaren. Priesters

| koning (de) | kral | ['kral] |
| koningin (de) | kraliçə | [kra'litʃæ] |

| prins (de) | şahzadə | [ʃahza'dæ] |
| prinses (de) | şahzadə xanım | [ʃahza'dæ χa'nɪm] |

| tsaar (de) | çar | ['tʃar] |
| tsarina (de) | çariçə | [tʃa'ritʃæ] |

| president (de) | prezident | [prɛzi'dɛnt] |
| minister (de) | nazir | [na'zir] |
| eerste minister (de) | baş nazir | ['baʃ na'zir] |
| senator (de) | senator | [sɛ'nator] |

| diplomaat (de) | diplomat | [diplo'mat] |
| consul (de) | konsul | ['konsul] |
| ambassadeur (de) | səfir | [sæ'fir] |
| adviseur (de) | müşavir | [myʃa'vir] |

| ambtenaar (de) | məmur | [mæ'mur] |
| prefect (de) | prefekt | [prɛ'fɛkt] |
| burgemeester (de) | şəhər icra hakimiyyətinin başçısı | [ʃæ'hær idʒ'ra hakimiæti'nin baʃtʃɪ'sɪ] |

| rechter (de) | hakim | [ha'kim] |
| aanklager (de) | prokuror | [proku'ror] |

| missionaris (de) | missioner | [missio'nɛr] |
| monnik (de) | rahib | [ra'hip] |
| abt (de) | abbat | [ab'bat] |
| rabbi, rabbijn (de) | ravvin | ['ravvin] |

| vizier (de) | vəzir | [væ'zir] |
| sjah (de) | şax | ['ʃaχ] |
| sjeik (de) | şeyx | ['ʃɛjχ] |

## 109. Agrarische beroepen

| imker (de) | arıçı | [arɪ'tʃɪ] |
| herder (de) | çoban | [tʃo'ban] |

| landbouwkundige (de) | aqronom | [agro'nom] |
| veehouder (de) | heyvandar | [hɛjvan'dar] |
| dierenarts (de) | baytar | [baj'tar] |

| landbouwer (de) | fermer | ['fɛrmɛr] |
| wijnmaker (de) | şərabçı | [ʃærap'tʃɪ] |
| zoöloog (de) | zooloq | [zo'oloh] |
| cowboy (de) | kovboy | [kov'boj] |

## 110. Kunst beroepen

| acteur (de) | aktyor | [ak'tʲor] |
| actrice (de) | aktrisa | [akt'risa] |

| zanger (de) | müğənni | [myɣæn'ni] |
| zangeres (de) | müğənni qadın | [myɣæn'ni ga'dɪn] |

| danser (de) | rəqqas | [ræk'kas] |
| danseres (de) | rəqqasə | [rækka'sæ] |

| artiest (mann.) | artist | [ar'tist] |
| artiest (vrouw.) | artist qadın | [ar'tist ga'dɪn] |

| muzikant (de) | musiqiçi | [musigi'tʃi] |
| pianist (de) | pianoçu | [pi'anotʃu] |
| gitarist (de) | qitara çalan | [gi'tara tʃa'lan] |

| orkestdirigent (de) | dirijor | [diri'ʒor] |
| componist (de) | bəstəkar | [bæstæ'kar] |
| impresario (de) | impresario | [imprɛ'sario] |

| filmregisseur (de) | rejissor | [rɛʒis'sor] |
| filmproducent (de) | prodüser | [pro'dysɛr] |
| scenarioschrijver (de) | ssenarist | [ssɛna'rist] |
| criticus (de) | tənqidçi | [tængid'tʃi] |

| schrijver (de) | yazıçı | [jazɪ'tʃɪ] |
| dichter (de) | şair | [ʃa'ir] |
| beeldhouwer (de) | heykəltəraş | [hɛjkæltæ'raʃ] |
| kunstenaar (de) | rəssam | [ræs'sam] |

| jongleur (de) | jonqlyor | [ʒong'lʲor] |
| clown (de) | təlxək | [tæl'xæk] |
| acrobaat (de) | canbaz | [dʒʲan'baz] |
| goochelaar (de) | fokus göstərən | ['fokus gøstæ'ræn] |

## 111. Verschillende beroepen

| dokter, arts (de) | həkim | [hæ'kim] |
| ziekenzuster (de) | tibb bacısı | ['tibp badʒʲı'sı] |
| psychiater (de) | psixiatr | [psiχi'atr] |
| tandarts (de) | stomatoloq | [stoma'toloh] |

| | | |
|---|---|---|
| chirurg (de) | cərrah | [dʒⁱær'rah] |
| astronaut (de) | astronavt | [astro'navt] |
| astronoom (de) | astronom | [astro'nom] |

| | | |
|---|---|---|
| chauffeur (de) | sürücü | [syry'dʒy] |
| machinist (de) | maşınsürən | [maʃınsy'ræn] |
| mecanicien (de) | mexanik | [mɛ'χanik] |

| | | |
|---|---|---|
| mijnwerker (de) | qazmaçı | [gazma'ʧı] |
| arbeider (de) | fəhlə | [fæh'læ] |
| bankwerker (de) | çilingər | [ʧilin'γær] |
| houtbewerker (de) | xarrat | [χar'rat] |
| draaier (de) | tornaçı | [torna'ʧı] |
| bouwvakker (de) | inşaatçı | [inʃaa'ʧı] |
| lasser (de) | qaynaqçı | [gajnag'ʧı] |

| | | |
|---|---|---|
| professor (de) | professor | [pro'fɛssor] |
| architect (de) | memar | [mɛ'mar] |
| historicus (de) | tarixçi | [tariχ'ʧi] |
| wetenschapper (de) | alim | [a'lim] |
| fysicus (de) | fizik | ['fizik] |
| scheikundige (de) | kimyaçı | [kimja'ʧı] |

| | | |
|---|---|---|
| archeoloog (de) | arxeoloq | [arχɛ'oloh] |
| geoloog (de) | qeoloq | [gɛ'oloh] |
| onderzoeker (de) | tədqiqatçı | [tædgiga'ʧı] |

| | | |
|---|---|---|
| babysitter (de) | dayə | [da'jæ] |
| leraar, pedagoog (de) | pedaqoq | [pɛda'goh] |

| | | |
|---|---|---|
| redacteur (de) | redaktor | [rɛ'daktor] |
| chef-redacteur (de) | baş redaktor | ['baʃ rɛ'daktor] |
| correspondent (de) | müxbir | [myχ'bir] |
| typiste (de) | makinaçı | [ma'kinatʃı] |

| | | |
|---|---|---|
| designer (de) | dizayner | [di'zajnɛr] |
| computerexpert (de) | bilgisayar ustası | [bilgisa'jar usta'sı] |
| programmeur (de) | proqramçı | [program'ʧı] |
| ingenieur (de) | mühəndis | [myhɛn'dis] |

| | | |
|---|---|---|
| matroos (de) | dənizçi | [dæniz'ʧi] |
| zeeman (de) | matros | [mat'ros] |
| redder (de) | xilas edən | [χi'las ɛ'dæn] |

| | | |
|---|---|---|
| brandweerman (de) | yanğınsöndürən | [janγınsøndy'ræn] |
| politieagent (de) | polis | [po'lis] |
| nachtwaker (de) | gözətçi | [gøzæ'ʧi] |
| detective (de) | xəfiyyə | [χæfi'æ] |

| | | |
|---|---|---|
| douanier (de) | gömrük işçisi | [gøm'ryk iʃʧi'si] |
| lijfwacht (de) | şəxsi mühafizəçi | [ʃæχ'si myhafizæ'ʧi] |
| gevangenisbewaker (de) | nəzarətçi | [næzaræ'ʧi] |
| inspecteur (de) | inspektor | [in'spɛktor] |

| | | |
|---|---|---|
| sportman (de) | idmançı | [idman'ʧı] |
| trainer (de) | məşqçi | [mæʃg'ʧi] |

| slager, beenhouwer (de) | qəssab | [gæs'sap] |
| schoenlapper (de) | çəkməçi | [ʧækmæ'ʧi] |
| handelaar (de) | ticarətçi | [tidʒ¡aræ'ʧi] |
| lader (de) | malyükləyən | [mal¡yklæ'jæn] |

| kledingstilist (de) | modelçi | [modɛl'ʧi] |
| model (het) | model | [mo'dɛl] |

## 112. Beroepen. Sociale status

| scholier (de) | məktəbli | [mæktæb'li] |
| student (de) | tələbə | [tælæ'bæ] |

| filosoof (de) | fəlsəfəçi | [fælsæfæ'ʧi] |
| econoom (de) | iqdisadçı | [igtisad'ʧı] |
| uitvinder (de) | ixtiraçı | [iχtira'ʧı] |

| werkloze (de) | işsiz | [iʃ'siz] |
| gepensioneerde (de) | təqaüdçü | [tægayd'ʧu] |
| spion (de) | casus | [dʒ¡a'sus] |

| gedetineerde (de) | dustaq | [dus'tah] |
| staker (de) | tətilçi | [tætil'ʧi] |
| bureaucraat (de) | bürokrat | [byrok'rat] |
| reiziger (de) | səyahətçi | [sæjahæ'ʧi] |

| homoseksueel (de) | homoseksualist | [homosɛksua'list] |
| hacker (computerkraker) | xaker | ['χakɛr] |

| bandiet (de) | quldur | [gul'dur] |
| huurmoordenaar (de) | muzdlu qatil | [muzd'l¡u 'gatil] |
| drugsverslaafde (de) | narkoman | [narko'man] |
| drugshandelaar (de) | narkotik alverçisi | [narko'tik alvɛrʧi'si] |
| prostituee (de) | fahişə | [fahi'ʃæ] |
| pooier (de) | qadın alverçisi | [ga'dın alvɛrʧi'si] |

| tovenaar (de) | caduger | [dʒ¡adu'gær] |
| tovenares (de) | caduger qadın | [dʒ¡adu'gær ga'dın] |
| piraat (de) | dəniz qulduru | [dæ'niz guldu'ru] |
| slaaf (de) | kölə | [kø'læ] |
| samoerai (de) | samuray | [samu'raj] |
| wilde (de) | vəhşi adam | [væh'ʃi a'dam] |

# Sport

## 113. Soorten sporten. Sporters

| | | |
|---|---|---|
| sportman (de) | idmançı | [idman'tʃı] |
| soort sport (de/het) | idman növü | [id'man nø'vy] |
| basketbal (het) | basketbol | [baskɛt'bol] |
| basketbalspeler (de) | basketbolçu | [baskɛtbol'tʃu] |
| baseball (het) | beysbol | [bɛjs'bol] |
| baseballspeler (de) | beysbolçu | [bɛjsbol'tʃu] |
| voetbal (het) | futbol | [fut'bol] |
| voetballer (de) | futbolçu | [futbol'tʃu] |
| doelman (de) | qapıçı | [gapı'tʃı] |
| hockey (het) | xokkey | [ҳok'kɛj] |
| hockeyspeler (de) | xokkeyçi | [ҳokkɛj'tʃi] |
| volleybal (het) | voleybol | [volɛj'bol] |
| volleybalspeler (de) | voleybolçu | [volɛjbol'tʃu] |
| boksen (het) | boks | ['boks] |
| bokser (de) | boksçu | [boks'tʃu] |
| worstelen (het) | güləş | [gy'læʃ] |
| worstelaar (de) | güləşçi | [gylæʃ'tʃi] |
| karate (de) | karate | [kara'tɛ] |
| karateka (de) | karateçi | [karatɛ'tʃi] |
| judo (de) | dzyudo | [ʤy'do] |
| judoka (de) | dzyudoçu | [ʤydo'tʃu] |
| tennis (het) | tennis | ['tɛnnis] |
| tennisspeler (de) | tennisçi | [tɛnnis'tʃi] |
| zwemmen (het) | üzmə | [yz'mæ] |
| zwemmer (de) | üzgüçü | [yzgy'tʃu] |
| schermen (het) | qılınc oynatma | [gı'lınʤʲ ojnat'ma] |
| schermer (de) | qılınc oynadan | [gı'lınʤʲ ojna'dan] |
| schaak (het) | şaxmat | ['ʃaҳmat] |
| schaker (de) | şaxmatçı | ['ʃaҳmatʃı] |
| alpinisme (het) | alpinizm | [alpi'nizm] |
| alpinist (de) | alpinist | [alpi'nist] |
| hardlopen (het) | qaçış | [ga'tʃıʃ] |

| renner (de) | qaçıcı | [gatʃı'dʒ'ı] |
| atletiek (de) | yüngül atletika | [jyn'gyl at'lɛtika] |
| atleet (de) | atlet | [at'lɛt] |

| paardensport (de) | atçılıq idmanı | [atʃı'lıh idma'nı] |
| ruiter (de) | at sürən | ['at sy'ræn] |

| kunstschaatsen (het) | fiqurlu konki sürmə | [figur'lʲu kon'ki syr'mæ] |
| kunstschaatser (de) | fiqurist | [figu'rist] |
| kunstschaatsster (de) | fiqurist qadın | [figu'rist ga'dın] |

| gewichtheffen (het) | ağır atletika | [a'ɣır at'lɛtika] |
| autoraces (mv.) | avtomobil yarışları | [avtomo'bil jarıʃla'rı] |
| coureur (de) | avtomobil yarışçısı | [avtomo'bil jarıʃtʃı'sı] |

| wielersport (de) | velosiped idmanı | [vɛlosi'pɛd idma'nı] |
| wielrenner (de) | velosiped sürən | [vɛlosi'pɛd sy'ræn] |

| verspringen (het) | uzunluğa tullanma | [uzunlʲu'ɣa tullan'ma] |
| polsstokspringen (het) | çubuqla yüksəyə tullanma | [tʃu'bugla juksæ'jæ tullan'ma] |
| verspringer (de) | tullanma üzrə idmanşı | [tullan'ma juz'ræ idman'tʃı] |

## 114. Soorten sporten. Diversen

| Amerikaans voetbal (het) | Amerika futbolu | [a'mɛrika futbo'lʲu] |
| badminton (het) | badminton | [badmin'ton] |
| biatlon (de) | biatlon | [biat'lon] |
| biljart (het) | bilyard | [bi'ljard] |

| bobsleeën (het) | bobsley | [bobs'lɛj] |
| bodybuilding (de) | bodibildinq | [bodi'bildinh] |
| waterpolo (het) | su polosu | ['su 'polosu] |
| handbal (de) | həndbol | [hænd'bol] |
| golf (het) | qolf | ['golf] |

| roeisport (de) | avar çəkmə | [a'var tʃæk'mæ] |
| duiken (het) | dayvinq | ['dajvinh] |
| langlaufen (het) | xizək yarışması | [ɣi'zæk jarıʃma'sı] |
| tafeltennis (het) | stolüstü tennis | [stolys'ty 'tɛnnis] |

| zeilen (het) | yelkənli qayıq idmanı | [ɛlkæn'li ga'jıh idma'nı] |
| rally (de) | ralli | ['ralli] |
| rugby (het) | reqbi | ['rɛgbi] |
| snowboarden (het) | snoubord | ['snoubord] |
| boogschieten (het) | kamandan oxatma | [kaman'dan oɣat'ma] |

## 115. Fitnessruimte

| lange halter (de) | ştanq | ['ʃtanh] |
| halters (mv.) | hantel | [han'tɛl] |
| training machine (de) | trenajor | [trɛna'ʒor] |
| hometrainer (de) | velotrenajor | [vɛlotrɛna'ʒor] |

| loopband (de) | qaçış zolağı | [ga'tʃɪʃ zola'ɣɪ] |
|---|---|---|
| rekstok (de) | köndələn tir | [køndæ'læn 'tir] |
| brug (de) gelijke leggers | paralel tirlər | [para'lɛl tir'lær] |
| paardsprong (de) | at | ['at] |
| mat (de) | həsir | [hæ'sir] |

| aerobics (de) | aerobika | [aɛ'robika] |
|---|---|---|
| yoga (de) | yoqa | ['joga] |

## 116. Sporten. Diversen

| Olympische Spelen (mv.) | Olimpiya oyunları | [o'limpija ojunla'rı] |
|---|---|---|
| winnaar (de) | qalib | [ga'lip] |
| overwinnen (ww) | qalib gəlmək | [ga'lip gæl'mæk] |
| winnen (ww) | udmaq | [ud'mah] |

| leider (de) | lider | ['lidɛr] |
|---|---|---|
| leiden (ww) | irəlidə getmək | [iræli'dæ gɛt'mæk] |

| eerste plaats (de) | birinci yer | [birin'dʒʲi 'ɛr] |
|---|---|---|
| tweede plaats (de) | ikinci yer | [ikin'dʒʲi 'ɛr] |
| derde plaats (de) | üçüncü yer | [ytʃʲun'dʒʲu 'ɛr] |

| medaille (de) | medal | [mɛ'dal] |
|---|---|---|
| trofee (de) | trofey | [tro'fɛj] |
| beker (de) | kubok | ['kubok] |
| prijs (de) | mükafat | [myka'fat] |
| hoofdprijs (de) | baş mükafat | ['baʃ myka'fat] |

| record (het) | rekord | [rɛ'kord] |
|---|---|---|
| een record breken | rekord qazanmaq | [rɛ'kord gazan'mah] |

| finale (de) | final | [fi'nal] |
|---|---|---|
| finale (bn) | final | [fi'nal] |

| kampioen (de) | çempion | [tʃɛmpi'on] |
|---|---|---|
| kampioenschap (het) | çempionat | [tʃɛmpio'nat] |

| stadion (het) | stadion | [stadi'on] |
|---|---|---|
| tribune (de) | tribuna | [tri'buna] |
| fan, supporter (de) | azarkeş | [azar'kɛʃ] |
| tegenstander (de) | rəqib | [ræ'gip] |

| start (de) | start | ['start] |
|---|---|---|
| finish (de) | finiş | ['finiʃ] |

| nederlaag (de) | məğlubiyyət | [mæɣlʲubi'æt] |
|---|---|---|
| verliezen (ww) | məğlubiyyətə uğramaq | [mæɣlʲubiæ'tæ uɣra'mah] |

| rechter (de) | hakim | [ha'kim] |
|---|---|---|
| jury (de) | jüri | [ʒy'ri] |
| stand (~ is 3-1) | hesab | [hɛ'sap] |
| gelijkspel (het) | heç-heçə oyun | ['hɛtʃ hɛ'tʃæ o'jun] |
| in gelijk spel eindigen | heç-heçə oynamaq | ['hɛtʃ hɛ'tʃæ ojna'mah] |

| | | |
|---|---|---|
| punt (het) | xal | ['χal] |
| uitslag (de) | nəticə | [næti'dʒʲæ] |
| | | |
| pauze (de) | fasilə | [fasi'læ] |
| doping (de) | dopinq | ['dopinh] |
| straffen (ww) | cərimə etmək | [dʒʲæri'mæ ɛt'mæk] |
| diskwalificeren (ww) | iştirakdan məhrum etmək | [iʃtirak'dan mæh'rum ɛt'mæk] |
| | | |
| toestel (het) | alət | [a'lææt] |
| speer (de) | nizə | [ni'zæ] |
| kogel (de) | qumbara | [gumba'ra] |
| bal (de) | şar | ['ʃar] |
| | | |
| doel (het) | hədəf | [hæ'dæf] |
| schietkaart (de) | nişan | [ni'ʃan] |
| schieten (ww) | atəş açmaq | [a'tæʃ atʃ'mah] |
| precies (bijv. precieze schot) | sərrast | [sær'rast] |
| | | |
| trainer, coach (de) | məşqçi | [mæʃg'tʃi] |
| trainen (ww) | məşq keçmək | ['mæʃh kɛtʃ'mæk] |
| zich trainen (ww) | məşq etmək | ['mæʃh ɛt'mæk] |
| training (de) | məşq | ['mæʃh] |
| | | |
| gymnastiekzaal (de) | idman zalı | [id'man za'lı] |
| oefening (de) | məşğələ | [mæʃɣæ'læ] |
| opwarming (de) | isinmə hərəkətləri | [isin'mæ hærækætlæ'ri] |

# Onderwijs

## 117. School

| | | |
|---|---|---|
| school (de) | məktəb | [mæk'tæp] |
| schooldirecteur (de) | məktəb direktoru | [mæk'tæp di'rɛktoru] |
| | | |
| leerling (de) | şagird | [ʃa'gird] |
| leerlinge (de) | şagird qız | [ʃa'gird 'gız] |
| scholier (de) | məktəbli | [mæktæb'li] |
| scholiere (de) | məktəbli qız | [mæktæb'li 'gız] |
| | | |
| leren (lesgeven) | öyrətmək | [øjræt'mæk] |
| studeren (bijv. een taal ~) | öyrənmək | [øjræn'mæk] |
| van buiten leren | əzbər öyrənmək | [æz'bær øjræn'mæk] |
| | | |
| leren (bijv. ~ tellen) | öyrənmək | [øjræn'mæk] |
| in school zijn (schooljongen zijn) | oxumaq | [oχu'mah] |
| naar school gaan | məktəbə getmək | [mæktæ'bæ gɛt'mæk] |
| | | |
| alfabet (het) | əlifba | [ælif'ba] |
| vak (schoolvak) | fənn | ['fænn] |
| | | |
| klaslokaal (het) | sinif | [si'nif] |
| les (de) | dərs | ['dærs] |
| pauze (de) | tənəffüs | [tænæf'fys] |
| bel (de) | zəng | ['zænh] |
| schooltafel (de) | parta | ['parta] |
| schoolbord (het) | yazı taxtası | [ja'zı taχta'sı] |
| | | |
| cijfer (het) | qiymət | [gij'mæt] |
| goed cijfer (het) | yaxşı qiymət | [jaχ'ʃı gij'mæt] |
| slecht cijfer (het) | pis qiymət | ['pis gij'mæt] |
| een cijfer geven | qiymət yazmaq | [gij'mæt jaz'mah] |
| | | |
| fout (de) | səhv | ['sæhv] |
| fouten maken | səhv etmək | ['sæhv ɛt'mæk] |
| corrigeren (fouten ~) | düzəltmək | [dyzælt'mæk] |
| spiekbriefje (het) | şparqalka | [ʃpar'galka] |
| | | |
| huiswerk (het) | ev tapşırığı | ['ɛv tapʃırı'χı] |
| oefening (de) | məşğələ | [mæʃɣæ'læ] |
| | | |
| aanwezig zijn (ww) | iştirak etmək | [iʃti'rak ɛt'mæk] |
| absent zijn (ww) | iştirak etməmək | [iʃti'rak 'ɛtmæmæk] |
| | | |
| bestraffen (een stout kind ~) | cəzalandırmaq | [dʒæzalandır'mah] |
| bestraffing (de) | cəza | [dʒæ'za] |
| gedrag (het) | əxlaq | [æχ'lah] |

| cijferlijst (de) | gündəlik | [gyndæ'lik] |
| potlood (het) | karandaş | [karan'daʃ] |
| gom (de) | pozan | [po'zan] |
| krijt (het) | təbaşir | [tæba'ʃir] |
| pennendoos (de) | qələmdan | [gælæm'dan] |

| boekentas (de) | portfel | [port'fɛl] |
| pen (de) | qələm | [gæ'læm] |
| schrift (de) | dəftər | [dæf'tær] |
| leerboek (het) | dərslik | [dærs'lik] |
| passer (de) | pərgar | [pær'gʲar] |

| technisch tekenen (ww) | cızmaq | [dʒʲɪz'mah] |
| technische tekening (de) | cizgi | [dʒʲiz'gi] |

| gedicht (het) | şer | ['ʃɛr] |
| van buiten (bw) | əzbərdən | [æzbær'dæn] |
| van buiten leren | əzbər öyrənmək | [æz'bær øjræn'mæk] |

| vakantie (de) | tətil | [tæ'til] |
| met vakantie zijn | tətilə çıxmaq | [tæti'læ tʃɪχ'mah] |

| toets (schriftelijke ~) | yoxlama işi | [joχla'ma i'ʃi] |
| opstel (het) | inşa | [in'ʃa] |
| dictee (het) | imla | [im'la] |

| examen (het) | imtahan | [imta'han] |
| examen afleggen | imtahan vermək | [imta'han vɛr'mæk] |
| experiment (het) | təcrübə | [tædʒʲry'bæ] |

## 118. Hogeschool. Universiteit

| academie (de) | akademiya | [aka'dɛmija] |
| universiteit (de) | universitet | [univɛrsi'tɛt] |
| faculteit (de) | fakültə | [fakul'tæ] |

| student (de) | tələbə | [tælæ'bæ] |
| studente (de) | tələbə qız | [tælæ'bæ 'gɪz] |
| leraar (de) | müəllim | [myæl'lim] |

| collegezaal (de) | auditoriya | [audi'torija] |
| afgestudeerde (de) | məzun | [mæ'zun] |

| diploma (het) | diplom | [dip'lom] |
| dissertatie (de) | dissertasiya | [dissɛr'tasija] |

| onderzoek (het) | tədqiqat | [tædgi'gat] |
| laboratorium (het) | laboratoriya | [labora'torija] |

| college (het) | leksiya | ['lɛksija] |
| medestudent (de) | kurs yoldaşı | ['kurs jolda'ʃɪ] |

| studiebeurs (de) | təqaüd | [tæga'jud] |
| academische graad (de) | elmi dərəcə | [ɛl'mi dæræ'dʒʲæ] |

## 119. Wetenschappen. Disciplines

| | | |
|---|---|---|
| wiskunde (de) | riyaziyyat | [riazi'at] |
| algebra (de) | cəbr | ['dʒ'æbr] |
| meetkunde (de) | həndəsə | [hændæ'sæ] |

| | | |
|---|---|---|
| astronomie (de) | astronomiya | [astro'nomija] |
| biologie (de) | biologiya | [bio'logija] |
| geografie (de) | coğrafiya | [dʒ'o'ɣrafija] |
| geologie (de) | qeoloqiya | [gɛo'logija] |
| geschiedenis (de) | tarix | [ta'riχ] |

| | | |
|---|---|---|
| geneeskunde (de) | təbabət | [tæba'bæt] |
| pedagogiek (de) | pedaqoqika | [pɛda'gogika] |
| rechten (mv.) | hüquq | [hy'guh] |

| | | |
|---|---|---|
| fysica, natuurkunde (de) | fizika | ['fizika] |
| scheikunde (de) | kimya | ['kimja] |
| filosofie (de) | fəlsəfə | [fælsæ'fæ] |
| psychologie (de) | psixoloqiya | [psiχo'logija] |

## 120. Schrift. Spelling

| | | |
|---|---|---|
| grammatica (de) | qrammatika | [gram'matika] |
| vocabulaire (het) | leksika | ['lɛksika] |
| fonetiek (de) | fonetika | [fo'nɛtika] |

| | | |
|---|---|---|
| zelfstandig naamwoord (het) | isim | ['isim] |
| bijvoeglijk naamwoord (het) | sifət | [si'fæt] |
| werkwoord (het) | fel | ['fɛl] |
| bijwoord (het) | zərf | ['zærf] |

| | | |
|---|---|---|
| voornaamwoord (het) | əvəzlik | [ævæz'lik] |
| tussenwerpsel (het) | nida | [ni'da] |
| voorzetsel (het) | önlük | [øn'lyk] |

| | | |
|---|---|---|
| stam (de) | sözün kökü | [sø'zyn kø'ky] |
| achtervoegsel (het) | sonluq | [son'lʲuh] |
| voorvoegsel (het) | önşəkilçi | [ønʃækil'ʧi] |
| lettergreep (de) | heca | [hɛ'dʒʲa] |
| achtervoegsel (het) | şəkilçi | [ʃækil'ʧi] |

| | | |
|---|---|---|
| nadruk (de) | vurğu | [vur'ɣu] |
| afkappingsteken (het) | apostrof | [apost'rof] |

| | | |
|---|---|---|
| punt (de) | nöqtə | [nøg'tæ] |
| komma (de/het) | verqül | [vɛr'gyl] |
| puntkomma (de) | nöqtəli verqül | [nøgtæ'li vɛr'gyl] |
| dubbelpunt (de) | iki nöqtə | [i'ki nøg'tæ] |
| beletselteken (het) | nöqtələr | [nøgtæ'lær] |

| | | |
|---|---|---|
| vraagteken (het) | sual işarəsi | [su'al iʃaræ'si] |
| uitroepteken (het) | nida işarəsi | [ni'da iʃaræ'si] |

| | | |
|---|---|---|
| aanhalingstekens (mv.) | dırnaq | [dır'nah] |
| tussen aanhalingstekens (bw) | dırnaq arası | [dır'nah ara'sı] |
| haakjes (mv.) | mötərizə | [møtæri'zæ] |
| tussen haakjes (bw) | mötərizədə | [møtærizæ'dæ] |

| | | |
|---|---|---|
| streepje (het) | defis | [dɛ'fis] |
| gedachtestreepje (het) | tire | [ti'rɛ] |
| spatie | ara | [a'ra] |
| (~ tussen twee woorden) | | |

| | | |
|---|---|---|
| letter (de) | hərf | ['hærf] |
| hoofdletter (de) | böyük hərf | [bø'juk 'hærf] |

| | | |
|---|---|---|
| klinker (de) | sait səs | [sa'it 'sæs] |
| medeklinker (de) | samit səs | [sa'mit 'sæs] |

| | | |
|---|---|---|
| zin (de) | cümlə | [dʒym'læ] |
| onderwerp (het) | mübtəda | [myptæ'da] |
| gezegde (het) | xəbər | [χæ'bær] |

| | | |
|---|---|---|
| regel (in een tekst) | sətir | [sæ'tir] |
| op een nieuwe regel (bw) | yeni sətirdən | [ɛ'ni sætir'dæn] |
| alinea (de) | abzas | ['abzas] |

| | | |
|---|---|---|
| woord (het) | söz | ['søz] |
| woordgroep (de) | söz birləşməsi | [søz birlæʃmæ'si] |
| uitdrukking (de) | ifadə | [ifa'dæ] |
| synoniem (het) | sinonim | [si'nonim] |
| antoniem (het) | antonim | [an'tonim] |

| | | |
|---|---|---|
| regel (de) | qayda | [gaj'da] |
| uitzondering (de) | istisna | [istis'na] |
| correct (bijv. ~e spelling) | düzgün | [dyz'gyn] |

| | | |
|---|---|---|
| vervoeging, conjugatie (de) | təsrif | [tæs'rif] |
| verbuiging, declinatie (de) | hallanma | [hallan'ma] |
| naamval (de) | hal | ['hal] |
| vraag (de) | sual | [su'al] |
| onderstrepen (ww) | altından xətt çəkmək | [altın'dan 'χætt tʃæk'mæk] |
| stippellijn (de) | punktir | [punk'tir] |

## 121. Vreemde talen

| | | |
|---|---|---|
| taal (de) | dil | ['dil] |
| vreemde taal (de) | xarici dil | [χari'dʒi dil] |
| leren (bijv. van buiten ~) | öyrənmək | [øjræn'mæk] |
| studeren (Nederlands ~) | öyrənmək | [øjræn'mæk] |

| | | |
|---|---|---|
| lezen (ww) | oxumaq | [oχu'mah] |
| spreken (ww) | danışmaq | [danıʃ'mah] |
| begrijpen (ww) | başa düşmək | [ba'ʃa dyʃ'mæk] |
| schrijven (ww) | yazmaq | [jaz'mah] |
| snel (bw) | cəld | ['dʒæld] |
| langzaam (bw) | yavaş | [ja'vaʃ] |

| vloeiend (bw) | sərbəst | [sær'bæst] |
| regels (mv.) | qaydalar | [gajda'lar] |
| grammatica (de) | qrammatika | [gram'matika] |
| vocabulaire (het) | leksika | ['lɛksika] |
| fonetiek (de) | fonetika | [fo'nɛtika] |

| leerboek (het) | dərslik | [dærs'lik] |
| woordenboek (het) | lüğət | [ly'ɣæt] |
| leerboek (het) voor zelfstudie | rəhbər | [ræh'bær] |
| taalgids (de) | danışıq kitabı | [danı'ʃih kita'bı] |

| cassette (de) | kasset | [kas'sɛt] |
| videocassette (de) | video kasset | ['vidɛo kas'sɛt] |
| CD (de) | SD diski | [si'di dis'ki] |
| DVD (de) | DVD | [divi'di] |

| alfabet (het) | əlifba | [ælif'ba] |
| spellen (ww) | hərf-hərf danışmaq | ['hærf 'hærf danıʃ'mah] |
| uitspraak (de) | tələffüz | [tælæf'fyz] |

| accent (het) | aksent | [ak'sɛnt] |
| met een accent (bw) | aksentlə danışmaq | [ak'sɛntlæ danıʃ'mah] |
| zonder accent (bw) | aksentsiz danışmaq | [aksɛn'tsiz danıʃ'mah] |

| woord (het) | söz | ['søz] |
| betekenis (de) | məna | [mæ'na] |

| cursus (de) | kurslar | [kurs'lar] |
| zich inschrijven (ww) | yazılmaq | [jazıl'mah] |
| leraar (de) | müəllim | [myæl'lim] |

| vertaling (een ~ maken) | tərcümə | [tærdʒy'mæ] |
| vertaling (tekst) | tərcümə | [tærdʒy'mæ] |
| vertaler (de) | tərcüməçi | [tærdʒymæ'tʃi] |
| tolk (de) | tərcüməçi | [tærdʒymæ'tʃi] |

| polyglot (de) | poliqlot | [polig'lot] |
| geheugen (het) | yaddaş | [jad'daʃ] |

## 122. Sprookjesfiguren

| Sinterklaas (de) | Santa Klaus | ['santa 'klaus] |
| zeemeermin (de) | su pərisi | ['su pæri'si] |

| magiër, tovenaar (de) | sehrbaz | [sɛhr'baz] |
| goede heks (de) | sehrbaz qadın | [sɛhr'baz ga'dın] |
| magisch (bn) | sehrli | [sɛhr'li] |
| toverstokje (het) | sehrli çubuq | [sɛhr'li tʃu'buh] |

| sprookje (het) | nağıl | [na'ɣıl] |
| wonder (het) | möcüzə | [mødʒy'zæ] |
| dwerg (de) | qnom | ['gnom] |
| veranderen in … (anders worden) | … dönmək | [… døn'mæk] |

| geest (de) | qarabasma | [garabas'ma] |
|---|---|---|
| spook (het) | kabus | [ka'bus] |
| monster (het) | div | ['div] |
| draak (de) | ejdaha | [æʒda'ha] |
| reus (de) | nəhənk | [næ'hænk] |

## 123. Dierenriem

| Ram (de) | Qoç | ['goʧ] |
|---|---|---|
| Stier (de) | Buğa | [bu'ɣa] |
| Tweelingen (mv.) | Əkizlər | [ækiz'lær] |
| Kreeft (de) | Xərçənk | [χær'ʧænk] |
| Leeuw (de) | Şir | ['ʃir] |
| Maagd (de) | Qız | ['gız] |

| Weegschaal (de) | Tərəzi | [tæræ'zi] |
|---|---|---|
| Schorpioen (de) | Əqrəb | [æg'ræp] |
| Boogschutter (de) | Oxatan | [oχa'tan] |
| Steenbok (de) | Oğlağ | [o'ɣlaɣ] |
| Waterman (de) | Dolça | [dol'ʧa] |
| Vissen (mv.) | Balıqlar | [balıg'lar] |

| karakter (het) | xasiyyət | [χasi'æt] |
|---|---|---|
| karaktertrekken (mv.) | xasiyyətin cizgiləri | [χasiæ'tin dʒⁱizgilæ'ri] |
| gedrag (het) | əxlaq | [æχ'lah] |
| waarzeggen (ww) | fala baxmaq | [fa'la baχ'mah] |
| waarzegster (de) | falçı | [fal'ʧı] |
| horoscoop (de) | ulduz falı | [ul'duz fa'lı] |

# Kunst

## 124. Theater

| theater (het) | teatr | [tɛ'atr] |
| opera (de) | opera | ['opɛra] |
| operette (de) | operetta | [opɛ'rɛtta] |
| ballet (het) | balet | [ba'lɛt] |

| affiche (de/het) | afişa | [a'fiʃa] |
| theatergezelschap (het) | truppa | ['truppa] |
| tournee (de) | qastrol səfəri | [gast'rol sæfæ'ri] |
| op tournee zijn | qastrol səfərinə çıxmaq | [gast'rol sæfæri'næ ʧıχ'mah] |
| repeteren (ww) | məşq etmək | ['mæʃh ɛt'mæk] |
| repetitie (de) | məşq | ['mæʃh] |
| repertoire (het) | repertuar | [rɛpɛrtu'ar] |

| voorstelling (de) | oyun | [o'jun] |
| spektakel (het) | teatr tamaşası | [tɛ'atr tamaʃa'sı] |
| toneelstuk (het) | pyes | ['pjɛs] |

| biljet (het) | bilet | [bi'lɛt] |
| kassa (de) | bilet kassası | [bi'lɛt 'kassası] |
| foyer (de) | xoll | ['χoll] |
| garderobe (de) | qarderob | [gardɛ'rop] |
| garderobe nummer (het) | nömrə | [nøm'ræ] |
| verrekijker (de) | binokl | [bi'nokl] |
| plaatsaanwijzer (de) | nəzarətçi | [næzaræ'ʧi] |

| parterre (de) | parter | [par'tɛr] |
| balkon (het) | balkon | [bal'kon] |
| gouden rang (de) | beletaj | [bɛlæ'taʒ] |
| loge (de) | loja | ['loʒa] |
| rij (de) | sıra | [sı'ra] |
| plaats (de) | yer | ['ɛr] |

| publiek (het) | tamaşaçılar | [tamaʃatʃı'lar] |
| kijker (de) | tamaşaçı | [tamaʃa'ʧı] |
| klappen (ww) | əl çalmaq | ['æl ʧal'mah] |
| applaus (het) | alqışlar | [algıʃ'lar] |
| ovatie (de) | sürəkli alqışlar | [syrɛk'li algıʃ'lar] |

| toneel (op het ~ staan) | səhnə | [sæh'næ] |
| gordijn, doek (het) | pərdə | [pær'dæ] |
| toneeldecor (het) | dekorasiya | [dɛko'rasija] |
| backstage (de) | səhnə arxası | [sæh'næ arχa'sı] |

| scène (de) | səhnə | [sæh'næ] |
| bedrijf (het) | akt | ['akt] |
| pauze (de) | antrakt | [ant'rakt] |

## 125. Bioscoop

| acteur (de) | aktyor | [ak't'or] |
| actrice (de) | aktrisa | [akt'risa] |

| bioscoop (de) | kino | [ki'no] |
| speelfilm (de) | kino | [ki'no] |
| aflevering (de) | seriya | ['sɛrija] |

| detectivefilm (de) | detektiv | [dɛtɛk'tiv] |
| actiefilm (de) | savaş filmi | [sa'vaʃ fil'mi] |
| avonturenfilm (de) | macəra filmi | [madʒ'æ'ra fil'mi] |
| sciencefictionfilm (de) | fantastik film | [fantas'tik 'film] |
| griezelfilm (de) | vahimə filmi | [vahi'mæ fil'mi] |

| komedie (de) | kino komediyası | [ki'no ko'mɛdijasɪ] |
| melodrama (het) | melodram | [mɛlod'ram] |
| drama (het) | dram | ['dram] |

| speelfilm (de) | bədii film | [bædi'i 'film] |
| documentaire (de) | sənədli film | [sænæd'li 'film] |
| tekenfilm (de) | cizgi filmi | [dʒ'iz'gi fil'mi] |
| stomme film (de) | səssiz film | [sæs'siz 'film] |

| rol (de) | rol | ['rol] |
| hoofdrol (de) | baş rol | ['baʃ 'rol] |
| spelen (ww) | oynamaq | [ojna'mah] |

| filmster (de) | kino ulduzu | [ki'no uldu'zu] |
| bekend (bn) | məşhur | [mæʃ'hur] |
| beroemd (bn) | məşhur | [mæʃ'hur] |
| populair (bn) | populyar | [popu'l'ar] |

| scenario (het) | ssenari | [ssɛ'nari] |
| scenarioschrijver (de) | ssenarist | [ssɛna'rist] |
| regisseur (de) | rejissor | [rɛʒis'sor] |
| filmproducent (de) | prodüser | [pro'dysɛr] |
| assistent (de) | köməkçi | [kømæk'tʃi] |
| cameraman (de) | operator | [opɛ'rator] |
| stuntman (de) | kaskadyor | [kaskad'jor] |

| een film maken | film çəkmək | ['film tʃæk'mæk] |
| auditie (de) | sınaqlar | [sɪnag'lar] |
| opnamen (mv.) | çəkiliş | [tʃæki'liʃ] |
| filmploeg (de) | çəkiliş qrupu | [tʃæki'liʃ gru'pu] |
| filmset (de) | çəkiliş meydançası | [tʃæki'liʃ mɛjdantʃa'sɪ] |
| filmcamera (de) | kino kamerası | [ki'no 'kamɛrasɪ] |

| bioscoop (de) | kinoteatr | [kinotɛ'atr] |
| scherm (het) | ekran | [ɛk'ran] |
| een film vertonen | film göstərmək | ['film gøstær'mæk] |

| geluidsspoor (de) | səs zolağı | ['sæs zola'ɣɪ] |
| speciale effecten (mv.) | xüsusi effektlər | [xysu'si ɛffɛkt'lær] |
| ondertiteling (de) | subtitrlər | [sub'titrlær] |

| voortiteling, aftiteling (de) | titrlər | ['titrlær] |
| vertaling (de) | tərcümə | [tærdʒy'mæ] |

## 126. Schilderij

| kunst (de) | incəsənət | [indʒ¦æsæ'næt] |
| schone kunsten (mv.) | incə sənətlər | [in'dʒ¦æ sænæt'lær] |
| kunstgalerie (de) | qalereya | [galɛ'rɛja] |
| kunsttentoonstelling (de) | rəsm sərgisi | ['ræsm særgi'si] |

| schilderkunst (de) | rəssamlıq | [ræssam'lıh] |
| grafiek (de) | qrafika | ['grafika] |
| abstracte kunst (de) | abstraksionizm | [abstraksio'nizm] |
| impressionisme (het) | impressionizm | [imprɛssio'nizm] |

| schilderij (het) | rəsm | ['ræsm] |
| tekening (de) | şəkil | [ʃæ'kil] |
| poster (de) | plakat | [pla'kat] |

| illustratie (de) | şəkil | [ʃæ'kil] |
| miniatuur (de) | miniatür | [minia'tyr] |
| kopie (de) | surət | [su'ræt] |
| reproductie (de) | reproduksiya | [rɛpro'duksija] |

| mozaïek (het) | mozaika | [mo'zaika] |
| gebrandschilderd glas (het) | vitraj | [vit'raʒ] |
| fresco (het) | freska | ['frɛska] |
| gravure (de) | qravüra | [gra'vyra] |

| buste (de) | büst | ['byst] |
| beeldhouwwerk (het) | heykəl | [hɛj'kæl] |
| beeld (bronzen ~) | heykəl | [hɛj'kæl] |
| gips (het) | qips | ['gips] |
| gipsen (bn) | qipsdən | [gips'dæn] |

| portret (het) | portret | [port'rɛt] |
| zelfportret (het) | avtoportret | [avtoport'rɛt] |
| landschap (het) | mənzərə | [mænzæ'ræ] |
| stilleven (het) | natürmort | [natyr'mort] |
| karikatuur (de) | karikatura | [karika'tura] |
| schets (de) | eskiz | [ɛs'kiz] |

| verf (de) | boya | [bo'ja] |
| aquarel (de) | akvarel | [akva'rɛl] |
| olieverf (de) | yağ | ['jaɣ] |
| potlood (het) | karandaş | [karan'daʃ] |
| Oostindische inkt (de) | tuş | ['tuʃ] |
| houtskool (de) | kömür | [kø'myr] |

| tekenen (met krijt) | çəkmək | [tʃæk'mæk] |
| schilderen (ww) | çəkmək | [tʃæk'mæk] |

| poseren (ww) | poza almaq | ['poza al'mah] |
| naaktmodel (man) | canlı model | [dʒ¦an'lı mo'dɛl] |

| | | |
|---|---|---|
| naaktmodel (vrouw) | canlı model olan qadın | [dʒan'lı mo'dɛl o'lan ga'dın] |
| kunstenaar (de) | rəssam | [ræs'sam] |
| kunstwerk (het) | əsər | [æ'sær] |
| meesterwerk (het) | şah əsər | ['ʃah æ'sær] |
| studio, werkruimte (de) | emalatxana | [ɛmalatχa'na] |

| | | |
|---|---|---|
| schildersdoek (het) | qalın ketan | [ga'lın kæ'tan] |
| schildersezel (de) | molbert | [mol'bɛrt] |
| palet (het) | palitra | [pa'litra] |

| | | |
|---|---|---|
| lijst (een vergulde ~) | çərçivə | [tʃærtʃi'væ] |
| restauratie (de) | bərpa etmə | [bær'pa ɛt'mæ] |
| restaureren (ww) | bərpa etmək | [bær'pa ɛt'mæk] |

## 127. Literatuur & Poëzie

| | | |
|---|---|---|
| literatuur (de) | ədəbiyyat | [ædæbi'at] |
| auteur (de) | müəllif | [myæl'lif] |
| pseudoniem (het) | təxəllüs | [tæχæl'lys] |

| | | |
|---|---|---|
| boek (het) | kitab | [ki'tap] |
| boekdeel (het) | cild | ['dʒild] |
| inhoudsopgave (de) | mündəricat | [myndɛri'dʒæt] |
| pagina (de) | səhifə | [sæhi'fæ] |
| hoofdpersoon (de) | baş qəhrəman | ['baʃ gæhræ'man] |
| handtekening (de) | avtoqraf | [av'tograf] |

| | | |
|---|---|---|
| verhaal (het) | hekayə | [hɛka'jæ] |
| novelle (de) | povest | ['povɛst] |
| roman (de) | roman | [ro'man] |
| werk (literatuur) | əsər | [æ'sær] |
| fabel (de) | təmsil | [tæm'sil] |
| detectiveroman (de) | detektiv | [dɛtɛk'tiv] |

| | | |
|---|---|---|
| gedicht (het) | şer | ['ʃɛr] |
| poëzie (de) | poeziya | [po'ɛzija] |
| epos (het) | poema | [po'ɛma] |
| dichter (de) | şair | [ʃa'ir] |

| | | |
|---|---|---|
| fictie (de) | belletristika | [bɛllɛt'ristika] |
| sciencefiction (de) | elmi fantastika | [ɛl'mi fan'tastika] |
| avonturenroman (de) | macəralar | [madʒæra'lar] |
| opvoedkundige literatuur (de) | dərs ədəbiyyatı | ['dærs ædæbia'tı] |
| kinderliteratuur (de) | uşaq ədəbiyyatı | [u'ʃah ædæbia'tı] |

## 128. Circus

| | | |
|---|---|---|
| circus (de/het) | sirk | ['sirk] |
| chapiteau circus (de/het) | səyyar sirk | [sæ'jar 'sirk] |
| programma (het) | proqram | [prog'ram] |
| voorstelling (de) | tamaşa | [tama'ʃa] |
| nummer (circus ~) | nömrə | [nøm'ræ] |

| arena (de) | səhnə | [sæh'næ] |
| pantomime (de) | pantomima | [panto'mima] |
| clown (de) | təlxək | [tæl'χæk] |

| acrobaat (de) | canbaz | [dʒ'an'baz] |
| acrobatiek (de) | canbazlıq | [dʒ'anbaz'lıh] |
| gymnast (de) | gimnast | [gim'nast] |
| gymnastiek (de) | gimnastika | [gim'nastika] |
| salto (de) | salto | ['salto] |

| sterke man (de) | atlet | [at'lɛt] |
| temmer (de) | heyvan təlimçisi | [hɛj'van tælimtʃi'si] |
| ruiter (de) | at sürən | ['at sy'ræn] |
| assistent (de) | köməkçi | [kømæk'tʃi] |

| stunt (de) | kəndirbaz hoqqası | [kændir'baz hokka'sı] |
| goocheltruc (de) | fokus | ['fokus] |
| goochelaar (de) | fokus göstərən | ['fokus gøstæ'ræn] |

| jongleur (de) | jonqlyor | [ʒong'lʲor] |
| jongleren (ww) | jonqlyorluq etmək | [ʒonglʲor'lʲuh ɛt'mæk] |
| dierentrainer (de) | heyvan təlimçisi | [hɛj'van tælimtʃi'si] |
| dressuur (de) | heyvan təlimi | [hɛj'van tæli'mi] |
| dresseren (ww) | heyvanı təlim etmək | [hɛjva'nı tæ'lim æt'mæk] |

## 129. Muziek. Popmuziek

| muziek (de) | musiqi | [musi'gi] |
| muzikant (de) | musiqiçi | [musigi'tʃi] |
| muziekinstrument (het) | musiqi aləti | [musi'gi alæ'ti] |
| spelen (bijv. gitaar ~) | ... çalmaq | [... tʃal'mah] |

| gitaar (de) | qitara | [gita'ra] |
| viool (de) | skripka | [sk'ripka] |
| cello (de) | violonçel | [violon'tʃɛl] |
| contrabas (de) | kontrabas | [kontra'bas] |
| harp (de) | arfa | ['arfa] |

| piano (de) | piano | [pi'ano] |
| vleugel (de) | royal | [ro'jal] |
| orgel (het) | orqan | [or'gan] |

| blaasinstrumenten (mv.) | nəfəs alətləri | [næ'fæs alætlæ'ri] |
| hobo (de) | qoboy | [go'boj] |
| saxofoon (de) | saksofon | [sakso'fon] |
| klarinet (de) | klarnet | [klar'nɛt] |
| fluit (de) | fleyta | ['flɛjta] |
| trompet (de) | truba | [tru'ba] |

| accordeon (de/het) | akkordeon | [akkordɛ'on] |
| trommel (de) | təbil | [tæ'bil] |

| duet (het) | duet | [du'ɛt] |
| trio (het) | trio | ['trio] |

| kwartet (het) | kvartet | [kvar'tɛt] |
| koor (het) | xor | ['χor] |
| orkest (het) | orkestr | [or'kɛstr] |

| popmuziek (de) | pop musiqisi | ['pop musigi'si] |
| rockmuziek (de) | rok musiqisi | ['rok musigi'si] |
| rockgroep (de) | rok qrupu | ['rok gru'pu] |
| jazz (de) | caz | ['dʒˈaz] |

| idool (het) | büt | ['byt] |
| bewonderaar (de) | pərəstişkar | [pæræstiʃˈkˈar] |

| concert (het) | konsert | [kon'sɛrt] |
| symfonie (de) | simfoniya | [sim'fonija] |
| compositie (de) | əsər | [æ'sær] |
| componeren (muziek ~) | yaratmaq | [jarat'mah] |

| zang (de) | oxuma | [oχu'ma] |
| lied (het) | mahnı | [mah'nı] |
| melodie (de) | melodiya | [mɛ'lodija] |
| ritme (het) | ritm | ['ritm] |
| blues (de) | blüz | ['blyz] |

| bladmuziek (de) | notlar | [not'lar] |
| dirigeerstok (baton) | çubuq | [ʧu'buh] |
| strijkstok (de) | kaman | [ka'man] |
| snaar (de) | sim | ['sim] |
| koffer (de) | qab | ['gap] |

# Rusten. Entertainment. Reizen

## 130. Trip. Reizen

| toerisme (het) | turizm | [tu'rizm] |
| toerist (de) | turist | [tu'rist] |
| reis (de) | səyahət | [sæja'hæt] |
| avontuur (het) | macəra | [madʒⱼæ'ra] |
| tocht (de) | səfər | [sæ'fær] |

| vakantie (de) | məzuniyyət | [mæzuni'æt] |
| met vakantie zijn | məzuniyyətdə olmaq | [mæzuniæt'dæ ol'mah] |
| rust (de) | istirahət | [istira'hæt] |

| trein (de) | qatar | [ga'tar] |
| met de trein | qatarla | [ga'tarla] |
| vliegtuig (het) | təyyarə | [tæja'ræ] |
| met het vliegtuig | təyyarə ilə | [tæja'ræ i'læ] |
| met de auto | maşınla | [ma'ʃınla] |
| per schip (bw) | gəmidə | [gæmi'dæ] |

| bagage (de) | baqaj | [ba'gaʒ] |
| valies (de) | çamadan | [tʃama'dan] |
| bagagekarretje (het) | baqaj üçün araba | [ba'gaʒ ju'tʃun ara'ba] |

| paspoort (het) | pasport | ['pasport] |
| visum (het) | viza | ['viza] |
| kaartje (het) | bilet | [bi'lɛt] |
| vliegticket (het) | təyyarə bileti | [tæja'ræ bilɛ'ti] |

| reisgids (de) | soraq kitabçası | [so'rah kitabtʃa'sı] |
| kaart (de) | xəritə | [χæri'tæ] |
| gebied (landelijk ~) | yer | ['ɛr] |
| plaats (de) | yer | ['ɛr] |

| exotische bestemming (de) | ekzotika | [ɛk'zotika] |
| exotisch (bn) | ekzotik | [ɛkzo'tik] |
| verwonderlijk (bn) | təəccüb doğuran | [taæ'dʒyp doɣu'ran] |

| groep (de) | qrup | ['grup] |
| rondleiding (de) | ekskursiya | [ɛks'kursija] |
| gids (de) | ekskursiya rəhbəri | [ɛks'kursija ræhbæ'ri] |

## 131. Hotel

| hotel (het) | mehmanxana | [mɛhmanχa'na] |
| motel (het) | motel | [mo'tɛl] |
| 3-sterren | 3 ulduzlu | ['jutʃ ulduz'lⱼu] |

119

| 5-sterren | 5 ulduzlu | ['bɛʃ ulduz'lʲu] |
| overnachten (ww) | qalmaq | [gal'mah] |

| kamer (de) | nömrə | [nøm'ræ] |
| eenpersoonskamer (de) | bir nəfərlik nömrə | ['bir næfær'lik nøm'ræ] |
| tweepersoonskamer (de) | iki nəfərlik nömrə | [i'ki næfær'lik nøm'ræ] |
| een kamer reserveren | nömrə təxsis etmək | [nøm'ræ tæχ'sis ɛt'mæk] |

| halfpension (het) | yarım pansion | [ja'rɪm pansi'on] |
| volpension (het) | tam pansion | ['tam pansi'on] |

| met badkamer | vannası olan nömrə | [vanna'sɪ o'lan nøm'ræ] |
| met douche | duşu olan nömrə | [du'ʃu o'lan nøm'ræ] |
| satelliet-tv (de) | peyk televiziyası | ['pɛjk tɛlɛ'vizijasɪ] |
| airconditioner (de) | kondisioner | [kondisio'nɛr] |
| handdoek (de) | dəsmal | [dæs'mal] |
| sleutel (de) | açar | [a'ʧar] |

| administrateur (de) | müdir | [my'dir] |
| kamermeisje (het) | otaq qulluqçusu | [o'tah gullʲugʧu'su] |
| piccolo (de) | yükdaşıyan | [jykdaʃɪ'jan] |
| portier (de) | qapıçı | [gapɪ'ʧɪ] |

| restaurant (het) | restoran | [rɛsto'ran] |
| bar (de) | bar | ['bar] |
| ontbijt (het) | səhər yeməyi | [sæ'hær ɛmɛ'jɪ] |
| avondeten (het) | axşam yeməyi | [aχ'ʃam ɛmɛ'jɪ] |
| buffet (het) | İsveç masası | [is'vɛʧ masa'sɪ] |

| hal (de) | vestibül | [vɛsti'byl] |
| lift (de) | lift | ['lift] |

| NIET STOREN | NARAHAT ETMƏYİN! | [nara'hat 'ɛtmæjɪn] |
| VERBODEN TE ROKEN! | SİQARET ÇƏKMƏYİN! | [siga'rɛt 'ʧækmæjɪn] |

## 132. Boeken. Lezen

| boek (het) | kitab | [ki'tap] |
| auteur (de) | müəllif | [myæl'lif] |
| schrijver (de) | yazıçı | [jazɪ'ʧɪ] |
| schrijven (een boek) | yazmaq | [jaz'mah] |

| lezer (de) | oxucu | [oχu'ʤʲu] |
| lezen (ww) | oxumaq | [oχu'mah] |
| lezen (het) | oxuma | [oχu'ma] |

| stil (~ lezen) | ürəyində | [yræjɪn'dæ] |
| hardop (~ lezen) | ucadan | [uʤʲa'dan] |

| uitgeven (boek ~) | nəşr etmək | ['næʃr ɛt'mæk] |
| uitgeven (het) | nəşr | ['næʃr] |
| uitgever (de) | naşir | [na'ʃir] |
| uitgeverij (de) | nəşriyyət | [næʃri'æt] |
| verschijnen (bijv. boek) | çıxmaq | [ʧɪχ'mah] |

| verschijnen (het) | kitabın çıxması | [kita'bın ʧıxma'sı] |
| oplage (de) | tiraj | [ti'raʒ] |

| boekhandel (de) | kitab mağazası | [ki'tap ma'ɣazası] |
| bibliotheek (de) | kitabxana | [kitapχa'na] |

| novelle (de) | povest | ['povɛst] |
| verhaal (het) | hekayə | [hɛka'jæ] |
| roman (de) | roman | [ro'man] |
| detectiveroman (de) | detektiv | [dɛtɛk'tiv] |

| memoires (mv.) | xatirələr | [χatiræ'lær] |
| legende (de) | əfsanə | [æfsa'næ] |
| mythe (de) | əsatir | [æsa'tir] |

| gedichten (mv.) | şer | ['ʃɛr] |
| autobiografie (de) | tərcümeyi-hal | [tærdʒy'mɛi 'hal] |
| bloemlezing (de) | seçilmiş əsərlər | [sɛʧil'miʃ æsær'lær] |
| sciencefiction (de) | elmi fantastika | [ɛl'mi fan'tastika] |

| naam (de) | ad | ['ad] |
| inleiding (de) | giriş | [gi'riʃ] |
| voorblad (het) | titul vərəqi | ['titul væræ'gi] |

| hoofdstuk (het) | fəsil | [fæ'sil] |
| fragment (het) | parça | [par'ʧa] |
| episode (de) | epizod | [ɛpi'zod] |

| intrige (de) | süjet | [sy'ʒɛt] |
| inhoud (de) | mündəricat | [myndɛri'dʒʲæt] |
| inhoudsopgave (de) | mündəricat | [myndɛri'dʒʲæt] |
| hoofdpersonage (het) | baş qəhrəman | ['baʃ gæhræ'man] |

| boekdeel (het) | cild | ['dʒʲild] |
| omslag (de/het) | üz | ['yz] |
| boekband (de) | cild | ['dʒʲild] |
| bladwijzer (de) | əlfəcin | [ælfæ'dʒʲin] |

| pagina (de) | səhifə | [sæhi'fæ] |
| bladeren (ww) | vərəqləmək | [væræglæ'mæk] |
| marges (mv.) | kənarlar | [kænar'lar] |
| annotatie (de) | nişan | [ni'ʃan] |
| opmerking (de) | qeyd | ['gɛjd] |

| tekst (de) | mətn | ['mætn] |
| lettertype (het) | şrift | ['ʃrift] |
| drukfout (de) | səhv | ['sæhv] |

| vertaling (de) | tərcümə | [tærdʒy'mæ] |
| vertalen (ww) | tərcümə etmək | [tærdʒy'mæ ɛt'mæk] |
| origineel (het) | əsil | [æ'sil] |

| beroemd (bn) | məşhur | [mæʃ'hur] |
| onbekend (bn) | naməlum | [namæ'lʲum] |
| interessant (bn) | maraqlı | [marag'lı] |
| bestseller (de) | bestseller | [bɛs'ʦɛllɛr] |

| woordenboek (het) | lüğət | [ly'ɣæt] |
| leerboek (het) | dərs kitabı | ['dærs kita'bı] |
| encyclopedie (de) | ensiklopediya | [ɛnsiklo'pɛdija] |

## 133. Jacht. Vissen

| jacht (de) | ov | ['ov] |
| jagen (ww) | ova çıxmaq | [o'va ʧıx'mah] |
| jager (de) | ovçu | [ov'ʧu] |

| schieten (ww) | atəş açmaq | [a'tæʃ aʧ'mah] |
| geweer (het) | tüfəng | [ty'fænh] |
| patroon (de) | patron | [pat'ron] |
| hagel (de) | qırma | [gır'ma] |

| val (de) | tələ | [tæ'læ] |
| valstrik (de) | tələ | [tæ'læ] |
| een val zetten | tələ qurmaq | [tæ'læ gur'mah] |
| stroper (de) | brakonyer | [brako'njɛr] |
| wild (het) | ov quşları və heyvanları | ['ov guʃla'rı 'væ hɛjvanla'rı] |
| jachthond (de) | ov iti | ['ov i'ti] |
| safari (de) | safari | [sa'fari] |
| opgezet dier (het) | müqəvva | [mygæv'va] |

| visser (de) | balıqçı | [balıg'ʧı] |
| visvangst (de) | balıq ovu | [ba'lıh o'vu] |
| vissen (ww) | balıq tutmaq | [ba'lıh tut'mah] |
| hengel (de) | tilov | [ti'lov] |
| vislijn (de) | tilov ipi | [ti'lov i'pi] |
| haak (de) | qarmaq | [gar'mah] |
| dobber (de) | qaravul | [gara'vul] |
| aas (het) | tələ yemi | [tæ'læ ɛ'mi] |

| de hengel uitwerpen | tilov atmaq | [ti'lov at'mah] |
| bijten (ov. de vissen) | tilova gəlmək | [tilo'va gæl'mæk] |
| vangst (de) | ovlanmış balıq | [ovlan'mıʃ ba'lıh] |
| wak (het) | buzda açılmış deşik | [buz'da aʧıl'mıʃ dɛ'ʃik] |

| net (het) | tor | ['tor] |
| boot (de) | qayıq | [ga'jıh] |
| vissen met netten | torla balıq tutmaq | ['torla ba'lıh tut'mak] |
| het net uitwerpen | toru suya atmaq | [to'ru su'ja at'mah] |
| het net binnenhalen | toru çıxarmaq | [to'ru ʧıxar'mah] |

| walvisvangst (de) | balina ovçusu | [ba'lina ovʧu'su] |
| walvisvaarder (de) | balina ovlayan gəmi | [ba'lina ovla'jan gæ'mi] |
| harpoen (de) | iri qarmaq | [i'ri gar'mah] |

## 134. Spellen. Biljart

| biljart (het) | bilyard | [bi'ljard] |
| biljartzaal (de) | bilyard salonu | [bi'ljard salo'nu] |

| biljartbal (de) | bilyard şarı | [bi'ljard ʃa'rı] |
| een bal in het gat jagen | şarı luzaya salmaq | [ʃa'rı 'lʲuzaja sal'mah] |
| keu (de) | kiy | ['kij] |
| gat (het) | luza | ['lʲuza] |

## 135. Spellen. Speelkaarten

| ruiten (mv.) | kərpicxallı kart | [kærpidʒʲχal'lı 'kart] |
| schoppen (mv.) | qaratoxmaq | [garatoχ'mah] |
| klaveren (mv.) | qırmızı toxmaq | [gırmı'zı toχ'mah] |
| harten (mv.) | xaç xallı | ['χatʃ χal'lı] |

| aas (de) | tuz | ['tuz] |
| koning (de) | kral | ['kral] |
| dame (de) | xanım | [χa'nım] |
| boer (de) | valet | [va'lɛt] |

| speelkaart (de) | kart | ['kart] |
| kaarten (mv.) | kart | ['kart] |
| troef (de) | kozır | ['kozır] |
| pak (het) kaarten | bir dəst kart | ['bir 'dæst 'kart] |

| uitdelen (kaarten ~) | kart paylamaq | ['kart pajla'mah] |
| schudden (de kaarten ~) | kart qarışdırmaq | ['kart garıʃdır'mah] |
| beurt (de) | oyun | [o'jun] |
| valsspeler (de) | kart fırıldaqçısı | ['kart fırıldagtʃı'sı] |

## 136. Rusten. Spellen. Diversen

| wandelen (on.ww.) | gəzmək | [gæz'mæk] |
| wandeling (de) | gəzinti | [gæzin'ti] |
| trip (per auto) | gəzinti | [gæzin'ti] |
| avontuur (het) | macəra | [madʒʲæ'ra] |
| picknick (de) | piknik | [pik'nik] |

| spel (het) | oyun | [o'jun] |
| speler (de) | oyunçu | [ojun'tʃu] |
| partij (de) | hissə | [his'sæ] |

| collectioneur (de) | kolleksiyaçı | [kol'lɛksijatʃı] |
| collectioneren (ww) | kolleksiya toplamaq | [kol'lɛksija toplamah] |
| collectie (de) | kolleksiya | [kol'lɛksija] |

| kruiswoordraadsel (het) | krossvord | [kross'vord] |
| hippodroom (de) | cıdır meydanı | [dʒı'dır mɛjda'nı] |
| discotheek (de) | diskoteka | [disko'tɛka] |

| sauna (de) | sauna | ['sauna] |
| loterij (de) | lotereya | [lotɛ'rɛja] |

| trektocht (kampeertocht) | yürüş | [jy'ryʃ] |
| kamp (het) | düşərgə | [dyʃær'gæ] |

| tent (de) | çadır | [ʧa'dır] |
| kompas (het) | kompas | ['kompas] |
| rugzaktoerist (de) | turist | [tu'rist] |

| bekijken (een film ~) | baxmaq | [bax'mah] |
| kijker (televisie~) | televiziya tamaşaçısı | [tɛlɛ'vizija tamaʃatʃı'sı] |
| televisie-uitzending (de) | televiziya verilişi | [tɛlɛ'vizija vɛrili'ʃi] |

## 137. Fotografie

| fotocamera (de) | fotoaparat | [fotoapa'rat] |
| foto (de) | fotoqrafiya | [foto'grafija] |

| fotograaf (de) | fotoqrafçı | [fotograf'ʧı] |
| fotostudio (de) | fotostudiya | [foto'studija] |
| fotoalbum (het) | fotoalbom | [fotoal'bom] |

| lens (de), objectief (het) | obyektiv | [objɛk'tiv] |
| telelens (de) | teleobyektiv | [tɛlɛobjɛk'tiv] |
| filter (de/het) | filtr | ['filtr] |
| lens (de) | linza | ['linza] |
| optiek (de) | optika | ['optika] |
| diafragma (het) | diafraqma | [diaf'ragma] |
| belichtingstijd (de) | obyektivin açıq qalma müddəti | [objɛkti'vin a'ʧıh gal'ma myddæ'ti] |
| zoeker (de) | vizir | [vi'zir] |

| digitale camera (de) | rəqəm kamerası | [ræ'gæm 'kamɛrası] |
| statief (het) | üçayaq | [ytʃa'jah] |
| flits (de) | işartı | [iʃar'tı] |
| fotograferen (ww) | fotoşəkil çəkmək | [fotoʃæ'kil ʧæk'mæk] |
| kieken (foto's maken) | foto çəkmək | ['foto ʧæk'mæk] |
| zich laten fotograferen | fotoşəkil çəkdirmək | [fotoʃæ'kil ʧækdir'mæk] |

| focus (de) | aydınlıq | [ajdın'lıh] |
| scherpstellen (ww) | aydınlığa yönəltmək | [ajdınlı'ya jonælt'mæk] |
| scherp (bn) | aydın | [aj'dın] |
| scherpte (de) | aydınlıq | [ajdın'lıh] |

| contrast (het) | təzad | [tæ'zad] |
| contrastrijk (bn) | təzadlı | [tæzad'lı] |

| kiekje (het) | fotoşəkil | [fotoʃæ'kil] |
| negatief (het) | neqativ | [nɛga'tiv] |
| filmpje (het) | fotolent | [foto'lɛnt] |
| beeld (frame) | kadr | ['kadr] |
| afdrukken (foto's ~) | şəkil çıxartmaq | [ʃæ'kil ʧıxart'mah] |

## 138. Strand. Zwemmen

| strand (het) | plyaj | ['plʲaʒ] |
| zand (het) | qum | ['gum] |

leeg (~ strand)	adamsız	[adam'sız]
bruine kleur (de)	gündən qaralma	[gyn'dæn garal'ma]
zonnebaden (ww)	qaralmaq	[garal'mah]
gebruind (bn)	gündən qaralmış	[gyn'dæn garal'mıʃ]
zonnecrème (de)	qaralma kremi	[garal'ma krɛ'mi]

bikini (de)	bikini	[bi'kini]
badpak (het)	çimmə paltarı	[tʃim'mæ palta'rı]
zwembroek (de)	üzgüçü tumanı	[yzgy'tʃu tuma'nı]

zwembad (het)	hovuz	[ho'vuz]
zwemmen (ww)	üzmək	[yz'mæk]
douche (de)	duş	['duʃ]
zich omkleden (ww)	əynini dəyişmək	[æjni'ni dæiʃ'mæk]
handdoek (de)	dəsmal	[dæs'mal]

boot (de)	qayıq	[ga'jıh]
motorboot (de)	kater	['katɛr]

waterski's (mv.)	su xizəyi	['su χizæ'jı]
waterfiets (de)	su velosipedi	['su vɛlosipɛ'di]
surfen (het)	serfinq	['sɛrfinh]
surfer (de)	serfinq idmançısı	['sɛrfinh idmantʃı'sı]

scuba, aqualong (de)	akvalanq	[akva'lanh]
zwemvliezen (mv.)	lastlar	[last'lar]
duikmasker (het)	maska	[mas'ka]
duiker (de)	dalğıc	[dal'χıdʒ']
duiken (ww)	dalmaq	[dal'mah]
onder water (bw)	suyun altında	[su'jun altın'da]

parasol (de)	çətir	[tʃæ'tir]
ligstoel (de)	şezlonq	[ʃɛz'lonh]
zonnebril (de)	eynək	[ɛj'næk]
luchtmatras (de/het)	üzmək üçün döşək	[yz'mæk ju'tʃun dø'ʃæk]

spelen (ww)	oynamaq	[ojna'mah]
gaan zwemmen (ww)	çimmək	[tʃim'mæk]

bal (de)	top	['top]
opblazen (oppompen)	doldurmak	[doldur'mag]
lucht-, opblaasbare (bn)	hava ilə doldurulan	[ha'va i'læ doldur'lan]

golf (hoge ~)	dalğa	[dal'ɣa]
boei (de)	siqnal üzgəci	[sig'nal juzgæ'dʒ'i]
verdrinken (ww)	boğulub batmaq	[boɣu'l'up bat'mah]

redden (ww)	xilas etmək	[χi'las ɛt'mæk]
reddingsvest (de)	xilas edici jilet	[χi'las ædi'dʒ'i ʒi'lɛt]
waarnemen (ww)	müşaidə etmək	[myʃai'dæ ɛt'mæk]
redder (de)	xilas edən	[χi'las ɛ'dæn]

# TECHNISCHE APPARATUUR. VERVOER

## Technische apparatuur

### 139. Computer

| | | |
|---|---|---|
| computer (de) | bilgisayar | [bilgisa'jar] |
| laptop (de) | noutbuk | ['noutbuk] |
| | | |
| aanzetten (ww) | işə salmaq | [i'ʃæ sal'mah] |
| uitzetten (ww) | söndürmək | [søndyr'mæk] |
| | | |
| toetsenbord (het) | klaviatura | [klavia'tura] |
| toets (enter~) | dil | ['dil] |
| muis (de) | bilgisayar siçanı | [bilgisa'jar sitʃa'nı] |
| muismat (de) | altlıq | [alt'lıh] |
| | | |
| knopje (het) | düymə | [dyj'mæ] |
| cursor (de) | kursor | [kur'sor] |
| | | |
| monitor (de) | monitor | [moni'tor] |
| scherm (het) | ekran | [ɛk'ran] |
| | | |
| harde schijf (de) | sərt disk | ['sært 'disk] |
| volume (het) | sərt diskin həcmi | ['sært dis'kin hædʒ'mi] |
| van de harde schijf | | |
| geheugen (het) | yaddaş | [jad'daʃ] |
| RAM-geheugen (het) | operativ yaddaş | [opɛra'tiv jad'daʃ] |
| | | |
| bestand (het) | fayl | ['fajl] |
| folder (de) | qovluq | [gov'lʲuh] |
| openen (ww) | açmaq | [atʃ'mah] |
| sluiten (ww) | bağlamaq | [baɣla'mah] |
| | | |
| opslaan (ww) | saxlamaq | [saχla'mah] |
| verwijderen (wissen) | silmək | [sil'mæk] |
| kopiëren (ww) | kopyalamaq | [kopjala'mah] |
| sorteren (ww) | çeşidləmək | [tʃɛʃidlæ'mæk] |
| overplaatsen (ww) | yenidən yazmaq | [ɛni'dæn jaz'mah] |
| | | |
| programma (het) | proqram | [prog'ram] |
| software (de) | proqram təminatı | [prog'ram tæmina'tı] |
| programmeur (de) | proqramçı | [program'tʃı] |
| programmeren (ww) | proqramlaşdırmaq | [programlaʃdır'mah] |
| | | |
| hacker (computerkraker) | xaker | ['χakɛr] |
| wachtwoord (het) | parol | [pa'rol] |
| virus (het) | virus | ['virus] |
| ontdekken (virus ~) | aşkar etmək | [aʃ'kʲar ɛt'mæk] |

| byte (de) | bayt | ['bajt] |
| megabyte (de) | meqabayt | [mɛga'bajt] |

| data (de) | məlumatlar | [mælʲumat'lar] |
| databank (de) | məlumatlar bazası | [mælʲumat'lar 'bazası] |

| kabel (USB-~, enz.) | kabel | ['kabɛl] |
| afsluiten (ww) | ayırmaq | [ajır'mah] |
| aansluiten op (ww) | qoşmaq | [goʃ'mah] |

## 140. Internet. E-mail

| internet (het) | internet | [intɛr'nɛt] |
| browser (de) | brauzer | ['brauzɛr] |
| zoekmachine (de) | axtarış mənbəyi | [axta'rıʃ mænbæ'i] |
| internetprovider (de) | provayder | [provaj'dɛr] |

| webmaster (de) | veb ustası | ['vɛp usta'sı] |
| website (de) | veb-sayt | ['vɛp 'sajt] |
| webpagina (de) | veb-səhifə | ['vɛp sæi'fæ] |

| adres (het) | ünvan | [yn'van] |
| adresboek (het) | ünvan kitabı | [yn'van kita'bı] |

| postvak (het) | poçt qutusu | ['potʃt gutu'su] |
| post (de) | poçt | ['potʃt] |

| bericht (het) | ismarıc | [isma'rıdʒ] |
| verzender (de) | göndərən | [gøndæ'ræn] |
| verzenden (ww) | göndərmək | [gøndær'mæk] |
| verzending (de) | göndərilmə | [gøndæril'mæ] |

| ontvanger (de) | alan | [a'lan] |
| ontvangen (ww) | almaq | [al'mah] |

| correspondentie (de) | məktublaşma | [mæktublaʃ'ma] |
| corresponderen (met ...) | məktublaşmaq | [mæktublaʃ'mah] |

| bestand (het) | fayl | ['fajl] |
| downloaden (ww) | kopyalamaq | [kopjala'mah] |
| creëren (ww) | yaratmaq | [jarat'mah] |
| verwijderen (een bestand ~) | silmək | [sil'mæk] |
| verwijderd (bn) | silinmiş | [silin'miʃ] |

| verbinding (de) | bağlantı | [baɣlan'tı] |
| snelheid (de) | surət | [su'ræt] |
| modem (de) | modem | [mo'dɛm] |
| toegang (de) | yol | ['jol] |
| poort (de) | giriş | [gi'riʃ] |

| aansluiting (de) | qoşulma | [goʃul'ma] |
| zich aansluiten (ww) | qoşulmaq | [goʃul'mah] |
| selecteren (ww) | seçmək | [sɛtʃ'mæk] |
| zoeken (ww) | axtarmaq | [axtar'mah] |

# Vervoer

## 141. Vliegtuig

| | | |
|---|---|---|
| vliegtuig (het) | təyyarə | [tæja'ræ] |
| vliegticket (het) | təyyarə bileti | [tæja'ræ bilɛ'ti] |
| luchtvaartmaatschappij (de) | hava yolu şirkəti | [ha'va jo'lʲu ʃirkæ'ti] |
| luchthaven (de) | hava limanı | [ha'va lima'nı] |
| supersonisch (bn) | səsdən sürətli | [sæs'dæn syræt'li] |

| | | |
|---|---|---|
| gezagvoerder (de) | hava gəmisinin komandiri | [ha'va gæmisi'nin komandi'ri] |
| bemanning (de) | heyyət | [hɛ'jæt] |
| piloot (de) | pilot | [pi'lot] |
| stewardess (de) | stüardessa | [styar'dɛssa] |
| stuurman (de) | şturman | ['ʃturman] |

| | | |
|---|---|---|
| vleugels (mv.) | qanadlar | [ganad'lar] |
| staart (de) | arxa | [ar'χa] |
| cabine (de) | kabina | [ka'bina] |
| motor (de) | mühərrik | [myhær'rik] |
| landingsgestel (het) | şassi | [ʃas'si] |
| turbine (de) | turbina | [tur'bina] |

| | | |
|---|---|---|
| propeller (de) | propeller | [pro'pɛllɛr] |
| zwarte doos (de) | qara qutu | [ga'ra gu'tu] |
| stuur (het) | sükan çarxı | [sy'kʲan ʧar'χı] |
| brandstof (de) | yanacaq | [jana'ʤʲah] |

| | | |
|---|---|---|
| veiligheidskaart (de) | təlimat | [tæli'mat] |
| zuurstofmasker (het) | oksigen maskası | [oksi'gɛn maska'sı] |
| uniform (het) | rəsmi paltar | [ræs'mi pal'tar] |

| | | |
|---|---|---|
| reddingsvest (de) | xilas edici jilet | [χi'las ædi'ʤʲi ʒi'lɛt] |
| parachute (de) | paraşüt | [para'ʃyt] |

| | | |
|---|---|---|
| opstijgen (het) | havaya qalxma | [hava'ja galχ'ma] |
| opstijgen (ww) | havaya qalxmaq | [hava'ja galχ'mah] |
| startbaan (de) | qalxma-enmə zolağı | [galχ'ma ɛn'mæ zola'χı] |

| | | |
|---|---|---|
| zicht (het) | görünmə dərəcəsi | [gøryn'mæ dæræʤʲæ'si] |
| vlucht (de) | uçuş | [u'ʧuʃ] |

| | | |
|---|---|---|
| hoogte (de) | hündürlük | [hyndyr'lyk] |
| luchtzak (de) | hava boşluğu | [ha'va boʃʲu'χu] |

| | | |
|---|---|---|
| plaats (de) | yer | ['ɛr] |
| koptelefoon (de) | qulaqlıqlar | [gulaglıg'lar] |
| tafeltje (het) | qatlanan masa | [gatla'nan ma'sa] |
| venster (het) | illüminator | [illymi'nator] |
| gangpad (het) | keçid | [kɛ'ʧid] |

## 142. Trein

| | | |
|---|---|---|
| trein (de) | qatar | [ga'tar] |
| elektrische trein (de) | elektrik qatarı | [ɛlɛkt'rik gata'rı] |
| sneltrein (de) | sürət qatarı | [sy'ræt gata'rı] |
| diesellocomotief (de) | teplovoz | [tɛplo'voz] |
| locomotief (de) | parovoz | [paro'voz] |
| | | |
| rijtuig (het) | vaqon | [va'gon] |
| restauratierijtuig (het) | vaqon-restoran | [va'gon rɛsto'ran] |
| | | |
| rails (mv.) | relslər | [rɛls'lær] |
| spoorweg (de) | dəmiryolu | [dæmirjo'lʲu] |
| dwarsligger (de) | şpal | ['ʃpal] |
| | | |
| perron (het) | platforma | [plat'forma] |
| spoor (het) | yol | ['jol] |
| semafoor (de) | semafor | [sɛma'for] |
| halte (bijv. kleine treinhalte) | stansiya | ['stansija] |
| | | |
| machinist (de) | maşınsürən | [maʃınsy'ræn] |
| kruier (de) | yükdaşıyan | [jykdaʃı'jan] |
| conducteur (de) | bələdçi | [bælæd'tʃi] |
| passagier (de) | sərnişin | [særni'ʃin] |
| controleur (de) | nəzarətçi | [næzaræ'tʃi] |
| | | |
| gang (in een trein) | dəhliz | [dæh'liz] |
| noodrem (de) | stop-kran | ['stop 'kran] |
| | | |
| coupé (de) | kupe | [ku'pɛ] |
| bed (slaapplaats) | yataq yeri | [ja'tah ɛ'ri] |
| bovenste bed (het) | yuxarı yer | [juχa'rı 'ɛr] |
| onderste bed (het) | aşağı yer | [aʃa'ɣı 'ɛr] |
| beddengoed (het) | yataq dəyişəyi | [ja'tah dæiʃæ'jı] |
| | | |
| kaartje (het) | bilet | [bi'lɛt] |
| dienstregeling (de) | cədvəl | [dʒʲæd'væl] |
| informatiebord (het) | lövhə | [løv'hæ] |
| | | |
| vertrekken | yola düşmək | [jo'la dyʃ'mæk] |
| (De trein vertrekt ...) | | |
| vertrek (ov. een trein) | yola düşmə | [jo'la dyʃ'mæ] |
| | | |
| aankomen (ov. de treinen) | gəlmək | [gæl'mæk] |
| aankomst (de) | gəlmə | [gæl'mæ] |
| | | |
| aankomen per trein | qatarla gəlmək | [ga'tarla gæl'mæk] |
| in de trein stappen | qatara minmək | [gata'ra min'mæk] |
| uit de trein stappen | qatardan düşmək | [gatar'dan dyʃ'mæk] |
| | | |
| treinwrak (het) | qəza | [gæ'za] |
| locomotief (de) | parovoz | [paro'voz] |
| stoker (de) | ocaqçı | [odʒʲag'tʃı] |
| stookplaats (de) | odluq | [od'lʲuh] |
| steenkool (de) | kömür | [kø'myr] |

## 143. Schip

| | | |
|---|---|---|
| schip (het) | gəmi | [gæ'mi] |
| vaartuig (het) | gəmi | [gæ'mi] |
| | | |
| stoomboot (de) | paroxod | [paro'χod] |
| motorschip (het) | teploxod | [tɛplo'χod] |
| lijnschip (het) | layner | ['lajnɛr] |
| kruiser (de) | kreyser | ['krɛjsɛr] |
| | | |
| jacht (het) | yaxta | ['jaχta] |
| sleepboot (de) | yedək | [ɛ'dæk] |
| duwbak (de) | barja | ['barʒa] |
| ferryboot (de) | bərə | [bæ'ræ] |
| | | |
| zeilboot (de) | yelkənli qayıq | [ɛlkæn'li ga'jıh] |
| brigantijn (de) | briqantina | [brigan'tina] |
| | | |
| IJsbreker (de) | buzqıran | [buzgı'ran] |
| duikboot (de) | sualtı qayıq | [sual'tı ga'jıh] |
| | | |
| boot (de) | qayıq | [ga'jıh] |
| sloep (de) | şlyupka | ['ʃlʲupka] |
| reddingssloep (de) | xilasetmə şlyupkası | [χilasɛt'mæ ʃlʲupka'sı] |
| motorboot (de) | kater | ['katɛr] |
| | | |
| kapitein (de) | kapitan | [kapi'tan] |
| zeeman (de) | matros | [mat'ros] |
| matroos (de) | dənizçi | [dæniz'ʧi] |
| bemanning (de) | heyyət | [hɛ'jæt] |
| | | |
| bootsman (de) | bosman | ['bosman] |
| scheepsjongen (de) | gəmi şagirdi | [gæ'mi ʃagir'di] |
| kok (de) | gəmi aşpazı | [gæ'mi aʃpa'zı] |
| scheepsarts (de) | gəmi həkimi | [gæ'mi hæki'mi] |
| | | |
| dek (het) | göyərtə | [gøjær'tæ] |
| mast (de) | dirək | [di'ræk] |
| zeil (het) | yelkən | [ɛl'kæn] |
| | | |
| ruim (het) | anbar | [an'bar] |
| voorsteven (de) | gəminin qabaq tərəfi | [gæmi'nin ga'bah tæræ'fi] |
| achtersteven (de) | gəminin arxa tərəfi | [gæmi'nin ar'χa tæræ'fi] |
| roeispaan (de) | avar | [a'var] |
| schroef (de) | pərvanə | [pærva'næ] |
| | | |
| kajuit (de) | kayuta | [ka'juta] |
| officierskamer (de) | kayut-kompaniya | [ka'jut kom'panija] |
| machinekamer (de) | maşın bölməsi | [ma'ʃın bølmæ'si] |
| brug (de) | kapitan körpüsü | [kapi'tan kørpy'sy] |
| radiokamer (de) | radio-rubka | ['radio 'rupka] |
| radiogolf (de) | radio dalğası | ['radio dalʁa'sı] |
| logboek (het) | gəmi jurnalı | [gæ'mi ʒurna'lı] |
| verrekijker (de) | müşahidə borusu | [myʃai'dæ boru'su] |
| klok (de) | zəng | ['zænh] |

| vlag (de) | bayraq | [baj'rah] |
| kabel (de) | kanat | [ka'nat] |
| knoop (de) | dənizçi düyünü | [dæniz'tʃi dyju'ny] |

| trapleuning (de) | məhəccər | [mæhæ'dʒʲær] |
| trap (de) | pilləkən | [pillæ'kæn] |

| anker (het) | lövbər | [løv'bær] |
| het anker lichten | lövbəri qaldırmaq | [løvbæ'ri galdır'mah] |
| het anker neerlaten | lövbər salmaq | [løv'bær sal'mah] |
| ankerketting (de) | lövbər zənciri | [løv'bær zændʒʲi'ri] |

| haven (bijv. containerhaven) | liman | [li'man] |
| kaai (de) | körpü | [kør'py] |
| aanleggen (ww) | sahilə yaxınlaşmaq | [sahi'læ jaχınlaʃ'mah] |
| wegvaren (ww) | sahildən ayrılmaq | [sahil'dæn ajrıl'mah] |

| reis (de) | səyahət | [sæja'hæt] |
| cruise (de) | kruiz | [kru'iz] |
| koers (de) | istiqamət | [istiga'mæt] |
| route (de) | marşrut | [marʃ'rut] |

| vaarwater (het) | farvater | [far'vatɛr] |
| zandbank (de) | say | ['saj] |
| stranden (ww) | saya oturmaq | [sa'ja otur'mah] |

| storm (de) | fırtına | [fırtı'na] |
| signaal (het) | siqnal | [sig'nal] |
| zinken (ov. een boot) | batmaq | [bat'mah] |
| SOS (noodsignaal) | SOS | ['sos] |
| reddingsboei (de) | xilas edici dairə | [χilas ɛdi'dʒʲi dai'ræ] |

## 144. Vliegveld

| luchthaven (de) | hava limanı | [ha'va lima'nı] |
| vliegtuig (het) | təyyarə | [tæja'ræ] |
| luchtvaartmaatschappij (de) | hava yolu şirkəti | [ha'va jo'lʲu ʃirkæ'ti] |
| luchtverkeersleider (de) | dispetçer | [dis'pɛtʃɛr] |

| vertrek (het) | uçub getmə | [u'tʃup gɛt'mæ] |
| aankomst (de) | uçub gəlmə | [u'tʃup gæl'mæ] |
| aankomen (per vliegtuig) | uçub gəlmək | [u'tʃup gæl'mæk] |

| vertrektijd (de) | yola düşmə vaxtı | [jo'la dyʃ'mæ vaχ'tı] |
| aankomstuur (het) | gəlmə vaxtı | [gæl'mæ vaχ'tı] |

| vertraagd zijn (ww) | gecikmək | [gɛdʒʲik'mæk] |
| vluchtvertraging (de) | uçuşun gecikməsi | [utʃu'ʃun gɛdʒʲikmæ'si] |

| informatiebord (het) | məlumat lövhəsi | [mælʲu'mat løvhæ'si] |
| informatie (de) | məlumat | [mælʲu'mat] |
| aankondigen (ww) | elan etmək | [ɛ'lan ɛt'mæk] |
| vlucht (bijv. KLM ~) | reys | ['rɛjs] |
| douane (de) | gömrük | [gøm'ryk] |

| douanier (de) | gömrük işçisi | [gøm'ryk iʧi'si] |
|---|---|---|
| douaneaangifte (de) | bəyannamə | [bæjanna'mæ] |
| een douaneaangifte invullen | bəyannaməni doldurmaq | [bæjannamæ'ni doldur'mah] |
| paspoortcontrole (de) | pasport nəzarəti | ['pasport næzaræ'ti] |

| bagage (de) | baqaj | [ba'gaʒ] |
|---|---|---|
| handbagage (de) | əl yükü | ['æl ju'ky] |
| bagagekarretje (het) | araba | [ara'ba] |

| landing (de) | enmə | [ɛn'mæ] |
|---|---|---|
| landingsbaan (de) | enmə zolağı | [ɛn'mæ zola'ɣı] |
| landen (ww) | enmək | [ɛn'mæk] |
| vliegtuigtrap (de) | pilləkən | [pillæ'kæn] |

| inchecken (het) | qeydiyyat | [gɛdi'at] |
|---|---|---|
| incheckbalie (de) | qeydiyyat yeri | [gɛjdi'at ɛ'ri] |
| inchecken (ww) | qeydiyyatdan keçmək | [gɛjdiat'dan kɛʧ'mæk] |
| instapkaart (de) | minik talonu | [mi'nik talo'nu] |
| gate (de) | çıxış | [ʧı'xıʃ] |

| transit (de) | tranzit | [tran'zit] |
|---|---|---|
| wachten (ww) | gözləmək | [gøzlæ'mæk] |
| wachtzaal (de) | gözləmə zalı | [gøzlæ'mæ za'lı] |
| begeleiden (uitwuiven) | yola salmaq | [jo'la sal'mah] |
| afscheid nemen (ww) | vidalaşmaq | [vidalaʃ'mah] |

## 145. Fiets. Motorfiets

| fiets (de) | velosiped | [vɛlosi'pɛd] |
|---|---|---|
| bromfiets (de) | motoroller | [moto'rollɛr] |
| motorfiets (de) | motosiklet | [motosik'lɛt] |

| met de fiets rijden | velosipedlə getmək | [vɛlosi'pɛdlæ gɛt'mæk] |
|---|---|---|
| stuur (het) | sükan | [sy'kan] |
| pedaal (de/het) | pedal | [pɛ'dal] |
| remmen (mv.) | tormoz | ['tormoz] |
| fietszadel (de/het) | oturmaq yeri | [otur'mah ɛ'ri] |

| pomp (de) | nasos | [na'sos] |
|---|---|---|
| bagagedrager (de) | baqaj yeri | [ba'gaʒ ɛ'ri] |
| fietslicht (het) | fənər | [fæ'nær] |
| helm (de) | dəbilqə | [dæbil'gæ] |

| wiel (het) | təkər | [tæ'kær] |
|---|---|---|
| spatbord (het) | qanad | [ga'nad] |
| velg (de) | çənbər | [ʧæn'bær] |
| spaak (de) | mil | ['mil] |

# Auto's

## 146. Soorten auto's

| | | |
|---|---|---|
| auto (de) | avtomobil | [avtomo'bil] |
| sportauto (de) | idman avtomobili | [id'man avtomobi'li] |
| | | |
| limousine (de) | limuzin | [limu'zin] |
| cabriolet (de) | kabriolet | [kabrio'lɛt] |
| minibus (de) | mikroavtobus | [mikroav'tobus] |
| | | |
| ambulance (de) | təcili yardım maşını | [tædʒ'i'li jar'dım maʃı'nı] |
| sneeuwruimer (de) | qar təmizləyən maşın | ['gar tæmizlæ'jæn ma'ʃin] |
| | | |
| vrachtwagen (de) | yük maşını | ['juk maʃı'nı] |
| tankwagen (de) | benzin daşıyan maşın | [bɛn'zin daʃı'jan ma'ʃin] |
| bestelwagen (de) | furqon | [fur'gon] |
| trekker (de) | yedəkçi | [ɛdæk'tʃi] |
| aanhangwagen (de) | qoşulma araba | [goʃul'ma ara'ba] |
| | | |
| comfortabel (bn) | komfortlu | [komfort'lʲu] |
| tweedehands (bn) | işlənmiş | [iʃlæn'miʃ] |

## 147. Auto's. Carrosserie

| | | |
|---|---|---|
| motorkap (de) | kapot | [ka'pot] |
| spatbord (het) | qanad | [ga'nad] |
| dak (het) | üst | ['yst] |
| | | |
| voorruit (de) | qabaq şüşəsi | [ga'bah ʃyʃæ'si] |
| achterruit (de) | arxa görünüş güzgüsü | [ar'χa gøry'nyʃ gyzgy'sy] |
| ruitensproeier (de) | şüşəyuyanlar | [ʃyʃæyjan'lar] |
| wisserbladen (mv.) | şüşə silgəcləri | [ʃy'ʃæ silgædʒ'læ'ri] |
| | | |
| zijruit (de) | yan şüşə | ['jan ʃy'ʃæ] |
| raamlift (de) | şüşə qaldırıcı mexanizm | [ʃy'ʃæ galdırı'dʒʲı mɛχa'nizm] |
| | | |
| antenne (de) | antenna | [an'tɛnna] |
| zonnedak (het) | lyuk | ['lʲuk] |
| | | |
| bumper (de) | bamper | ['bampɛr] |
| koffer (de) | baqaj yeri | [ba'gaʒ ɛ'ri] |
| portier (het) | qapı | [ga'pı] |
| handvat (het) | qapı dəstəyi | [ga'pı dæstæ'jı] |
| slot (het) | qıfıl | [gı'fıl] |
| | | |
| nummerplaat (de) | nömrə | [nøm'ræ] |
| knalpot (de) | səsboğan | [sæsbo'ɣan] |

| | | |
|---|---|---|
| benzinetank (de) | benzin bakı | [bɛn'zln ba'kı] |
| uitlaatpijp (de) | işlənmiş qaz borusu | [iʃlæn'miʃ 'gaz boru'su] |

| | | |
|---|---|---|
| gas (het) | qaz | ['gaz] |
| pedaal (de/het) | pedal | [pɛ'dal] |
| gaspedaal (de/het) | qaz pedalı | ['gaz pɛda'lı] |

| | | |
|---|---|---|
| rem (de) | tormoz | ['tormoz] |
| rempedaal (de/het) | tormoz pedalı | ['tormoz pɛda'lı] |
| remmen (ww) | tormozlamaq | [tormozla'mah] |
| handrem (de) | dayanacaq tormozu | [dajana'dʒ'ah 'tormozu] |

| | | |
|---|---|---|
| koppeling (de) | ilişmə | [iliʃ'mæ] |
| koppelingspedaal (de/het) | ilişmə pedalı | [iliʃ'mæ pɛda'lı] |
| koppelingsschijf (de) | ilişmə diski | [iliʃ'mæ dis'ki] |
| schokdemper (de) | amortizator | [amorti'zator] |

| | | |
|---|---|---|
| wiel (het) | təkər | [tæ'kær] |
| reservewiel (het) | ehtiyat təkəri | [ɛhti'jat tækæ'ri] |
| band (de) | şin | ['ʃin] |
| wieldop (de) | qapaq | [ga'pah] |

| | | |
|---|---|---|
| aandrijfwielen (mv.) | aparıcı təkərlər | [aparı'dʒ'ı tækær'lær] |
| met voorwielaandrijving | qabaq ötürücü | [ga'bah øtyry'dʒy] |
| met achterwielaandrijving | arxa ötürücü | [ar'ҳa øtyry'dʒy] |
| met vierwielaandrijving | tam ötürücü | ['tam øtyry'dʒy] |

| | | |
|---|---|---|
| versnellingsbak (de) | ötürücü qutusu | [øtyry'dʒy gutu'su] |
| automatisch (bn) | avtomat | [avto'mat] |
| mechanisch (bn) | mexaniki | [mɛҳani'ki] |
| versnellingspook (de) | ötürücü qutusunun qolu | [øtyry'dʒy gutusu'nun go'ɫu] |

| | | |
|---|---|---|
| voorlicht (het) | fara | ['fara] |
| voorlichten (mv.) | faralar | ['faralar] |

| | | |
|---|---|---|
| dimlicht (het) | faranın yaxın işığı | ['faranın ja'ҳın iʃı'ɣı] |
| grootlicht (het) | faranın uzaq işığı | ['faranın u'zah iʃı'ɣı] |
| stoplicht (het) | stop-siqnal | ['stop sig'nal] |

| | | |
|---|---|---|
| standlichten (mv.) | qabarit işıqları | [gaba'rit iʃıgla'rı] |
| noodverlichting (de) | qəza işıq siqnalı | [gæ'za i'ʃih signa'lı] |
| mistlichten (mv.) | dumana qarşı faralar | [duma'na gar'ʃı 'faralar] |
| pinker (de) | dönmə işığı | [døn'mæ iʃı'ɣı] |
| achteruitrijdlicht (het) | arxaya hərəkət | [arҳa'ja hæræ'kæt] |

## 148. Auto's. Passagiersruimte

| | | |
|---|---|---|
| interieur (het) | salon | [sa'lon] |
| leren (van leer gemaak) | dəri | [dæ'ri] |
| fluwelen (abn) | velyur | [vɛ'ɫ'ur] |
| bekleding (de) | üz | ['yz] |

| | | |
|---|---|---|
| toestel (het) | cihaz | [dʒ'i'haz] |
| instrumentenbord (het) | cizaz lövhəciyi | [dʒ'i'haz løvhædʒ'i'ji] |

| snelheidsmeter (de) | spidometr | [spi'domɛtr] |
| pijltje (het) | ox işarəsi | ['oχ iʃaræ'si] |

| kilometerteller (de) | sayğac | [saj'ɣadʒʲ] |
| sensor (de) | göstərici | [gøstɛri'dʒʲi] |
| niveau (het) | səviyyə | [sævi'æ] |
| controlelampje (het) | lampa | [lam'pa] |

| stuur (het) | sükan | [sy'kan] |
| toeter (de) | siqnal | [sig'nal] |
| knopje (het) | düymə | [dyj'mæ] |
| schakelaar (de) | sürətləri dəyişən mexanizm | [syrætlæ'ri dæi'ʃæn mɛχa'nizm] |

| stoel (bestuurders~) | oturacaq | [otura'dʒʲah] |
| rugleuning (de) | söykənəcək | ['søjkænæ'dʒʲæk] |
| hoofdsteun (de) | başaltı | [baʃal'tɪ] |
| veiligheidsgordel (de) | təhlükəsizlik kəməri | [tæhlykæsiz'lik kæmæ'ri] |
| de gordel aandoen | kəməri bağlamaq | [kæmæ'ri baɣla'mah] |
| regeling (de) | sazlama | [sazla'ma] |

| airbag (de) | təhlükəsizlik yastığı | [tæhlykæsiz'lik jastɪ'ɣɪ] |
| airconditioner (de) | kondisioner | [kondisio'nɛr] |

| radio (de) | radio | ['radio] |
| CD-speler (de) | CD səsləndiricisi | [si'di sæslændiridʒʲi'si] |
| aanzetten (bijv. radio ~) | qoşmaq | [goʃ'mah] |
| antenne (de) | antenna | [an'tɛnna] |
| handschoenenkastje (het) | qutu | [gu'tu] |
| asbak (de) | külqabı | ['kylʲgabɪ] |

## 149. Auto's. Motor

| diesel- (abn) | dizel | ['dizɛl] |
| benzine- (~motor) | benzin | [bɛn'zin] |

| motorinhoud (de) | mühərriyin həcmi | [myhærri'jɪn hædʒʲ'mi] |
| vermogen (het) | güc | ['gydʒʲ] |
| paardenkracht (de) | at gücü | ['at gy'dʒy] |
| zuiger (de) | porşen | ['porʃɛn] |
| cilinder (de) | silindr | [si'lindr] |
| klep (de) | qapaq | [ga'pah] |

| injectie (de) | injektor | [in'ʒɛktor] |
| generator (de) | generator | [gɛnɛ'rator] |
| carburator (de) | karbyurator | [karby'rator] |
| motorolie (de) | motor yağı | [mo'tor ja'ɣɪ] |

| radiator (de) | radiator | [radi'ator] |
| koelvloeistof (de) | soyuducu maye | [sojudu'dʒy ma'jɛ] |
| ventilator (de) | ventilyator | [vɛnti'lʲator] |

| accu (de) | akkumulyator | [akkumu'lʲator] |
| starter (de) | starter düyməsi | ['startɛr dyjmæ'si] |

| contact (ontsteking) | yanma | [jan'ma] |
| bougie (de) | yanma şamı | [jan'ma ʃa'mı] |

| pool (de) | klemma | ['klɛmma] |
| positieve pool (de) | plyus | ['plʲus] |
| negatieve pool (de) | minus | ['minus] |
| zekering (de) | qoruyucu | [goruy'dʒy] |

| luchtfilter (de) | hava filtri | [ha'va filt'ri] |
| oliefilter (de) | yağ filtri | ['jaɣ filt'ri] |
| benzinefilter (de) | yanacaq filtri | [jana'dʒʲah filt'ri] |

## 150. Auto's. Botsing. Reparatie

| auto-ongeval (het) | qəza | [gæ'za] |
| verkeersongeluk (het) | yol qəzası | ['jol gæza'sı] |
| aanrijden | toqquşmaq | [tokkuʃ'mah] |
| (tegen een boom, enz.) | | |
| verongelukken (ww) | əzilmək | [æzil'mæk] |
| beschadiging (de) | xarab etmə | [ҳa'rap ɛt'mæ] |
| heelhuids (bn) | salamat | [sala'mat] |

| kapot gaan (zijn gebroken) | qırılmaq | [gırıl'mah] |
| sleeptouw (het) | yedək ipi | [ɛ'dæk i'pi] |

| lek (het) | deşilmə | [dɛʃil'mæ] |
| lekke krijgen (band) | buraxmaq | [buraҳ'mah] |
| oppompen (ww) | doldurmaq | [doldur'mah] |
| druk (de) | təzyiq | [tæz'jıh] |
| checken (controleren) | yoxlamaq | [joҳla'mah] |

| reparatie (de) | təmir | [tæ'mir] |
| garage (de) | təmir emalatxanası | [tæ'mir ɛmalatҳana'sı] |
| wisselstuk (het) | ehtiyat hissəsi | [ɛhti'jat hissæ'si] |
| onderdeel (het) | detal | [dɛ'tal] |

| bout (de) | bolt | ['bolt] |
| schroef (de) | vint | ['vint] |
| moer (de) | qayka | [gaj'ka] |
| sluitring (de) | şayba | ['ʃajba] |
| kogellager (de/het) | podşipnik | [pod'ʃipnik] |

| pijp (de) | borucuq | [boru'dʒyh] |
| pakking (de) | aralıq qat | [ara'lıh 'gat] |
| kabel (de) | məftil | [mæf'til] |

| dommekracht (de) | domkrat | [domk'rat] |
| moersleutel (de) | qayka açarı | [gaj'ka atʃa'rı] |
| hamer (de) | çəkic | [ʧæ'kidʒʲ] |
| pomp (de) | nasos | [na'sos] |
| schroevendraaier (de) | vintaçan | [vinta'ʧan] |

| brandblusser (de) | odsöndürən | [odsøndy'ræn] |
| gevarendriehoek (de) | Qəza üçbucağı nişanı | [gæ'za juʧbudʒʲa'ɣı niʃa'nı] |

| afslaan | yatmaq | [jat'mah] |
|---|---|---|
| (ophouden te werken) | | |
| uitvallen (het) | dayanma | [dajan'ma] |
| zijn gebroken | qırılmaq | [gırıl'mah] |

| oververhitten (ww) | həddindən artıq qızmaq | [hæddin'dæn ar'tıh gız'mah] |
|---|---|---|
| verstopt raken (ww) | yolu tutulmaq | [jo'l<sup>j</sup>u tutul'mah] |
| bevriezen (autodeur, enz.) | donmaq | [don'mah] |
| barsten (leidingen, enz.) | partlamaq | [partla'mah] |

| druk (de) | təzyiq | [tæz'jıh] |
|---|---|---|
| niveau (bijv. olieniveau) | səviyyə | [sævi'æ] |
| slap (de drijfriem is ~) | zəif | [zæ'if] |

| deuk (de) | batıq | [ba'tıh] |
|---|---|---|
| geklop (vreemde geluiden) | səs | ['sæs] |
| barst (de) | çat | ['t͡ʃat] |
| kras (de) | cızıq | [d͡ʒʲı'zıh] |

## 151. Auto's. Weg

| weg (de) | yol | ['jol] |
|---|---|---|
| snelweg (de) | avtomobil magistralı | [avtomo'bil magistra'lı] |
| autoweg (de) | şose | [ʃo'sɛ] |
| richting (de) | istiqamət | [istiga'mæt] |
| afstand (de) | məsafə | [mæsa'fæ] |

| brug (de) | körpü | [kør'py] |
|---|---|---|
| parking (de) | park yeri | ['park ɛ'ri] |
| plein (het) | meydan | [mɛj'dan] |
| verkeersknooppunt (het) | qovşaq | [gov'ʃah] |
| tunnel (de) | tunel | [tu'nɛl] |

| benzinestation (het) | yanacaq doldurma məntəqəsi | [jana'd͡ʒʲah doldur'ma mæntægæ'si] |
|---|---|---|
| parking (de) | avtomobil duracağı | [avtomo'bil durad͡ʒʲa'ɣı] |
| benzinepomp (de) | benzin kolonkası | [bɛn'zin kolonka'sı] |
| garage (de) | maşın təmiri | [ma'ʃın tæmi'ri] |
| tanken (ww) | yanacaq doldurmaq | [jana'd͡ʒʲah doldur'mah] |
| brandstof (de) | yanacaq | [jana'd͡ʒʲah] |
| jerrycan (de) | kanistr | [ka'nistr] |

| asfalt (het) | asfalt | [as'falt] |
|---|---|---|
| markering (de) | nişan vurma | [ni'ʃan vur'ma] |
| trottoirband (de) | haşiyə | [haʃi'jæ] |
| geleiderail (de) | hasarlama | [hasarla'ma] |
| greppel (de) | küvet | [ky'vɛt] |
| vluchtstrook (de) | yolun qırağı | [jo'l<sup>j</sup>un gıra'ɣı] |
| lichtmast (de) | dirək | [di'ræk] |

| besturen (een auto ~) | sürmək | [syr'mæk] |
|---|---|---|
| afslaan (naar rechts ~) | döndərmək | [døndær'mæk] |
| U-bocht maken (ww) | dönmək | [døn'mæk] |
| achteruit (de) | arxaya hərəkət | [arɣa'ja hæræ'kæt] |

| | | |
|---|---|---|
| toeteren (ww) | siqnal vermək | [sig'nal vɛr'mæk] |
| toeter (de) | səs siqnalı | ['sæs signa'lı] |
| vastzitten (in modder) | ilişib qalmaq | [ili'ʃip gal'mah] |
| spinnen (wielen gaan ~) | yerində fırlanmaq | [ɛrin'dæ fırlan'mah] |
| uitzetten (ww) | söndürmək | [søndyr'mæk] |

| | | |
|---|---|---|
| snelheid (de) | sürət | [sy'ræt] |
| een snelheidsovertreding maken | sürəti aşmaq | [syræ'ti aʃ'mah] |
| bekeuren (ww) | cərimə etmək | [dʒ¡æri'mæ ɛt'mæk] |
| verkeerslicht (het) | svetofor | [svɛto'for] |
| rijbewijs (het) | sürücülük vəsiqəsi | [syrydʒy'lyk væsigæ'si] |

| | | |
|---|---|---|
| overgang (de) | keçid | [kɛ'tʃid] |
| kruispunt (het) | dörd yol ağzı | [dørd 'jol a'ɣzı] |
| zebrapad (oversteekplaats) | piyadalar üçün keçid | [pijada'lar ju'tʃun kɛ'tʃid] |
| bocht (de) | dönmə yeri | [døn'mæ ɛ'ri] |
| voetgangerszone (de) | piyadalar zonası | [pijada'lar 'zonası] |

# MENSEN. GEBEURTENISSEN IN HET LEVEN

## Gebeurtenissen in het leven

### 152. Vakanties. Evenement

| | | |
|---|---|---|
| feest (het) | bayram | [baj'ram] |
| nationale feestdag (de) | milli bayram | [mil'li baj'ram] |
| feestdag (de) | bayram günü | [baj'ram gy'ny] |
| herdenken (ww) | bayram etmək | [baj'ram ɛt'mæk] |
| | | |
| gebeurtenis (de) | hadisə | [hadi'sæ] |
| evenement (het) | tədbir | [tæd'bir] |
| banket (het) | banket | [ban'kɛt] |
| receptie (de) | ziyafət | [zija'fæt] |
| feestmaal (het) | böyük qonaqlıq | [bø'juk gonag'lıh] |
| | | |
| verjaardag (de) | ildönümü | [ildøny'my] |
| jubileum (het) | yubiley | [ybi'lɛj] |
| vieren (ww) | qeyd etmək | ['gɛjd æt'mæk] |
| | | |
| Nieuwjaar (het) | Yeni il | [ɛ'ni 'il] |
| Gelukkig Nieuwjaar! | Yeni iliniz mübarək! | [ɛ'ni ili'niz myba'ræk] |
| | | |
| Kerstfeest (het) | Milad | [mi'lad] |
| Vrolijk kerstfeest! | Milad bayramınız şən keçsin! | [mi'lad bajramı'nız 'ʃæn kɛtʃ'sin] |
| | | |
| kerstboom (de) | Yeni il yolkası | [ɛ'ni 'il jolka'sı] |
| vuurwerk (het) | salam atəşi | [sa'lam atæ'ʃi] |
| | | |
| bruiloft (de) | toy | ['toj] |
| bruidegom (de) | bəy | ['bæj] |
| bruid (de) | nişanlı | [niʃan'lı] |
| | | |
| uitnodigen (ww) | dəvət etmək | [dæ'væt ɛt'mæk] |
| uitnodiging (de) | dəvətnamə | [dævætna'mæ] |
| | | |
| gast (de) | qonaq | [go'nah] |
| op bezoek gaan | qonaq getmək | [go'nah gɛt'mæk] |
| gasten verwelkomen | qonaq qarşılamaq | [go'nah garʃıla'mah] |
| | | |
| geschenk, cadeau (het) | hədiyyə | [hædi'æ] |
| geven (iets cadeau ~) | hədiyyə vermək | [hædi'æ vɛr'mæk] |
| geschenken ontvangen | hədiyyə almaq | [hædi'æ al'mah] |
| boeket (het) | gül dəstəsi | ['gylʲ dæstæ'si] |
| | | |
| felicitaties (mv.) | təbrik | [tæb'rik] |
| feliciteren (ww) | təbrik etmək | [tæb'rik ɛt'mæk] |
| wenskaart (de) | təbrik açıqçası | [tæb'rik atʃıgtʃa'sı] |

| een kaartje versturen | açıqça göndərmək | [atʃɪg'tʃa gøndær'mæk] |
| een kaartje ontvangen | açıqça almaq | [atʃɪg'tʃa al'mah] |

| toast (de) | tost | ['tost] |
| aanbieden (een drankje ~) | qonaq etmək | [go'nah ɛt'mæk] |
| champagne (de) | şampan şərabı | [ʃam'pan ʃæra'bɪ] |

| plezier hebben (ww) | şənlənmək | [ʃænlæn'mæk] |
| plezier (het) | şənlik | [ʃæn'lik] |
| vreugde (de) | sevinc | [sɛ'vindʒʲ] |

| dans (de) | rəqs | ['rægs] |
| dansen (ww) | rəqs etmək | ['rægs ɛt'mæk] |

| wals (de) | vals | ['vals] |
| tango (de) | tanqo | ['tango] |

## 153. Begrafenissen. Begrafenis

| kerkhof (het) | qəbristanlıq | [gæbristan'lıh] |
| graf (het) | qəbir | [gæ'bir] |
| grafsteen (de) | qəbir daşı | [gæ'bir da'ʃı] |
| omheining (de) | hasar | [ha'sar] |
| kapel (de) | kiçik kilsə | [ki'tʃik kil'sæ] |

| dood (de) | ölüm | [ø'lym] |
| sterven (ww) | ölmək | [øl'mæk] |
| overledene (de) | ölü | [ø'ly] |
| rouw (de) | matəm | [ma'tæm] |

| begraven (ww) | dəfn etmək | ['dæfn ɛt'mæk] |
| begrafenisonderneming (de) | dəfn etmə bürosu | ['dæfn ɛt'mæ byro'su] |
| begrafenis (de) | dəfn etmə mərasimi | ['dæfn ɛt'mæ mærasi'mi] |

| krans (de) | əklil | [æk'lil] |
| doodskist (de) | tabut | [ta'but] |
| lijkwagen (de) | cənazə arabası | [dʒʲæna'zæ araba'sı] |
| lijkkleed (de) | kəfən | [kæ'fæn] |

| urn (de) | urna | ['urna] |
| crematorium (het) | meyit yandırılan bina | [mɛ'it jandırı'lan bi'na] |

| overlijdensbericht (het) | nekroloq | [nɛkro'loh] |
| huilen (wenen) | ağlamaq | [aɣla'mah] |
| snikken (huilen) | hönkür-hönkür ağlamaq | [hø'nkyr hø'nkyr aɣla'mah] |

## 154. Oorlog. Soldaten

| peloton (het) | vzvod | ['vzvod] |
| compagnie (de) | rota | ['rota] |
| regiment (het) | alay | [a'laj] |
| leger (armee) | ordu | [or'du] |

| divisie (de) | diviziya | [di'vizija] |
| sectie (de) | dəstə | [dæs'tæ] |
| troep (de) | qoşun | [go'ʃun] |

| soldaat (militair) | əsgər | [æs'gær] |
| officier (de) | zabit | [za'bit] |

| soldaat (rang) | sıravi | [sıra'vi] |
| sergeant (de) | çavuş | [ʧa'vuʃ] |
| luitenant (de) | leytenant | [lɛjtɛ'nant] |
| kapitein (de) | kapitan | [kapi'tan] |
| majoor (de) | mayor | [ma'jor] |
| kolonel (de) | polkovnik | [pol'kovnik] |
| generaal (de) | general | [gɛnɛ'ral] |

| matroos (de) | dənizçi | [dæniz'ʧi] |
| kapitein (de) | kapitan | [kapi'tan] |
| bootsman (de) | bosman | ['bosman] |

| artillerist (de) | topçu | [top'ʧu] |
| valschermjager (de) | desantçı | [dɛsan'ʧı] |
| piloot (de) | təyyarəçi | [tæjaræ'ʧi] |
| stuurman (de) | şturman | ['ʃturman] |
| mecanicien (de) | mexanik | [mɛ'χanik] |

| sappeur (de) | istehkamçı | [istɛhkam'ʧı] |
| parachutist (de) | paraşütçü | [paraʃy'ʧy] |
| verkenner (de) | kəşfiyyatçı | [kæʃfia'ʧı] |
| scherpschutter (de) | snayper | ['snajpɛr] |
| patrouille (de) | patrul | [pat'rul] |
| patrouilleren (ww) | patrul çəkmək | [pat'rul ʧæk'mæk] |
| wacht (de) | keşikçi | [kɛʃik'ʧi] |

| krijger (de) | döyüşçü | [døyʃ'ʧu] |
| patriot (de) | vətənpərvər | [vætænpær'vær] |
| held (de) | qəhrəman | [gæhræ'man] |
| heldin (de) | qəhrəman qadın | [gæhræ'man ga'dın] |

| verrader (de) | satqın | [sat'gın] |
| deserteur (de) | fərari | [færa'ri] |
| deserteren (ww) | fərarilik etmək | [færa'rik ɛt'mæk] |

| huurling (de) | muzdla tutulan əsgər | ['muzdla tutu'lan æs'gær] |
| rekruut (de) | yeni əsgər | [ɛ'ni æs'gær] |
| vrijwilliger (de) | könüllü | [kønyl'ly] |

| gedode (de) | öldürülən | [øldyry'læn] |
| gewonde (de) | yaralı | [jara'lı] |
| krijgsgevangene (de) | əsir | [æ'sir] |

## 155. Oorlog. Militaire acties. Deel 1

| oorlog (de) | müharibə | [myhari'bæ] |
| oorlog voeren (ww) | müharibə etmək | [myhari'bæ ɛt'mæk] |

| burgeroorlog (de) | vətəndaş müharibəsi | [vætæn'daʃ myharibæ'si] |
| achterbaks (bw) | xaincəsinə | [χa'indʒʲæsinæ] |
| oorlogsverklaring (de) | elan edilmə | [ɛ'lan ɛdil'mæ] |
| verklaren (de oorlog ~) | elan etmək | [ɛ'lan ɛt'mæk] |
| agressie (de) | təcavüz | [tædʒʲa'vyz] |
| aanvallen (binnenvallen) | hücum etmək | [hy'dʒʲum ɛt'mæk] |

| binnenvallen (ww) | işğal etmək | [iʃʲɣal ɛt'mæk] |
| invaller (de) | işğalçı | [iʃʲɣal'tʃʲı] |
| veroveraar (de) | istilaçı | [istila'tʃʲı] |

| verdediging (de) | müdafiyə | [mydafi'jæ] |
| verdedigen (je land ~) | müdafiyə etmək | [mydafi'jæ ɛt'mæk] |
| zich verdedigen (ww) | müdafiyə olunmaq | [mydafi'jæ olʲun'mah] |

| vijand (de) | düşmən | [dyʃ'mæn] |
| tegenstander (de) | əleyhdar | [ælɛjh'dar] |
| vijandelijk (bn) | düşmən | [dyʃ'mæn] |

| strategie (de) | strategiya | [stra'tɛgija] |
| tactiek (de) | taktika | ['taktika] |

| order (de) | əmr | ['æmr] |
| bevel (het) | əmr | ['æmr] |
| bevelen (ww) | əmr etmək | ['æmr ɛt'mæk] |
| opdracht (de) | tapşırıq | [tapʃı'rıh] |
| geheim (bn) | məxfi | [mæχ'fi] |

| veldslag (de) | vuruşma | [vuruʃ'ma] |
| strijd (de) | döyüş | [dø'juʃ] |

| aanval (de) | hücum | [hy'dʒʲum] |
| bestorming (de) | hücum | [hy'dʒʲum] |
| bestormen (ww) | hücum etmək | [hy'dʒʲum ɛt'mæk] |
| bezetting (de) | mühasirə | [myhasi'ræ] |

| aanval (de) | hücum | [hy'dʒʲum] |
| in het offensief te gaan | hücum etmək | [hy'dʒʲum ɛt'mæk] |

| terugtrekking (de) | geri çəkilmə | [gɛ'ri tʃækil'mæ] |
| zich terugtrekken (ww) | geri çəkilmək | [gɛ'ri tʃækil'mæk] |

| omsingeling (de) | mühasirə | [myhasi'ræ] |
| omsingelen (ww) | mühasirəyə almaq | [myhasiræ'jæ al'mah] |

| bombardement (het) | bombalama | [bombala'ma] |
| een bom gooien | bomba atmaq | [bom'ba at'mah] |
| bombarderen (ww) | bombalamaq | [bombala'mah] |
| ontploffing (de) | partlayış | [partla'jıʃ] |

| schot (het) | atəş | [a'tæʃ] |
| een schot lossen | güllə atmaq | [gyl'læ at'mah] |
| schieten (het) | atəş | [a'tæʃ] |

| mikken op (ww) | nişan almaq | [ni'ʃan al'mah] |
| aanleggen (een wapen ~) | tuşlamaq | [tuʃla'mah] |

| treffen (doelwit ~) | sərrast vurmaq | [sær'rast vur'mah] |
|---|---|---|
| zinken (tot zinken brengen) | batırmaq | [batır'mah] |
| kogelgat (het) | deşik | [dɛ'ʃik] |
| zinken (gezonken zijn) | batmaq | [bat'mah] |

| front (het) | cəbhə | [dʒʲæb'hæ] |
|---|---|---|
| evacuatie (de) | təxliyə | [tæχli'jæ] |
| evacueren (ww) | təxliyə etmək | [tæχli'jæ ɛt'mæk] |

| loopgraaf (de) | səngər | [sæ'ngær] |
|---|---|---|
| prikkeldraad (de) | tikanlı məftil | [tikʲan'lı mæf'til] |
| verdedigingsobstakel (het) | çəpərləmə | [ʧæpærlæ'mæ] |
| wachttoren (de) | güllə | [gyl'læ] |

| hospitaal (het) | hospital | ['hospital] |
|---|---|---|
| verwonden (ww) | yaralamaq | [jarala'mah] |
| wond (de) | yara | [ja'ra] |
| gewonde (de) | yaralı | [jara'lı] |
| gewond raken (ww) | yara almaq | [ja'ra al'mah] |
| ernstig (~e wond) | ağır | [a'ɣır] |

## 156. Wapens

| wapens (mv.) | silah | [si'lah] |
|---|---|---|
| vuurwapens (mv.) | odlu silah | [od'lʲu si'lah] |
| koude wapens (mv.) | soyuq silah | [so'juh si'lah] |

| chemische wapens (mv.) | kimyəvi silah | [kimjæ'vi si'lah] |
|---|---|---|
| kern-, nucleair (bn) | nüvə | [ny'væ] |
| kernwapens (mv.) | nüvə silahı | [ny'væ sila'hı] |

| bom (de) | bomba | [bom'ba] |
|---|---|---|
| atoombom (de) | atom bombası | ['atom bomba'sı] |

| pistool (het) | tapança | [tapan'ʧa] |
|---|---|---|
| geweer (het) | tüfəng | [ty'fænh] |
| machinepistool (het) | avtomat | [avto'mat] |
| machinegeweer (het) | pulemyot | [pulɛ'mʲot] |

| loop (schietbuis) | ağız | [a'ɣız] |
|---|---|---|
| loop (bijv. geweer met kortere ~) | lülə | [ly'læ] |
| kaliber (het) | kalibr | [ka'libr] |

| trekker (de) | çaxmaq | [ʧaχ'mah] |
|---|---|---|
| korrel (de) | nişangah | [niʃan'gʲah] |
| magazijn (het) | sandıq | [san'dıh] |
| geweerkolf (de) | qundaq | [gun'dah] |

| granaat (handgranaat) | qumbara | [gumba'ra] |
|---|---|---|
| explosieven (mv.) | partlayıcı maddə | [partlajı'dʒʲı mad'dæ] |

| kogel (de) | güllə | [gyl'læ] |
|---|---|---|
| patroon (de) | patron | [pat'ron] |

| lading (de) | güllə | [gyl'læ] |
| ammunitie (de) | döyüş sursatı | [dø'juʃ sursa'tı] |

| bommenwerper (de) | bombardmançı təyyarə | [bombardman'ʧı tæja'ræ] |
| straaljager (de) | qırıcı təyyarə | [gırı'ʤʲı tæja'ræ] |
| helikopter (de) | vertolyot | [vɛrto'lʲot] |

| afweergeschut (het) | zenit topu | [zɛ'nit to'pu] |
| tank (de) | tank | ['tank] |
| kanon (tank met een ~ van 76 mm) | top | ['top] |

| artillerie (de) | top | ['top] |
| aanleggen (een wapen ~) | tuşlamaq | [tuʃla'mah] |

| projectiel (het) | mərmi | [mær'mi] |
| mortiergranaat (de) | mina | ['mina] |
| mortier (de) | minaatan | ['minaatan] |
| granaatscherf (de) | qəlpə | [gæl'pæ] |

| duikboot (de) | sualtı qayıq | [sual'tı ga'jıh] |
| torpedo (de) | torpeda | [tor'pɛda] |
| raket (de) | raket | [ra'kɛt] |

| laden (geweer, kanon) | doldurmaq | [doldur'mah] |
| schieten (ww) | atəş açmaq | [a'tæʃ aʧ'mah] |
| richten op (mikken) | nişan almaq | [ni'ʃan al'mah] |
| bajonet (de) | süngü | [sy'ngy] |

| degen (de) | qılınc | [gı'lınʤʲ] |
| sabel (de) | qılınc | [gı'lınʤʲ] |
| speer (de) | nizə | [ni'zæ] |
| boog (de) | yay | ['jaj] |
| pijl (de) | ox | ['oχ] |
| musket (de) | muşket | [muʃ'kɛt] |
| kruisboog (de) | arbalet | [arba'lɛt] |

## 157. Oude mensen

| primitief (bn) | ibtidai | [iptida'i] |
| voorhistorisch (bn) | tarixdən əvvəlki | [tariχ'dæn ævvæl'ki] |
| eeuwenoude (~ beschaving) | qədim | [gæ'dim] |

| Steentijd (de) | Daş dövrü | ['daʃ døv'ry] |
| Bronstijd (de) | Tunc dövrü | ['tunʤʲ døv'ry] |
| IJstijd (de) | buz dövrü | ['buz døv'ry] |

| stam (de) | tayfa | [taj'fa] |
| menseneter (de) | adamyeyən | [adamjɛ'jæn] |
| jager (de) | ovçu | [ov'ʧu] |
| jagen (ww) | ova çıxmaq | [o'va ʧıχ'mah] |
| mammoet (de) | mamont | ['mamont] |
| grot (de) | mağara | [maɣa'ra] |
| vuur (het) | od | ['od] |

| kampvuur (het) | tonqal | [ton'gal] |
| rotstekening (de) | qayaüstü rəsmlər | [gajays'ty ræsm'lær] |

| werkinstrument (het) | iş aləti | ['iʃ alæ'ti] |
| speer (de) | nizə | [ni'zæ] |
| stenen bijl (de) | daş baltası | ['daʃ balta'sı] |
| oorlog voeren (ww) | müharibə etmək | [myhari'bæ ɛt'mæk] |
| temmen (bijv. wolf ~) | əhliləşdirmək | [æhlilæʃdir'mæk] |

| idool (het) | büt | ['byt] |
| aanbidden (ww) | pərəstiş etmək | [pæræs'tiʃ ɛt'mæk] |
| bijgeloof (het) | xurafat | [χura'fat] |

| evolutie (de) | təkamül | [tæka'myl] |
| ontwikkeling (de) | inkişaf | [inki'ʃaf] |
| verdwijning (de) | yox olma | ['joχ ol'ma] |
| zich aanpassen (ww) | uyğunlaşmaq | [ujɣunlaʃ'mah] |

| archeologie (de) | arxeoloqiya | [arχɛo'logija] |
| archeoloog (de) | arxeoloq | [arχɛ'oloh] |
| archeologisch (bn) | arxeoloji | [arχɛolo'ʒi] |

| opgravingsplaats (de) | qazıntı | [gazın'tı] |
| opgravingen (mv.) | qazıntılar | [gazıntı'lar] |
| vondst (de) | tapıntı | [tapın'tı] |
| fragment (het) | parça | [par'tʃa] |

## 158. Middeleeuwen

| volk (het) | xalq | ['χalh] |
| volkeren (mv.) | xalqlar | [χalg'lar] |
| stam (de) | tayfa | [taj'fa] |
| stammen (mv.) | tayfalar | [tajfa'lar] |

| barbaren (mv.) | barbarlar | [barbar'lar] |
| Galliërs (mv.) | qallar | [gal'lar] |
| Goten (mv.) | qotlar | [got'lar] |
| Slaven (mv.) | slavyanlar | [slavʲan'lar] |
| Vikings (mv.) | vikinqlər | ['vikinglær] |

| Romeinen (mv.) | romalılar | ['romalılar] |
| Romeins (bn) | Roma | ['roma] |

| Byzantijnen (mv.) | bizanslılar | [bizanslı'lar] |
| Byzantium (het) | Bizans | [bi'zans] |
| Byzantijns (bn) | Bizans | [bi'zans] |

| keizer (bijv. Romeinse ~) | imperator | [impɛ'rator] |
| opperhoofd (het) | rəhbər | [ræh'bær] |
| machtig (bn) | qüdrətli | [gydræt'li] |
| koning (de) | kral | ['kral] |
| heerser (de) | hökmdar | [høkm'dar] |
| ridder (de) | rıtsar | ['rıtsar] |
| feodaal (de) | mülkədar | [mylʲkæ'dar] |

| feodaal (bn) | mülkədar | [mylʲkæ'dar] |
| vazal (de) | vassal | [vas'sal] |

| hertog (de) | hersoq | ['hɛrsoh] |
| graaf (de) | qraf | ['graf] |
| baron (de) | baron | [ba'ron] |
| bisschop (de) | yepiskop | [ɛ'piskop] |

| harnas (het) | yaraq-əsləhə | [ja'rah æslæ'hæ] |
| schild (het) | qalxan | [gal'χan] |
| zwaard (het) | qılınc | [gɪ'lɪndʒʲ] |
| vizier (het) | dəbilqə üzlüyü | [dæbil'gæ juzly'ju] |
| maliënkolder (de) | dəmir geyim | [dæ'mir gɛ'jɪm] |

| kruistocht (de) | xaç yürüşü | ['χatʃ jury'ʃy] |
| kruisvaarder (de) | əhl-səlib | ['æhl sæ'lip] |

| gebied (bijv. bezette ~en) | ərazi | [æra'zi] |
| aanvallen (binnenvallen) | hücum etmək | [hy'dʒʲum ɛt'mæk] |
| veroveren (ww) | istila etmək | [isti'la ɛt'mæk] |
| innemen (binnenvallen) | işğal etmək | [iʃ'γal ɛt'mæk] |

| bezetting (de) | mühasirə | [myhasi'ræ] |
| bezet (bn) | mühasirə olunmuş | [myhasi'ræ olʲun'muʃ] |
| belegeren (ww) | mühasirə etmək | [myhasi'ræ ɛt'mæk] |

| inquisitie (de) | inkvizisiya | [inkvi'zisija] |
| inquisiteur (de) | inkvizitor | [inkvi'zitor] |
| foltering (de) | işgəncə | [iʃgæn'dʒʲæ] |
| wreed (bn) | qəddar | [gæd'dar] |
| ketter (de) | kafir | [ka'fir] |
| ketterij (de) | küfr | ['kyfr] |

| zeevaart (de) | gəmiçilik | [gæmitʃi'lik] |
| piraat (de) | dəniz qulduru | [dæ'niz guldu'ru] |
| piraterij (de) | dəniz quldurluğu | [dæ'niz guldurlʲu'γu] |
| enteren (het) | abordaj | [abor'daʒ] |
| buit (de) | qənimət | [gæni'mæt] |
| schatten (mv.) | xəzinə | [χæzi'næ] |

| ontdekking (de) | kəşf etmə | ['kæʃf ɛt'mæ] |
| ontdekken (bijv. nieuw land) | kəşf etmək | ['kæʃf ɛt'mæk] |
| expeditie (de) | ekspedisiya | [ɛkspɛ'disija] |

| musketier (de) | muşketyor | [muʃkɛ'tʲor] |
| kardinaal (de) | kardinal | [kardi'nal] |
| heraldiek (de) | heraldika | [hɛ'raldika] |
| heraldisch (bn) | heraldik | [hɛral'dik] |

## 159. Leider. Baas. Autoriteiten

| koning (de) | kral | ['kral] |
| koningin (de) | kraliçə | [kra'litʃæ] |
| koninklijk (bn) | kral | ['kral] |

| koninkrijk (het) | krallıq | [kral'lıh] |
|---|---|---|
| prins (de) | şahzadə | [ʃahza'dæ] |
| prinses (de) | şahzadə xanım | [ʃahza'dæ χa'nım] |

| president (de) | prezident | [prɛzi'dɛnt] |
|---|---|---|
| vicepresident (de) | vitse-prezident | ['vitsɛ prɛzi'dɛnt] |
| senator (de) | senator | [sɛ'nator] |

| monarch (de) | padşah | [pad'ʃah] |
|---|---|---|
| heerser (de) | hökmdar | [høkm'dar] |
| dictator (de) | diktator | [dik'tator] |
| tiran (de) | zülmkar | [zylˈm'kar] |
| magnaat (de) | maqnat | [mag'nat] |

| directeur (de) | direktor | [di'rɛktor] |
|---|---|---|
| chef (de) | rəis | [ræ'is] |
| beheerder (de) | idarə başçısı | [ida'ræ baʃtʃı'sı] |
| baas (de) | boss | ['boss] |
| eigenaar (de) | sahib | [sa'hip] |

| hoofd (bijv. ~ van de delegatie) | başçı | [baʃ'tʃı] |
|---|---|---|
| autoriteiten (mv.) | hakimiyyət | [hakimi'æt] |
| superieuren (mv.) | rəhbərlik | [ræhbær'lik] |

| gouverneur (de) | qubernator | [gubɛr'nator] |
|---|---|---|
| consul (de) | konsul | ['konsul] |
| diplomaat (de) | diplomat | [diplo'mat] |
| burgemeester (de) | şəhər icra hakimiyyətinin başçısı | [ʃæ'hær idʒ'ra hakimiæti'nin baʃtʃı'sı] |
| sheriff (de) | şerif | [ʃɛ'rif] |

| keizer (bijv. Romeinse ~) | imperator | [impɛ'rator] |
|---|---|---|
| tsaar (de) | çar | ['tʃar] |
| farao (de) | firon | [fi'ron] |
| kan (de) | xan | ['χan] |

## 160. De wet overtreden. Criminelen. Deel 1

| bandiet (de) | quldur | [gul'dur] |
|---|---|---|
| misdaad (de) | cinayət | [dʒˈina'jæt] |
| misdadiger (de) | cinayətkar | [dʒˈinajæt'kar] |

| dief (de) | oğru | [o'ɣru] |
|---|---|---|
| stelen (ww) | oğurlamaq | [oɣurla'mah] |
| stelen, diefstal (de) | oğurluq | [oɣur'lˈuh] |

| kidnappen (ww) | qaçırtmaq | [gatʃırt'mah] |
|---|---|---|
| kidnapping (de) | qaçırtma | [gatʃırt'ma] |
| kidnapper (de) | adam oğrusu | [a'dam oɣru'su] |

| losgeld (het) | fidiyə | [fidi'ja] |
|---|---|---|
| eisen losgeld (ww) | fidiyə tələb etmək | [fidi'ja tæ'læp ɛt'mæk] |
| overvallen (ww) | adam soymaq | [a'dam soj'mah] |

| overvaller (de) | soyğunçu | [sojɣun'tʃu] |
| afpersen (ww) | zorla pul qoparmaq | ['zorla 'pul gopar'mah] |
| afperser (de) | zorla pul qoparan | ['zorla 'pul gopa'ran] |
| afpersing (de) | zorla pul qoparma | ['zorla 'pul gopar'ma] |

| vermoorden (ww) | öldürmək | [øldyr'mæk] |
| moord (de) | qətl | ['gætl] |
| moordenaar (de) | qatil | [ga'til] |

| schot (het) | atəş | [a'tæʃ] |
| een schot lossen | güllə atmaq | [gyl'læ at'mah] |
| neerschieten (ww) | güllə ilə vurmaq | [gyl'læ i'læ vur'mah] |
| schieten (ww) | atəş açmaq | [a'tæʃ atʃ'mah] |
| schieten (het) | atəş | [a'tæʃ] |

| ongeluk (gevecht, enz.) | hadisə | [hadi'sæ] |
| gevecht (het) | dava-dalaş | [da'va da'laʃ] |
| slachtoffer (het) | qurban | [gur'ban] |

| beschadigen (ww) | xarab etmək | [χa'rap ɛt'mæk] |
| schade (de) | ziyan | [zi'jan] |
| lijk (het) | meyit | [mɛ'it] |
| zwaar (~ misdrijf) | ağır | [a'ɣır] |

| aanvallen (ww) | hücum etmək | [hy'dʒʲum ɛt'mæk] |
| slaan (iemand ~) | vurmaq | [vur'mah] |
| in elkaar slaan (toetakelen) | döymək | [døj'mæk] |
| ontnemen (beroven) | əlindən almaq | [ælin'dæn al'mah] |
| steken (met een mes) | bıçaqlamaq | [bɪtʃagla'mah] |
| verminken (ww) | şikəst etmək | [ʃi'kæst ɛt'mæk] |
| verwonden (ww) | yaralamaq | [jarala'mah] |

| chantage (de) | şantaj | [ʃan'taʒ] |
| chanteren (ww) | şantaj etmək | [ʃan'taʒ ɛt'mæk] |
| chanteur (de) | şantajçı | [ʃantaʒ'tʃı] |

| afpersing (de) | reket | ['rɛkɛt] |
| afperser (de) | reketçi | ['rɛkɛtʃi] |
| gangster (de) | qanqster | ['gangstɛr] |
| maffia (de) | mafiya | ['mafija] |

| kruimeldief (de) | cibgir | [dʒʲib'gir] |
| inbreker (de) | ev yaran | ['ɛv ja'ran] |
| smokkelen (het) | qaçaqçılıq | [gatʃagtʃı'lıh] |
| smokkelaar (de) | qaçaqçı | [gatʃag'tʃı] |

| namaak (de) | saxtalaşdırma | [saχtalaʃdır'ma] |
| namaken (ww) | saxtalaşdırmaq | [saχtalaʃdır'mah] |
| namaak-, vals (bn) | saxta | [saχ'ta] |

## 161. De wet overtreden. Criminelen. Deel 2

| verkrachting (de) | zorlama | [zorla'ma] |
| verkrachten (ww) | zorlamaq | [zorla'mah] |

| | | |
|---|---|---|
| verkrachter (de) | **qadın zorlayan** | [ga'dın zorla'jan] |
| maniak (de) | **manyak** | [ma'njak] |
| prostituee (de) | **fahişə** | [fahi'ʃæ] |
| prostitutie (de) | **fahişəlik** | [fahiʃæ'lik] |
| pooier (de) | **qadın alverçisi** | [ga'dın alvɛrʧi'si] |
| drugsverslaafde (de) | **narkoman** | [narko'man] |
| drugshandelaar (de) | **narkotik alverçisi** | [narko'tik alvɛrʧi'si] |
| opblazen (ww) | **partlatmaq** | [partlat'mah] |
| explosie (de) | **partlayış** | [partla'jıʃ] |
| in brand steken (ww) | **yandırmaq** | [jandır'mah] |
| brandstichter (de) | **qəsdən yandıran** | ['gæsdæn jandı'ran] |
| terrorisme (het) | **terrorizm** | [tɛrro'rizm] |
| terrorist (de) | **terrorçu** | [tɛrror'ʧu] |
| gijzelaar (de) | **girov götürülən adam** | [gi'rov gøtyry'læn a'dam] |
| bedriegen (ww) | **yalan satmaq** | [ja'lan sat'mah] |
| bedrog (het) | **yalan** | [ja'lan] |
| oplichter (de) | **fırıldaqçı** | [fırıldag'ʧı] |
| omkopen (ww) | **pulla ələ almaq** | ['pulla æ'læ al'mah] |
| omkoperij (de) | **pulla ələ alma** | ['pulla æ'læ al'ma] |
| smeergeld (het) | **rüşvət** | [ryʃ'væt] |
| vergif (het) | **zəhər** | [zæ'hær] |
| vergiftigen (ww) | **zəhərləmək** | [zæhærlæ'mæk] |
| vergif innemen (ww) | **özünü zəhərləmək** | [øzy'ny zæhærlæ'mæk] |
| zelfmoord (de) | **intihar** | [inti'har] |
| zelfmoordenaar (de) | **intihar edən adam** | [inti'har ɛ'dæn a'dam] |
| bedreigen (bijv. met een pistool) | **hədələmək** | [hædælæ'mæk] |
| bedreiging (de) | **hədə** | [hæ'dæ] |
| een aanslag plegen | **birinin canına qəsd etmək** | [biri'nin ʤʲanı'na 'gæsd ɛt'mæk] |
| aanslag (de) | **qəsd etmə** | ['gæsd ɛt'mæ] |
| stelen (een auto) | **qaçırmaq** | [gaʧır'mah] |
| kapen (een vliegtuig) | **qaçırmaq** | [gaʧır'mah] |
| wraak (de) | **intiqam** | [inti'gam] |
| wreken (ww) | **intiqam almaq** | [inti'gam al'mah] |
| martelen (gevangenen) | **işgəncə vermək** | [iʃgæn'ʤʲæ vɛr'mæk] |
| foltering (de) | **işgəncə** | [iʃgæn'ʤʲæ] |
| folteren (ww) | **əzab vermək** | [æ'zab vɛr'mæk] |
| piraat (de) | **dəniz quldur** | [dæ'niz guldu'ru] |
| straatschender (de) | **xuliqan** | [χuli'gan] |
| gewapend (bn) | **silahlı** | [silah'lı] |
| geweld (het) | **zorakılıq** | [zorakı'lıh] |
| spionage (de) | **casusluq** | [ʤʲasus'lʲuh] |
| spioneren (ww) | **casusluq etmək** | [ʤʲasus'lʲuh ɛt'mæk] |

## 162. Politie. Wet. Deel 1

| | | |
|---|---|---|
| gerecht (het) | ədalət | [æda'læt] |
| gerechtshof (het) | məhkəmə | [mæhkæ'mæ] |

| | | |
|---|---|---|
| rechter (de) | hakim | [ha'kim] |
| jury (de) | prisyajnı içlasçıları | [pri'sʲaʒnı idʒʲlastʃıla'rı] |
| juryrechtspraak (de) | prisyajnılar məhkəməsi | [pri'sʲaʒnılar mæhkæmæ'si] |
| berechten (ww) | mühakimə etmək | [myhaki'mæ ɛt'mæk] |

| | | |
|---|---|---|
| advocaat (de) | vəkil | [væ'kil] |
| beklaagde (de) | müqəssir | [mygæs'sir] |
| beklaagdenbank (de) | müqəssirlər kürsüsü | [mygæssir'lær kyrsy'sy] |

| | | |
|---|---|---|
| beschuldiging (de) | ittiham | [itti'ham] |
| beschuldigde (de) | müttəhim | [myttæ'him] |

| | | |
|---|---|---|
| vonnis (het) | hökm | ['høkm] |
| veroordelen | məhkum etmək | [mæh'kum ɛt'mæk] |
| (in een rechtszaak) | | |

| | | |
|---|---|---|
| schuldige (de) | təqsirkar | [tægsir'kar] |
| straffen (ww) | cəzalandırmaq | [dʒʲæzalandır'mah] |
| bestraffing (de) | cəza | [dʒʲæ'za] |

| | | |
|---|---|---|
| boete (de) | cərimə | [dʒʲæri'mæ] |
| levenslange opsluiting (de) | ömürlük həbs cəzası | [ømyr'lyk 'hæbs dʒʲæza'sı] |
| doodstraf (de) | ölüm cəzası | [ø'lym dʒʲæza'sı] |
| elektrische stoel (de) | elektrik stul | [ɛlɛkt'rik 'stul] |
| schavot (het) | dar ağacı | ['dar aɣa'dʒʲı] |

| | | |
|---|---|---|
| executeren (ww) | edam etmək | [ɛ'dam ɛt'mæk] |
| executie (de) | edam | [ɛ'dam] |

| | | |
|---|---|---|
| gevangenis (de) | həbsxana | [hæbsχa'na] |
| cel (de) | kamera | ['kamɛra] |

| | | |
|---|---|---|
| konvooi (het) | mühafizə dəstəsi | [myhafi'zæ dæstæ'si] |
| gevangenisbewaker (de) | gözətçi | [gøzæ'tʃi] |
| gedetineerde (de) | dustaq | [dus'tah] |

| | | |
|---|---|---|
| handboeien (mv.) | əl qandalları | ['æl gandalla'rı] |
| handboeien omdoen | əl qandalları vurmaq | ['æl gandalla'rı vur'mah] |

| | | |
|---|---|---|
| ontsnapping (de) | qaçış | [ga'tʃıʃ] |
| ontsnappen (ww) | qaçmaq | [gatʃ'mah] |
| verdwijnen (ww) | yox olmaq | ['joχ ol'mah] |
| vrijlaten (uit de gevangenis) | azad etmək | [a'zad ɛt'mæk] |
| amnestie (de) | əhf | ['æhf] |

| | | |
|---|---|---|
| politie (de) | polis | [po'lis] |
| politieagent (de) | polis | [po'lis] |
| politiebureau (het) | polis idarəsi | [po'lis idaræ'si] |
| knuppel (de) | rezin dəyənək | [rɛ'zin dæjæ'næk] |
| megafoon (de) | rupor | ['rupor] |

| patrouilleerwagen (de) | patrul maşını | [pat'rul maʃı'nı] |
| sirene (de) | sirena | [si'rɛna] |
| de sirene aansteken | sirenanı qoşmaq | [si'rɛnanı goʃ'mah] |
| geloei (het) van de sirene | sirena səsi | [si'rɛna sæ'si] |

| plaats delict (de) | hadisə yeri | [hadi'sæ ɛ'ri] |
| getuige (de) | şahid | [ʃa'hid] |
| vrijheid (de) | azadlıq | [azad'lıh] |
| handlanger (de) | cinayət ortağı | [dʒ'ina'jæt orta'ɣı] |
| ontvluchten (ww) | gözdən itmək | [gøz'dæn it'mæk] |
| spoor (het) | iz | ['iz] |

## 163. Politie. Wet. Deel 2

| opsporing (de) | axtarış | [aχta'rıʃ] |
| opsporen (ww) | axtarmaq | [aχtar'mah] |
| verdenking (de) | şübhə | [ʃyb'hæ] |
| verdacht (bn) | şübhəli | [ʃybhæ'li] |
| aanhouden (stoppen) | dayandırmaq | [dajandır'mah] |
| tegenhouden (ww) | saxlamaq | [saχla'mah] |

| strafzaak (de) | iş | ['iʃ] |
| onderzoek (het) | istintaq | [istin'tah] |
| detective (de) | detektiv | [dɛtɛk'tiv] |
| onderzoeksrechter (de) | müstəntiq | [mystæn'tih] |
| versie (de) | versiya | ['vɛrsija] |

| motief (het) | əsas | [æ'sas] |
| verhoor (het) | dindirilmə | [dindiril'mæ] |
| ondervragen (door de politie) | dindirmək | [dindir'mæk] |
| ondervragen (omstanders ~) | sorğulamaq | [sorɣula'mah] |
| controle (de) | yoxlama | [joχla'ma] |

| razzia (de) | basqın | [bas'gın] |
| huiszoeking (de) | axtarış | [aχta'rıʃ] |
| achtervolging (de) | təqib etmə | [tæ'gip ɛt'mæ] |
| achtervolgen (ww) | təqib etmək | [tæ'gip ɛt'mæk] |
| opsporen (ww) | izləmək | [izlæ'mæk] |

| arrest (het) | həbs | ['hæbs] |
| arresteren (ww) | həbs etmək | ['hæbs ɛt'mæk] |
| vangen, aanhouden (een dief, enz.) | tutmaq | [tut'mah] |
| aanhouding (de) | tutma | [tut'ma] |

| document (het) | sənəd | [sæ'næd] |
| bewijs (het) | sübut | [sy'but] |
| bewijzen (ww) | sübut etmək | [sy'but ɛt'mæk] |
| voetspoor (het) | iz | ['iz] |
| vingerafdrukken (mv.) | barmaq izləri | [bar'mah izlæ'ri] |
| bewijs (het) | dəlil | [dæ'lil] |

| alibi (het) | alibi | ['alibi] |
| onschuldig (bn) | günahsız | [gynah'sız] |

| | | |
|---|---|---|
| onrecht (het) | ədalətsizlik | [ædalætsiz'lik] |
| onrechtvaardig (bn) | ədalətsiz | [ædalæ'tsiz] |
| | | |
| crimineel (bn) | kriminal | [krimi'nal] |
| confisqueren | müsadirə etmək | [mysadi'ræ ɛt'mæk] |
| (in beslag nemen) | | |
| drug (de) | narkotik maddə | [narko'tik mad'dæ] |
| wapen (het) | silah | [si'lah] |
| ontwapenen (ww) | tərksilah etmək | [tærksi'lah ɛt'mæk] |
| bevelen (ww) | əmr etmək | ['æmr ɛt'mæk] |
| verdwijnen (ww) | yox olmaq | ['joχ ol'mah] |
| | | |
| wet (de) | qanun | [ga'nun] |
| wettelijk (bn) | qanuni | [ganu'ni] |
| onwettelijk (bn) | qanunsuz | [ganun'suz] |
| | | |
| verantwoordelijkheid (de) | məsuliyyət | [mæsuli'æt] |
| verantwoordelijk (bn) | məsul | [mæ'sul] |

# NATUUR

## De Aarde. Deel 1

### 164. De kosmische ruimte

| | | |
|---|---|---|
| kosmos (de) | kosmos | ['kosmos] |
| kosmisch (bn) | kosmik | [kos'mik] |
| kosmische ruimte (de) | kosmik fəza | [kos'mik fæ'za] |
| | | |
| wereld (de) | dünya | [dy'nja] |
| heelal (het) | kainat | [kai'nat] |
| sterrenstelsel (het) | qalaktika | [ga'laktika] |
| | | |
| ster (de) | ulduz | [ul'duz] |
| sterrenbeeld (het) | bürc | ['byrʤ] |
| planeet (de) | planet | [pla'nɛt] |
| satelliet (de) | peyk | ['pɛjk] |
| | | |
| meteoriet (de) | meteorit | [mɛtɛo'rit] |
| komeet (de) | kometa | [ko'mɛta] |
| asteroïde (de) | asteroid | [astɛ'roid] |
| | | |
| baan (de) | orbita | [or'bita] |
| draaien (om de zon, enz.) | fırlanmaq | [fırlan'mah] |
| atmosfeer (de) | atmosfer | [atmos'fɛr] |
| | | |
| Zon (de) | Günəş | [gy'næʃ] |
| zonnestelsel (het) | Günəş sistemi | [gy'næʃ sistɛ'mi] |
| zonsverduistering (de) | günəşin tutulması | [gynæ'ʃin tutulma'sı] |
| | | |
| Aarde (de) | Yer | ['ɛr] |
| Maan (de) | Ay | ['aj] |
| | | |
| Mars (de) | Mars | ['mars] |
| Venus (de) | Venera | [vɛ'nɛra] |
| Jupiter (de) | Yupiter | [ju'pitɛr] |
| Saturnus (de) | Saturn | [sa'turn] |
| | | |
| Mercurius (de) | Merkuri | [mɛr'kurij] |
| Uranus (de) | Uran | [u'ran] |
| Neptunus (de) | Neptun | [nɛp'tun] |
| Pluto (de) | Pluton | [plʲu'ton] |
| | | |
| Melkweg (de) | Ağ Yol | ['aɣ 'jol] |
| Grote Beer (de) | Böyük ayı bürcü | [bø'juk a'jı byr'ʤy] |
| Poolster (de) | Qütb ulduzu | ['gytp uldu'zu] |
| marsmannetje (het) | marslı | [mars'lı] |
| buitenaards wezen (het) | başqa planetdən gələn | [baʃga planɛt'dæn gæ'læn] |

| | | |
|---|---|---|
| bovenaards (het) | gəlmə | [gæl'mæ] |
| vliegende schotel (de) | uçan boşqab | [u'tʃan boʃ'gap] |

| | | |
|---|---|---|
| ruimtevaartuig (het) | kosmik gəmi | [kos'mik gæ'mi] |
| ruimtestation (het) | orbital stansiya | [orbi'tal 'stansija] |
| start (de) | start | ['start] |

| | | |
|---|---|---|
| motor (de) | mühərrik | [myhær'rik] |
| straalpijp (de) | ucluq | [udʒ'lʲuh] |
| brandstof (de) | yanacaq | [jana'dʒʲah] |

| | | |
|---|---|---|
| cabine (de) | kabina | [ka'bina] |
| antenne (de) | antenna | [an'tɛnna] |
| patrijspoort (de) | illüminator | [illymi'nator] |
| zonnebatterij (de) | günəş batareyası | [gy'næʃ bata'rɛjasɪ] |
| ruimtepak (het) | skafandr | [ska'fandr] |

| | | |
|---|---|---|
| gewichtloosheid (de) | çəkisizlik | [tʃækisiz'lik] |
| zuurstof (de) | oksigen | [oksi'gɛn] |

| | | |
|---|---|---|
| koppeling (de) | uc-uca calama | ['udʒʲ u'dʒʲa dʒʲala'ma] |
| koppeling maken | uc-uca calamaq | ['udʒʲ u'dʒʲa dʒʲala'mah] |

| | | |
|---|---|---|
| observatorium (het) | observatoriya | [obsɛrva'torija] |
| telescoop (de) | teleskop | [tɛlɛs'kop] |
| waarnemen (ww) | müşaidə etmək | [myʃai'dæ ɛt'mæk] |
| exploreren (ww) | araşdırmaq | [araʃdɪr'mah] |

## 165. De Aarde

| | | |
|---|---|---|
| Aarde (de) | Yer | ['ɛr] |
| aardbol (de) | yer kürəsi | ['ɛr kyræ'si] |
| planeet (de) | planet | [pla'nɛt] |

| | | |
|---|---|---|
| atmosfeer (de) | atmosfer | [atmos'fɛr] |
| aardrijkskunde (de) | coğrafiya | [dʒʲo'ɣrafija] |
| natuur (de) | təbiət | [tæbi'æt] |

| | | |
|---|---|---|
| wereldbol (de) | qlobus | ['globus] |
| kaart (de) | xəritə | [xæri'tæ] |
| atlas (de) | atlas | ['atlas] |

| | | |
|---|---|---|
| Europa (het) | Avropa | [av'ropa] |
| Azië (het) | Asiya | ['asija] |

| | | |
|---|---|---|
| Afrika (het) | Afrika | ['afrika] |
| Australië (het) | Avstraliya | [av'stralija] |

| | | |
|---|---|---|
| Amerika (het) | Amerika | [a'mɛrika] |
| Noord-Amerika (het) | Şimali Amerika | [ʃima'li a'mɛrika] |
| Zuid-Amerika (het) | Cənubi Amerika | [dʒʲænu'bi a'mɛrika] |

| | | |
|---|---|---|
| Antarctica (het) | Antarktida | [antark'tida] |
| Arctis (de) | Arktika | ['arktika] |

## 166. Windrichtingen

| | | |
|---|---|---|
| noorden (het) | şimal | [ʃi'mal] |
| naar het noorden | şimala | [ʃima'la] |
| in het noorden | şimalda | [ʃimal'da] |
| noordelijk (bn) | şimali | [ʃima'li] |
| | | |
| zuiden (het) | cənub | [dʒʲæ'nup] |
| naar het zuiden | cənuba | [dʒʲænu'ba] |
| in het zuiden | cənubda | [dʒʲænub'da] |
| zuidelijk (bn) | cənubi | [dʒʲænu'bi] |
| | | |
| westen (het) | qərb | ['gærp] |
| naar het westen | qərbə | [gær'bæ] |
| in het westen | qərbdə | [gærb'dæ] |
| westelijk (bn) | qərb | ['gærp] |
| | | |
| oosten (het) | şərq | ['ʃærh] |
| naar het oosten | şərqə | [ʃær'gæ] |
| in het oosten | şərqdə | [ʃærg'dæ] |
| oostelijk (bn) | şərq | ['ʃærh] |

## 167. Zee. Oceaan

| | | |
|---|---|---|
| zee (de) | dəniz | [dæ'niz] |
| oceaan (de) | okean | [okɛ'an] |
| golf (baai) | körfəz | [kør'fæz] |
| straat (de) | boğaz | [bo'gaz] |
| | | |
| grond (vaste grond) | quru | [gu'ru] |
| continent (het) | materik | [matɛ'rik] |
| eiland (het) | ada | [a'da] |
| schiereiland (het) | yarımada | [jarıma'da] |
| archipel (de) | arxipelaq | [arχipɛ'lah] |
| | | |
| baai, bocht (de) | buxta | ['buχta] |
| haven (de) | liman | [li'man] |
| lagune (de) | laquna | [la'guna] |
| kaap (de) | burun | [bu'run] |
| | | |
| atol (de) | mərcan adası | [mær'dʒʲan ada'sı] |
| rif (het) | rif | ['rif] |
| koraal (het) | mərcan | [mær'dʒʲan] |
| koraalrif (het) | mərcan rifi | [mær'dʒʲan ri'fi] |
| | | |
| diep (bn) | dərin | [dæ'rin] |
| diepte (de) | dərinlik | [dærin'lik] |
| diepzee (de) | dərinlik | [dærin'lik] |
| trog (bijv. Marianentrog) | çuxur | [tʃu'χur] |
| | | |
| stroming (de) | axın | [a'χın] |
| omspoelen (ww) | əhatə etmək | [æha'tæ ɛt'mæk] |
| oever (de) | sahil | [sa'hil] |

| kust (de) | sahilboyu | [sahilbo'ju] |
|---|---|---|
| vloed (de) | yüksəlmə | [jyksæl'mæ] |
| eb (de) | çəkilmə | [ʧækil'mæ] |
| ondiepte (ondiep water) | dayaz yer | [da'jaz 'ɛr] |
| bodem (de) | dib | ['dip] |

| golf (hoge ~) | dalğa | [dal'ɣa] |
|---|---|---|
| golfkam (de) | ləpə beli | [læ'pæ bɛ'li] |
| schuim (het) | köpük | [kø'pyk] |

| orkaan (de) | qasırğa | [gasır'ɣa] |
|---|---|---|
| tsunami (de) | tsunami | [ʦu'nami] |
| windstilte (de) | tam sakitlik | ['tam sakit'lik] |
| kalm (bijv. ~e zee) | sakit | [sa'kit] |

| pool (de) | polyus | ['polʲus] |
|---|---|---|
| polair (bn) | qütbi | [gyt'bi] |

| breedtegraad (de) | en dairəsi | ['ɛn dairæ'si] |
|---|---|---|
| lengtegraad (de) | uzunluq dairəsi | [uzun'lʲuh dairæ'si] |
| parallel (de) | paralel | [para'lɛl] |
| evenaar (de) | ekvator | [ɛk'vator] |

| hemel (de) | səma | [sæ'ma] |
|---|---|---|
| horizon (de) | üfüq | [y'fyh] |
| lucht (de) | hava | [ha'va] |

| vuurtoren (de) | mayak | [ma'jak] |
|---|---|---|
| duiken (ww) | dalmaq | [dal'mah] |
| zinken (ov. een boot) | batmaq | [bat'mah] |
| schatten (mv.) | xəzinə | [χæzi'næ] |

## 168. Bergen

| berg (de) | dağ | ['daɣ] |
|---|---|---|
| bergketen (de) | dağ silsiləsi | ['daɣ silsilæ'si] |
| gebergte (het) | sıra dağlar | [sı'ra da'ɣlar] |

| bergtop (de) | baş | ['baʃ] |
|---|---|---|
| bergpiek (de) | zirvə | [zir'væ] |
| voet (ov. de berg) | ətək | [æ'tæk] |
| helling (de) | yamac | [ja'madʒʲ] |

| vulkaan (de) | yanardağ | [janar'daɣ] |
|---|---|---|
| actieve vulkaan (de) | fəal yanardağ | [fæ'al janar'daɣ] |
| uitgedoofde vulkaan (de) | sönmüş yanardağ | [søn'myʃ janar'daɣ] |

| uitbarsting (de) | püskürmə | [pyskyr'mæ] |
|---|---|---|
| krater (de) | yanardağ ağzı | [janar'daɣ a'ɣzı] |
| magma (het) | maqma | ['magma] |
| lava (de) | lava | ['lava] |
| gloeiend (~e lava) | qızmar | [gız'mar] |
| kloof (canyon) | kanyon | [ka'njon] |
| bergkloof (de) | dərə | [dæ'ræ] |

| spleet (de) | dar dərə | ['dar dæ'ræ] |
| bergpas (de) | dağ keçidi | ['daɣ kɛʧi'di] |
| plateau (het) | plato | ['plato] |
| klip (de) | qaya | [ga'ja] |
| heuvel (de) | təpə | [tæ'pæ] |

| gletsjer (de) | buzlaq | [buz'lah] |
| waterval (de) | şəlalə | [ʃæla'læ] |
| geiser (de) | qeyzer | ['gɛjzɛr] |
| meer (het) | göl | ['gølʲ] |

| vlakte (de) | düzən | [dy'zæn] |
| landschap (het) | mənzərə | [mænzæ'ræ] |
| echo (de) | əks-səda | ['æks sæ'da] |

| alpinist (de) | alpinist | [alpi'nist] |
| bergbeklimmer (de) | qayalara dırmaşan idmançı | [gajala'ra dırma'ʃan idman'ʧı] |
| trotseren (berg ~) | fəth etmək | ['fæth ɛt'mæk] |
| beklimming (de) | dırmaşma | [dırmaʃ'ma] |

## 169. Rivieren

| rivier (de) | çay | ['ʧaj] |
| bron (~ van een rivier) | çeşmə | [ʧɛʃ'mæ] |
| riverbedding (de) | çay yatağı | ['ʧaj jata'ɣı] |
| riverbekken (het) | hovuz | [ho'vuz] |
| uitmonden in ... | tökülmək | [tøkyl'mæk] |

| zijrivier (de) | axın | [a'χın] |
| oever (de) | sahil | [sa'hil] |

| stroming (de) | axın | [a'χın] |
| stroomafwaarts (bw) | axınla aşağıya doğru | [a'χınla aʃaɣı'ja do'ɣru] |
| stroomopwaarts (bw) | axınla yuxarıya doğru | [a'χınla juχarı'ja do'ɣru] |

| overstroming (de) | daşqın | [daʃ'gın] |
| overstroming (de) | sel | ['sɛl] |
| buiten zijn oevers treden | daşmaq | [daʃ'mah] |
| overstromen (ww) | su basmaq | ['su bas'mah] |

| zandbank (de) | say | ['saj] |
| stroomversnelling (de) | kandar | [kan'dar] |

| dam (de) | bənd | ['bænd] |
| kanaal (het) | kanal | [ka'nal] |
| spaarbekken (het) | su anbarı | ['su anba'rı] |
| sluis (de) | şlyuz | ['ʃlʲuz] |

| waterlichaam (het) | nohur | [no'hur] |
| moeras (het) | bataqlıq | [batag'lıh] |
| broek (het) | bataq | [ba'tah] |
| draaikolk (de) | qıjov | [gı'ʒov] |
| stroom (de) | kiçik çay | [ki'ʧik 'ʧaj] |
| drink- (abn) | içməli | [iʧmæ'li] |

| zoet (~ water) | şirin | [ʃi'rin] |
| IJs (het) | buz | ['buz] |
| bevriezen (rivier, enz.) | donmaq | [don'mah] |

## 170. Bos

| bos (het) | meşə | [mɛ'ʃæ] |
| bos- (abn) | meşə | [mɛ'ʃæ] |

| oerwoud (dicht bos) | sıx meşəlik | ['sıχ mɛʃæ'lik] |
| bosje (klein bos) | ağaclıq | [aɣadʒ''lıh] |
| open plek (de) | tala | [ta'la] |

| struikgewas (het) | cəngəllik | [dʒ'æŋgæl'lik] |
| struiken (mv.) | kolluq | [kol'ɫuh] |

| paadje (het) | cığır | [dʒ'ı'ɣır] |
| ravijn (het) | yarğan | [jar'ɣan] |

| boom (de) | ağac | [a'ɣadʒ'] |
| blad (het) | yarpaq | [jar'pah] |
| gebladerte (het) | yarpaqlar | [jarpag'lar] |

| vallende bladeren (mv.) | yarpağın tökülməsi | [jarpa'ɣın tøkylmæ'si] |
| vallen (ov. de bladeren) | tökülmək | [tøkyl'mæk] |
| boomtop (de) | baş | ['baʃ] |

| tak (de) | budaq | [bu'dah] |
| ent (de) | budaq | [bu'dah] |
| knop (de) | tumurcuq | [tumur'dʒyh] |
| naald (de) | iynə | [ij'næ] |
| dennenappel (de) | qoza | [go'za] |

| boom holte (de) | oyuq | [o'juh] |
| nest (het) | yuva | [ju'va] |
| hol (het) | yuva | [ju'va] |

| stam (de) | gövdə | [gøv'dæ] |
| wortel (bijv. boom~s) | kök | ['køk] |
| schors (de) | qabıq | [ga'bıh] |
| mos (het) | mamır | [ma'mır] |

| ontwortelen (een boom) | kötük çıxarmaq | [kø'tyk tʃıχar'mah] |
| kappen (een boom ~) | kəsmək | [kæs'mæk] |
| ontbossen (ww) | qırıb qurtarmaq | [gı'rıp gurtar'mah] |
| stronk (de) | kötük | [kø'tyk] |

| kampvuur (het) | tonqal | [ton'gal] |
| bosbrand (de) | yanğın | [jan'ɣın] |
| blussen (ww) | söndürmək | [søndyr'mæk] |
| boswachter (de) | meşəbəyi | [mɛʃæbæ'jı] |
| bescherming (de) | qoruma | [goru'ma] |
| beschermen (bijv. de natuur ~) | mühafizə etmək | [myhafi'zæ ɛt'mæk] |

| stroper (de) | brakonyer | [brako'njɛr] |
| val (de) | tələ | [tæ'læ] |

| plukken (vruchten, enz.) | yığmaq | [jı'ɣmah] |
| verdwalen (de weg kwijt zijn) | yolu azmaq | [jo'lʲu az'mah] |

## 171. Natuurlijke hulpbronnen

| natuurlijke rijkdommen (mv.) | təbii ehtiyatlar | [tæbi'i ɛhtijat'lar] |
| delfstoffen (mv.) | yeraltı sərvətlər | [ɛral'tı særvæt'lær] |
| lagen (mv.) | yataqlar | [jatag'lar] |
| veld (bijv. olie~) | yataq | [ja'tah] |

| winnen (uit erts ~) | hasil etmək | [ha'sil ɛt'mæk] |
| winning (de) | hasilat | [hasi'lat] |
| erts (het) | filiz | [fi'liz] |
| mijn (bijv. kolenmijn) | mədən | [mæ'dæn] |
| mijnschacht (de) | quyu | [gu'ju] |
| mijnwerker (de) | şaxtaçı | ['ʃaxtatʃı] |

| gas (het) | qaz | ['gaz] |
| gasleiding (de) | qaz borusu | ['gaz boru'su] |

| olie (aardolie) | neft | ['nɛft] |
| olieleiding (de) | neft borusu | ['nɛft boru'su] |
| oliebron (de) | neft qülləsi | ['nɛft gyllæ'si] |
| boortoren (de) | neft buruğu | ['nɛft buru'ɣu] |
| tanker (de) | tanker | ['tankɛr] |

| zand (het) | qum | ['gum] |
| kalksteen (de) | əhəngdaşı | [æhæ ngda'ʃı] |
| grind (het) | çınqıl | [tʃın'gıl] |
| veen (het) | torf | ['torf] |
| klei (de) | gil | ['gil] |
| steenkool (de) | kömür | [kø'myr] |

| IJzer (het) | dəmir | [dæ'mir] |
| goud (het) | qızıl | [gı'zıl] |
| zilver (het) | gümüş | [gy'myʃ] |
| nikkel (het) | nikel | ['nikɛl] |
| koper (het) | mis | ['mis] |

| zink (het) | sink | ['sink] |
| mangaan (het) | manqan | [man'gan] |
| kwik (het) | civə | [dʒi'væ] |
| lood (het) | qurğuşun | [gurɣu'ʃun] |

| mineraal (het) | mineral | [minɛ'ral] |
| kristal (het) | kristal | [kris'tal] |
| marmer (het) | mərmər | [mær'mær] |
| uraan (het) | uran | [u'ran] |

# De Aarde. Deel 2

## 172. Weer

| | | |
|---|---|---|
| weer (het) | hava | [ha'va] |
| weersvoorspelling (de) | hava proqnozu | [ha'va progno'zu] |
| temperatuur (de) | temperatur | [tɛmpɛra'tur] |
| thermometer (de) | istilik ölçən | [isti'lik øl'ʧæn] |
| barometer (de) | barometr | [ba'romɛtr] |

| | | |
|---|---|---|
| vochtigheid (de) | rütubət | [rytu'bæt] |
| hitte (de) | çox isti hava | ['ʧoχ is'ti ha'va] |
| heet (bn) | çox isti | ['ʧoχ is'ti] |
| het is heet | çox istidir | ['ʧoχ is'tidir] |

| | | |
|---|---|---|
| het is warm | istidir | [is'tidir] |
| warm (bn) | isti | [is'ti] |

| | | |
|---|---|---|
| het is koud | soyuqdur | [so'jugdur] |
| koud (bn) | soyuq | [so'juh] |

| | | |
|---|---|---|
| zon (de) | günəş | [gy'næʃ] |
| schijnen (de zon) | işıq saçmaq | [i'ʃih saʧ'mah] |
| zonnig (~e dag) | günəşli | [gynæʃ'li] |
| opgaan (ov. de zon) | çıxmaq | [ʧıχ'mah] |
| ondergaan (ww) | batmaq | [bat'mah] |

| | | |
|---|---|---|
| wolk (de) | bulud | [bu'lʲud] |
| bewolkt (bn) | buludlu | [bulʲud'lʲu] |

| | | |
|---|---|---|
| regenwolk (de) | qara bulud | [ga'ra bu'lʲud] |
| somber (bn) | tutqun | [tut'gun] |

| | | |
|---|---|---|
| regen (de) | yağış | [ja'ɣıʃ] |
| het regent | yağır | [ja'ɣır] |

| | | |
|---|---|---|
| regenachtig (bn) | yağışlı | [jaɣıʃ'lı] |
| motregenen (ww) | çiskinləmək | [ʧiskinlæ'mæk] |

| | | |
|---|---|---|
| plensbui (de) | şiddətli yağış | [ʃiddæt'li ja'ɣıʃ] |
| stortbui (de) | sel | ['sɛl] |
| hard (bn) | şiddətli | [ʃiddæt'li] |

| | | |
|---|---|---|
| plas (de) | su gölməçəsi | ['su gølmæʧæ'si] |
| nat worden (ww) | islanmaq | [islan'mah] |

| | | |
|---|---|---|
| mist (de) | duman | [du'man] |
| mistig (bn) | dumanlı | [duman'lı] |
| sneeuw (de) | qar | ['gar] |
| het sneeuwt | qar yağır | ['gar ja'ɣır] |

## 173. Zwaar weer. Natuurrampen

| | | |
|---|---|---|
| noodweer (storm) | tufan | [tu'fan] |
| bliksem (de) | şimşək | [ʃim'ʃæk] |
| flitsen (ww) | çaxmaq | [ʧaχ'mah] |
| | | |
| donder (de) | göy gurultusu | [gøj gyrultu'su] |
| donderen (ww) | guruldamaq | [gurulda'mah] |
| het dondert | göy guruldayır | [gøj gyrulda'jır] |
| | | |
| hagel (de) | dolu | [do'lʲu] |
| het hagelt | dolu yağır | [do'lʲu ja'ɣır] |
| | | |
| overstromen (ww) | su basmaq | ['su bas'mah] |
| overstroming (de) | daşqın | [daʃ'gın] |
| | | |
| aardbeving (de) | zəlzələ | [zælzæ'læ] |
| aardschok (de) | təkan | [tæ'kan] |
| epicentrum (het) | mərkəz | [mær'kæz] |
| | | |
| uitbarsting (de) | püskürmə | [pyskyr'mæ] |
| lava (de) | lava | ['lava] |
| | | |
| wervelwind (de) | burağan | [bura'ɣan] |
| windhoos (de) | tornado | [tor'nado] |
| tyfoon (de) | şiddətli fırtına | [ʃiddæt'li fırtı'na] |
| | | |
| orkaan (de) | qasırğa | [gasır'ɣa] |
| storm (de) | fırtına | [fırtı'na] |
| tsunami (de) | tsunami | [ʦu'nami] |
| | | |
| cycloon (de) | siklon | [sik'lon] |
| onweer (het) | pis hava | ['pis ha'va] |
| brand (de) | yanğın | [jan'ɣın] |
| ramp (de) | fəlakət | [fæla'kæt] |
| meteoriet (de) | meteorit | [mɛtɛo'rit] |
| | | |
| lawine (de) | qar uçqunu | ['gar uʧgu'nu] |
| sneeuwverschuiving (de) | qar uçqunu | ['gar uʧgu'nu] |
| sneeuwjacht (de) | çovğun | [ʧov'ɣun] |
| sneeuwstorm (de) | boran | [bo'ran] |

# Fauna

## 174. Zoogdieren. Roofdieren

| | | |
|---|---|---|
| roofdier (het) | yırtıcı | [jırtı'dʒʲı] |
| tijger (de) | pələng | [pæ'lænh] |
| leeuw (de) | şir | ['ʃir] |
| wolf (de) | canavar | [dʒʲana'var] |
| vos (de) | tülkü | [tyl'ky] |

| | | |
|---|---|---|
| jaguar (de) | yaquar | [jagu'ar] |
| luipaard (de) | leopard | [lɛo'pard] |
| jachtluipaard (de) | gepard | [gɛ'pard] |

| | | |
|---|---|---|
| panter (de) | panter | [pan'tɛr] |
| poema (de) | puma | ['puma] |
| sneeuwluipaard (de) | qar bəbiri | ['gar bæbi'ri] |
| lynx (de) | vaşaq | [va'ʃah] |

| | | |
|---|---|---|
| coyote (de) | koyot | [ko'jot] |
| jakhals (de) | çaqqal | [ʧak'kal] |
| hyena (de) | kaftar | [kʲaf'tar] |

## 175. Wilde dieren

| | | |
|---|---|---|
| dier (het) | heyvan | [hɛj'van] |
| beest (het) | vəhşi heyvan | [væh'ʃi hɛj'van] |

| | | |
|---|---|---|
| eekhoorn (de) | sincab | [sin'dʒʲap] |
| egel (de) | kirpi | [kir'pi] |
| haas (de) | dovşan | [dov'ʃan] |
| konijn (het) | ev dovşanı | ['ɛv dovʃa'nı] |

| | | |
|---|---|---|
| das (de) | porsuq | [por'suh] |
| wasbeer (de) | yenot | [ɛ'not] |
| hamster (de) | dağsiçanı | ['daɣsiʧanı] |
| marmot (de) | marmot | [mar'mot] |

| | | |
|---|---|---|
| mol (de) | köstəbək | [køstæ'bæk] |
| muis (de) | siçan | [si'ʧan] |
| rat (de) | siçovul | [sitʃo'vul] |
| vleermuis (de) | yarasa | [jara'sa] |

| | | |
|---|---|---|
| hermelijn (de) | sincab | [sin'dʒʲap] |
| sabeldier (het) | samur | [sa'mur] |
| marter (de) | dələ | [dæ'læ] |
| wezel (de) | gəlincik | [gɛlin'dʒʲik] |
| nerts (de) | su samuru | ['su samu'ru] |

| | | |
|---|---|---|
| bever (de) | qunduz | [gun'duz] |
| otter (de) | susamuru | [susamu'ru] |
| | | |
| paard (het) | at | ['at] |
| eland (de) | sığın | [sı'ɣın] |
| hert (het) | maral | [ma'ral] |
| kameel (de) | dəvə | [dæ'væ] |
| | | |
| bizon (de) | bizon | [bi'zon] |
| oeros (de) | zubr | ['zubr] |
| buffel (de) | camış | [dʒ'a'mıʃ] |
| | | |
| zebra (de) | zebra | ['zɛbra] |
| antilope (de) | antilop | [anti'lop] |
| ree (de) | cüyür | [dʒy'jur] |
| damhert (het) | xallı maral | [χal'lı ma'ral] |
| gems (de) | dağ keçisi | ['daɣ kɛtʃi'si] |
| everzwijn (het) | qaban | [ga'ban] |
| | | |
| walvis (de) | balina | [ba'lina] |
| rob (de) | suiti | [sui'ti] |
| walrus (de) | morj | ['morʒ] |
| zeehond (de) | dəniz pişiyi | [dæ'niz piʃi'jı] |
| dolfijn (de) | delfin | [dɛl'fin] |
| | | |
| beer (de) | ayı | [a'jı] |
| IJsbeer (de) | ağ ayı | ['aɣ a'jı] |
| panda (de) | panda | ['panda] |
| | | |
| aap (de) | meymun | [mɛj'mun] |
| chimpansee (de) | şimpanze | [ʃimpan'zɛ] |
| orang-oetan (de) | oranqutan | [orangu'tan] |
| gorilla (de) | qorilla | [go'rilla] |
| makaak (de) | makaka | [ma'kaka] |
| gibbon (de) | gibbon | [gib'bon] |
| | | |
| olifant (de) | fil | ['fil] |
| neushoorn (de) | kərgədən | [kærgæ'dan] |
| giraffe (de) | zürafə | [zyra'fæ] |
| nijlpaard (het) | begemot | [bɛgɛ'mot] |
| | | |
| kangoeroe (de) | kenquru | [kɛngu'ru] |
| koala (de) | koala | [ko'ala] |
| | | |
| mangoest (de) | manqust | [man'gust] |
| chinchilla (de) | şinşilla | [ʃin'ʃila] |
| stinkdier (het) | skuns | ['skuns] |
| stekelvarken (het) | oxlu kirpi | [oχ'lʲu kir'pi] |

## 176. Huisdieren

| | | |
|---|---|---|
| poes (de) | pişik | [pi'ʃik] |
| kater (de) | pişik | [pi'ʃik] |
| hond (de) | it | ['it] |

| paard (het) | at | ['at] |
| hengst (de) | ayğır | [aj'ɣɪr] |
| merrie (de) | madyan | [ma'djan] |

| koe (de) | inək | [i'næk] |
| stier (de) | buğa | [bu'ɣa] |
| os (de) | öküz | [ø'kyz] |

| schaap (het) | qoyun | [go'jun] |
| ram (de) | qoyun | [go'jun] |
| geit (de) | keçi | [kɛ'ʧi] |
| bok (de) | erkək keçi | [ɛr'kæk kɛ'ʧi] |

| ezel (de) | eşşək | [ɛ'ʃʃæk] |
| muilezel (de) | qatır | [ga'tɪr] |

| varken (het) | donuz | [do'nuz] |
| biggetje (het) | çoşka | [ʧoʃ'ka] |
| konijn (het) | ev dovşanı | ['ɛv dovʃa'nɪ] |

| kip (de) | toyuq | [to'juh] |
| haan (de) | xoruz | [χo'ruz] |

| eend (de) | ördək | [ør'dæk] |
| woerd (de) | yaşılbaş | [jaʃɪl'baʃ] |
| gans (de) | qaz | ['gaz] |

| kalkoen haan (de) | hind xoruzu | ['hind χoru'zu] |
| kalkoen (de) | hind toyuğu | ['hind toju'ɣu] |

| huisdieren (mv.) | ev heyvanları | ['æv hɛjvanla'rɪ] |
| tam (bijv. hamster) | əhliləşdirilmiş | [æhlilæʃdiril'miʃ] |
| temmen (tam maken) | əhliləşdirmək | [æhlilæʃdir'mæk] |
| fokken (bijv. paarden ~) | yetişdirmək | [ɛtiʃdir'mæk] |

| boerderij (de) | ferma | ['fɛrma] |
| gevogelte (het) | ev quşları | ['ɛv guʃla'rɪ] |
| rundvee (het) | mal-qara | ['mal ga'ra] |
| kudde (de) | sürü | [sy'ry] |

| paardenstal (de) | tövlə | [tøv'læ] |
| zwijnenstal (de) | donuz damı | [do'nuz da'mɪ] |
| koeienstal (de) | inək damı | [i'næk da'mɪ] |
| konijnenhok (het) | ev dovşanı saxlanılan yer | ['æv dovʃa'nɪ saχlanɪ'lan 'ɛr] |
| kippenhok (het) | toyuq damı | [to'juh da'mɪ] |

## 177. Honden. Hondenrassen

| hond (de) | it | ['it] |
| herdershond (de) | çoban iti | [ʧo'ban i'ti] |
| poedel (de) | pudel | ['pudɛl] |
| teckel (de) | taksa | ['taksa] |
| buldog (de) | buldoq | [bul'doh] |
| boxer (de) | boksyor | [boks'jor] |

| mastiff (de) | mastif | [mas'tif] |
| rottweiler (de) | rotveyler | [rot'vɛjlɛr] |
| doberman (de) | doberman | [dobɛr'man] |

| basset (de) | basset | ['bassɛt] |
| bobtail (de) | bobteyl | [bob'tɛjl] |
| dalmatièr (de) | dalmat iti | [dal'mat i'ti] |
| cockerspaniël (de) | koker-spaniel | ['kokɛr spani'ɛl] |

| newfoundlander (de) | nyufaundlend | [nju'faundlɛnd] |
| sint-bernard (de) | senbernar | [sɛnbɛr'nar] |

| poolhond (de) | xaski | ['χaski] |
| chowchow (de) | çau-çau | ['ʧau 'ʧau] |
| spits (de) | şpis | ['ʃpits] |
| mopshond (de) | mops | ['mops] |

## 178. Dierengeluiden

| geblaf (het) | hürmə | [hyr'mæ] |
| blaffen (ww) | hürmək | [hyr'mæk] |
| miauwen (ww) | miyovlamaq | [mijovla'mah] |
| spinnen (katten) | mırıldamaq | [mırılda'mah] |

| loeien (ov. een koe) | movuldamaq | [movulda'mah] |
| brullen (stier) | böyürmək | [bøyr'mæk] |
| grommen (ov. de honden) | nərildəmək | [nærildæ'mæk] |

| gehuil (het) | ulama | [ula'ma] |
| huilen (wolf, enz.) | ulamaq | [ula'mah] |
| janken (ov. een hond) | zingildəmək | [zingildæ'mæk] |

| mekkeren (schapen) | mələmək | [mælæ'mæk] |
| knorren (varkens) | xortuldamaq | [χortulda'mah] |
| gillen (bijv. varken) | ciyildəmək | [ʤˈijıldæ'mæk] |

| kwaken (kikvorsen) | vaqqıltı | [vakkıl'tı] |
| zoemen (hommel, enz.) | vızıldamaq | [vızılda'mah] |
| tjirpen (sprinkhanen) | cırıldamaq | [ʤˈırılda'mah] |

## 179. Vogels

| vogel (de) | quş | ['guʃ] |
| duif (de) | göyərçin | [gøjær'ʧin] |
| mus (de) | sərçə | [sær'ʧæ] |
| koolmees (de) | arıquşu | [arıgu'ʃu] |
| ekster (de) | sağsağan | [saχsa'ɣan] |

| raaf (de) | qarğa | [gar'ɣa] |
| kraai (de) | qarğa | [gar'ɣa] |
| kauw (de) | dolaşa | [dola'ʃa] |
| roek (de) | zağca | [zaχ'ʤˈa] |

| | | |
|---|---|---|
| eend (de) | ördək | [ør'dæk] |
| gans (de) | qaz | ['gaz] |
| fazant (de) | qırqovul | [gɪrgo'vul] |
| | | |
| arend (de) | qartal | [gar'tal] |
| havik (de) | qırğı | [gɪr'ɣɪ] |
| valk (de) | şahin | [ʃa'hin] |
| gier (de) | qrif | ['grif] |
| condor (de) | kondor | [kon'dor] |
| | | |
| zwaan (de) | sona | [so'na] |
| kraanvogel (de) | durna | [dur'na] |
| ooievaar (de) | leylək | [lɛj'læk] |
| papegaai (de) | tutuquşu | [tutugu'ʃu] |
| kolibrie (de) | kolibri | [ko'libri] |
| pauw (de) | tovuz | [to'vuz] |
| | | |
| struisvogel (de) | straus | [st'raus] |
| reiger (de) | vağ | ['vaɣ] |
| flamingo (de) | qızılqaz | [gɪzɪl'gaz] |
| pelikaan (de) | qutan | [gu'tan] |
| | | |
| nachtegaal (de) | bülbül | [bylʲ'bylʲ] |
| zwaluw (de) | qaranquş | [garan'guʃ] |
| lijster (de) | qaratoyuq | [garato'juh] |
| zanglijster (de) | ötən qaratoyuq | [ø'tæn garato'juh] |
| merel (de) | qara qaratoyuq | [ga'ra garato'juh] |
| | | |
| gierzwaluw (de) | uzunqanad | [uzunga'nad] |
| leeuwerik (de) | torağay | [tora'ɣaj] |
| kwartel (de) | bidirçin | [bilʲdir'ʧin] |
| | | |
| specht (de) | ağacdələn | [aɣadʒʲdæ'læn] |
| koekoek (de) | ququ quşu | [gu'gu gu'ʃu] |
| uil (de) | bayquş | [baj'guʃ] |
| oehoe (de) | yapalaq | [japa'lah] |
| auerhoen (het) | Sibir xoruzu | [si'bir χoru'zu] |
| korhoen (het) | tetra quşu | ['tɛtra gu'ʃu] |
| patrijs (de) | kəklik | [kæk'lik] |
| | | |
| spreeuw (de) | sığırçın | [sɪɣɪr'ʧɪn] |
| kanarie (de) | sarıbülbül | [sarɪbylʲ'bylʲ] |
| hazelhoen (het) | qarabağır | [garaba'ɣɪr] |
| vink (de) | alacəhrə | [alaʧæh'ræ] |
| goudvink (de) | qar quşu | ['gar gu'ʃu] |
| | | |
| meeuw (de) | qağayı | [gaga'jɪ] |
| albatros (de) | albatros | [albat'ros] |
| pinguïn (de) | pinqvin | [ping'vin] |

## 180. Vogels. Zingen en geluiden

| | | |
|---|---|---|
| fluiten, zingen (ww) | oxumaq | [oχu'mah] |
| schreeuwen (dieren, vogels) | çığırmaq | [ʧɪɣɪr'mah] |

| kraaien (ov. een haan) | banlamaq | [banla'mah] |
| kukeleku | quqquluqu | [gukkul'u'gu] |

| klokken (hen) | qaqqıldamaq | [gakkılda'mah] |
| krassen (kraai) | qarıldamaq | [garılda'mah] |
| kwaken (eend) | vaqqıldamaq | [vakkılda'mah] |
| piepen (kuiken) | ciyildəmək | [dʒʲijıldæ'mæk] |
| tjilpen (bijv. een mus) | cəh-cəh vurmaq | ['dʒʲæh 'dʒʲæh vur'mah] |

## 181. Vis. Zeedieren

| brasem (de) | çapaq | [tʃa'pah] |
| karper (de) | karp | ['karp] |
| baars (de) | xanı balığı | [χa'nı balı'ɣı] |
| meerval (de) | naqqa | [nak'ka] |
| snoek (de) | durnabalığı | [durnabalı'ɣı] |

| zalm (de) | qızılbalıq | [gızılba'lıh] |
| steur (de) | nərə balığı | [næ'ræ balı'ɣı] |

| haring (de) | siyənək | [sijæ'næk] |
| atlantische zalm (de) | somğa | [som'ɣa] |

| makreel (de) | skumbriya | ['skumbrija] |
| platvis (de) | qalxan balığı | [gal'χan balı'ɣı] |

| snoekbaars (de) | suf balığı | ['suf balı'ɣı] |
| kabeljauw (de) | treska | [trɛs'ka] |

| tonijn (de) | tunes | [tu'nɛs] |
| forel (de) | alabalıq | [alaba'lıh] |

| paling (de) | angvil balığı | [ang'vil balı'ɣı] |
| sidderrog (de) | elektrikli skat | [ɛlɛktrik'li 'skat] |

| murene (de) | müren balığı | [my'rɛn balı'ɣı] |
| piranha (de) | piranya balığı | [pi'ranja balı'ɣı] |

| haai (de) | köpək balığı | [kø'pæk balı'ɣı] |
| dolfijn (de) | delfin | [dɛl'fin] |
| walvis (de) | balina | [ba'lina] |

| krab (de) | qısaquyruq | [gısaguj'ruh] |
| kwal (de) | meduza | [mɛ'duza] |
| octopus (de) | səkkizayaqlı ilbiz | [sækkizajag'lı il'biz] |

| zeester (de) | dəniz ulduzu | [dæ'niz uldu'zu] |
| zee-egel (de) | dəniz kirpisi | [dæ'niz kirpi'si] |
| zeepaardje (het) | dəniz atı | [dæ'niz a'tı] |

| oester (de) | istridyə | [istri'dʲæ] |
| garnaal (de) | krevet | [krɛ'vɛt] |
| kreeft (de) | omar | [o'mar] |
| langoest (de) | lanqust | [lan'gust] |

## 182. Amfibieën. Reptielen

| | | |
|---|---|---|
| slang (de) | ilan | [i'lan] |
| giftig (slang) | zəhərli | [zæhær'li] |

| | | |
|---|---|---|
| adder (de) | gürzə | [gyr'zæ] |
| cobra (de) | kobra | ['kobra] |
| python (de) | piton | [pi'ton] |
| boa (de) | boa | [bo'a] |

| | | |
|---|---|---|
| ringslang (de) | koramal | [kora'mal] |
| ratelslang (de) | zınqırovlu ilan | [zıngırov'lʲu i'lan] |
| anaconda (de) | anakonda | [ana'konda] |

| | | |
|---|---|---|
| hagedis (de) | kərtənkələ | [kærtænkæ'læ] |
| leguaan (de) | iquana | [igu'ana] |
| varaan (de) | çöl kərtənkələsi | [ʧœl kærtænkælæ'si] |
| salamander (de) | salamandr | [sala'mandr] |
| kameleon (de) | buğələmun | [buɣælæ'mun] |
| schorpioen (de) | əqrəb | [æg'ræp] |

| | | |
|---|---|---|
| schildpad (de) | tısbağa | [tısba'ɣa] |
| kikker (de) | qurbağa | [gurba'ɣa] |
| pad (de) | quru qurbağası | [gu'ru gurbaɣa'sı] |
| krokodil (de) | timsah | [tim'sah] |

## 183. Insecten

| | | |
|---|---|---|
| insect (het) | həşarat | [hæʃa'rat] |
| vlinder (de) | kəpənək | [kæpæ'næk] |
| mier (de) | qarışqa | [garıʃ'ga] |
| vlieg (de) | milçək | [mil'ʧæk] |
| mug (de) | ağcaqanad | [aɣʤ'aga'nad] |
| kever (de) | böcək | [bø'ʤʲæk] |

| | | |
|---|---|---|
| wesp (de) | arı | [a'rı] |
| bij (de) | bal arısı | ['bal arı'sı] |
| hommel (de) | eşşək arısı | [ɛ'ʃæk arı'sı] |
| horzel (de) | mozalan | [moza'lan] |

| | | |
|---|---|---|
| spin (de) | hörümçək | [hørym'ʧæk] |
| spinnenweb (het) | hörümçək toru | [hørym'ʧæk toru] |

| | | |
|---|---|---|
| libel (de) | cırcırama | [ʤʲırʤʲıra'ma] |
| sprinkhaan (de) | şala cırciraması | [ʃa'la ʤʲırʤʲırama'sı] |
| nachtvlinder (de) | pərvanə | [pærva'næ] |

| | | |
|---|---|---|
| kakkerlak (de) | tarakan | [tara'kan] |
| mijt (de) | gənə | [gæ'næ] |
| vlo (de) | birə | [bi'ræ] |
| kriebelmug (de) | mığmığa | [mıɣmı'ɣa] |
| treksprinkhaan (de) | çəyirtkə | [ʧæjırt'kæ] |
| slak (de) | ilbiz | [il'biz] |

| krekel (de) | sisəy | [si'sæj] |
| glimworm (de) | işıldaquş | [iʃılda'guʃ] |
| lieveheersbeestje (het) | xanımböcəyi | [χanımbødʒ'æ'jı] |
| meikever (de) | may böcəyi | ['maj bødʒ'æ'jı] |

| bloedzuiger (de) | zəli | [zæ'li] |
| rups (de) | kəpənək qurdu | [kæpæ'næk gur'du] |
| aardworm (de) | qurd | ['gurd] |
| larve (de) | sürfə | [syr'fæ] |

## 184. Dieren. Lichaamsdelen

| snavel (de) | dimdik | [dim'dik] |
| vleugels (mv.) | qanadlar | [ganad'lar] |
| poot (ov. een vogel) | pəncə | [pæn'dʒ'æ] |
| verenkleed (het) | tük | ['tyk] |
| veer (de) | lələk | [læ'læk] |
| kuifje (het) | kəkil | [kæ'kil] |

| kieuwen (mv.) | qəlsəmə | [gælsæ'mæ] |
| kuit, dril (de) | kürü | [ky'ry] |
| larve (de) | sürfə | [syr'fæ] |
| vin (de) | üzgəc | [yz'gædʒ'] |
| schubben (mv.) | pul | ['pul] |

| slagtand (de) | köpək dişi | [kø'pæk di'ʃi] |
| poot (bijv. ~ van een kat) | pəncə | [pæn'dʒ'æ] |
| muil (de) | üz | ['yz] |
| bek (mond van dieren) | ağız | [a'ɣız] |
| staart (de) | quyruq | [guj'ruh] |
| snorharen (mv.) | bığ | ['bıɣ] |

| hoef (de) | dırnaq | [dır'nah] |
| hoorn (de) | buynuz | [buj'nuz] |

| schild (schildpad, enz.) | qın | ['gın] |
| schelp (de) | balıqqulağı | [balıkkula'ɣı] |
| eierschaal (de) | qabıq | [ga'bıh] |

| vacht (de) | yun | ['jun] |
| huid (de) | dəri | [dæ'ri] |

## 185. Dieren. Leefomgevingen

| leefgebied (het) | yaşayış mühiti | [jaʃa'jıʃ myhi'ti] |
| migratie (de) | köç | ['køtʃ] |

| berg (de) | dağ | ['daɣ] |
| rif (het) | rif | ['rif] |
| klip (de) | qaya | [ga'ja] |
| bos (het) | meşə | [mɛ'ʃæ] |
| jungle (de) | cəngəllik | [dʒ'æ ngæl'lik] |

169

| savanne (de) | savanna | [sa'vanna] |
| toendra (de) | tundra | ['tundra] |

| steppe (de) | çöl | ['tʃœl] |
| woestijn (de) | səhra | [sæh'ra] |
| oase (de) | oazis | [o'azis] |

| zee (de) | dəniz | [dæ'niz] |
| meer (het) | göl | ['gølʲ] |
| oceaan (de) | okean | [okɛ'an] |

| moeras (het) | bataqlıq | [batag'lıh] |
| zoetwater- (abn) | şirin sulu | [ʃi'rin su'lʲu] |
| vijver (de) | gölcük | [gølʲ'ʤyk] |
| rivier (de) | çay | ['tʃaj] |

| berenhol (het) | ayı yuvası | [a'jı juva'sı] |
| nest (het) | yuva | [ju'va] |
| boom holte (de) | oyuq | [o'juh] |
| hol (het) | yuva | [ju'va] |
| mierenhoop (de) | qarışqa yuvası | [garıʃ'ga juva'sı] |

# Flora

## 186. Bomen

| | | |
|---|---|---|
| boom (de) | ağac | [a'ɣadʒ] |
| loof- (abn) | yarpaqlı | [jarpag'lı] |
| dennen- (abn) | iynəli | [ijnæ'li] |
| groenblijvend (bn) | həmişəyaşıl | [hæmiʃæja'ʃıl] |

| | | |
|---|---|---|
| appelboom (de) | alma | [al'ma] |
| perenboom (de) | armud | [ar'mud] |
| zoete kers (de) | gilas | [gi'las] |
| zure kers (de) | albalı | [alba'lı] |
| pruimelaar (de) | gavalı | [gava'lı] |

| | | |
|---|---|---|
| berk (de) | tozağacı | [tozaɣa'dʒı] |
| eik (de) | palıd | [pa'lıd] |
| linde (de) | cökə | [dʒø'kæ] |
| esp (de) | ağcaqovaq | [aɣdʒago'vah] |
| esdoorn (de) | ağcaqayın | [aɣdʒaga'jın] |

| | | |
|---|---|---|
| spar (de) | küknar | [kyk'nar] |
| den (de) | şam | ['ʃam] |
| lariks (de) | qara şam ağacı | [ga'ra 'ʃam aɣa'dʒı] |
| zilverspar (de) | ağ şam ağacı | ['aɣ 'ʃam aɣadʒı] |
| ceder (de) | sidr | ['sidr] |

| | | |
|---|---|---|
| populier (de) | qovaq | [go'vah] |
| lijsterbes (de) | quşarmudu | [guʃarmu'du] |
| wilg (de) | söyüd | [sø'jud] |
| els (de) | qızılağac | [gızıla'ɣadʒ] |
| beuk (de) | fıstıq | [fıs'tıh] |
| iep (de) | qarağac | [gara'ɣadʒ] |
| es (de) | göyrüş | [gøj'ryʃ] |
| kastanje (de) | şabalıd | [ʃaba'lıd] |

| | | |
|---|---|---|
| magnolia (de) | maqnoliya | [mag'nolija] |
| palm (de) | palma | ['palma] |
| cipres (de) | sərv | ['særv] |
| mangrove (de) | manqra ağacı | ['mangra aɣa'dʒı] |
| baobab (apenbroodboom) | baobab | [bao'bap] |
| eucalyptus (de) | evkalipt | [ɛvka'lipt] |
| mammoetboom (de) | sekvoya | [sɛk'voja] |

## 187. Heesters

| | | |
|---|---|---|
| struik (de) | kol | ['køl] |
| heester (de) | kolluq | [kol'lʲuh] |

| wijnstok (de) | üzüm | [y'zym] |
| wijngaard (de) | üzüm bağı | [y'zym ba'ɣı] |

| frambozenstruik (de) | moruq | [mo'ruh] |
| rode bessenstruik (de) | qırmızı qarağat | [gırmı'zı gara'ɣat] |
| kruisbessenstruik (de) | krıjovnik | [krı'ʒovnik] |

| acacia (de) | akasiya | [a'kasija] |
| zuurbes (de) | zərinc | [zæ'rindʒʲ] |
| jasmijn (de) | jasmin | [ʒas'min] |

| jeneverbes (de) | ardıc kolu | [ar'dıdʒʲ ko'lʲu] |
| rozenstruik (de) | qızılgül kolu | [gızıl'gylʲ ko'lʲu] |
| hondsroos (de) | itburnu | [itbur'nu] |

## 188. Champignons

| paddenstoel (de) | göbələk | [gøbæ'læk] |
| eetbare paddenstoel (de) | yeməli göbələk | [ɛmæ'li gøbæ'læk] |
| giftige paddenstoel (de) | zəhərli göbələk | [zæhær'li gøbæ'læk] |
| hoed (de) | papaq | [pa'pah] |
| steel (de) | gövdə | [gøv'dæ] |

| gewoon eekhoorntjesbrood (het) | ağ göbələk | ['aɣ gøbæ'læk] |
| rosse populierenboleet (de) | qırmızıbaş göbələk | [gırmızı'baʃ gøbæ'læk] |
| berkenboleet (de) | qara göbələk | [ga'ra gøbæ'læk] |
| cantharel (de) | sarı göbələk | [sa'rı gøbæ'læk] |
| russula (de) | zol-zol papaqlı göbələk | ['zol 'zol papag'lı gøbæ'læk] |

| morille (de) | quzugöbələyi | [guzugøbælæ'jı] |
| vliegenzwam (de) | milʃəkqıran | [milʧækgı'ran] |
| groene knolzwam (de) | zəhərli göbələk | [zæhær'li gøbæ'læk] |

## 189. Vruchten. Bessen

| appel (de) | alma | [al'ma] |
| peer (de) | armud | [ar'mud] |
| pruim (de) | gavalı | [gava'lı] |

| aardbei (de) | bağ çiyələyi | ['baɣ ʧijælæ'jı] |
| zure kers (de) | albalı | [alba'lı] |
| zoete kers (de) | gilas | [gi'las] |
| druif (de) | üzüm | [y'zym] |

| framboos (de) | moruq | [mo'ruh] |
| zwarte bes (de) | qara qarağat | [ga'ra gara'ɣat] |
| rode bes (de) | qırmızı qarağat | [gırmı'zı gara'ɣat] |
| kruisbes (de) | krıjovnik | [krı'ʒovnik] |
| veenbes (de) | quʃüzümü | [guʃyzy'my] |
| sinaasappel (de) | portağal | [porta'ɣal] |
| mandarijn (de) | mandarin | [manda'rin] |

| ananas (de) | ananas | [ana'nas] |
|---|---|---|
| banaan (de) | banan | [ba'nan] |
| dadel (de) | xurma | [χur'ma] |

| citroen (de) | limon | [li'mon] |
|---|---|---|
| abrikoos (de) | ərik | [æ'rik] |
| perzik (de) | şaftalı | [ʃafta'lı] |
| kiwi (de) | kivi | ['kivi] |
| grapefruit (de) | qreypfrut | ['grɛjpfrut] |

| bes (de) | giləmeyvə | [gilæmɛj'væ] |
|---|---|---|
| bessen (mv.) | giləmeyvələr | [gilæmɛjvæ'lær] |
| vossenbes (de) | mərsin | [mær'sin] |
| bosaardbei (de) | çiyələk | [tʃijæ'læk] |
| bosbes (de) | qaragilə | [garagi'læ] |

## 190. Bloemen. Planten

| bloem (de) | gül | ['gylʲ] |
|---|---|---|
| boeket (het) | gül dəstəsi | ['gylʲ dæstæ'si] |

| roos (de) | qızılgül | [gızıl'gylʲ] |
|---|---|---|
| tulp (de) | lalə | [la'læ] |
| anjer (de) | qərənfil | [gæræn'fil] |
| gladiool (de) | qladiolus | [gladi'olʲus] |

| korenbloem (de) | peyğəmbərçiçəyi | [pɛjɣæmbærtʃitʃæ'jı] |
|---|---|---|
| klokje (het) | zəngçiçəyi | [zæŋgtʃitʃæ'jı] |
| paardenbloem (de) | zəncirotu | [zændʒʲiro'tu] |
| kamille (de) | çobanyastığı | [tʃobanjastı'ɣı] |

| aloè (de) | əzvay | [æz'vaj] |
|---|---|---|
| cactus (de) | kaktus | ['kaktus] |
| ficus (de) | fikus | ['fikus] |

| lelie (de) | zanbaq | [zan'bah] |
|---|---|---|
| geranium (de) | ətirşah | [ætir'ʃah] |
| hyacint (de) | giasint | [gia'sint] |

| mimosa (de) | küsdüm ağacı | [kys'dym aɣa'dʒʲı] |
|---|---|---|
| narcis (de) | nərgizgülü | [nærgizgy'ly] |
| Oostindische kers (de) | ərikgülü | [ærikgy'ly] |

| orchidee (de) | səhləb çiçəyi | [sæh'læp tʃitʃæ'jı] |
|---|---|---|
| pioenroos (de) | pion | [pi'on] |
| viooltje (het) | bənövşə | [bænøv'ʃæ] |

| driekleurig viooltje (het) | alabəzək bənövşə | [alabæ'zæk bænøv'ʃæ] |
|---|---|---|
| vergeet-mij-nietje (het) | yaddaş çiçəyi | [jad'daʃ tʃitʃæ'jı] |
| madeliefje (het) | qızçiçəyi | [gıztʃitʃæ'jı] |

| papaver (de) | lalə | [la'læ] |
|---|---|---|
| hennep (de) | çətənə | [tʃætæ'næ] |
| munt (de) | nanə | [na'næ] |

| lelietje-van-dalen (het) | inciçiçəyi | [indʒʲitʃitʃæ'jɪ] |
| sneeuwklokje (het) | novruzgülü | [novruzgy'ly] |

| brandnetel (de) | gicitkən | [gitʃit'kæn] |
| veldzuring (de) | quzuqulağı | [guzugula'ɣɪ] |
| waterlelie (de) | ağ suzanbağı | ['aɣ suzanba'ɣɪ] |
| varen (de) | ayıdöşəyi | [ajıdøʃæ'jɪ] |
| korstmos (het) | şibyə | [ʃib'jæ] |

| oranjerie (de) | oranjereya | [oranʒɛ'rɛja] |
| gazon (het) | qazon | [ga'zon] |
| bloemperk (het) | çiçək ləki | [tʃi'tʃæk læ'ki] |

| plant (de) | bitki | [bit'ki] |
| gras (het) | ot | ['ot] |
| grasspriet (de) | ot saplağı | ['ot sapla'ɣɪ] |

| blad (het) | yarpaq | [jar'pah] |
| bloemblad (het) | ləçək | [læ'tʃæk] |
| stengel (de) | saplaq | [sap'lah] |
| knol (de) | kök yumrusu | [køk jumru'su] |

| scheut (de) | cücərti | [dʒydʒʲær'ti] |
| doorn (de) | tikan | [ti'kan] |

| bloeien (ww) | çiçək açmaq | [tʃi'tʃæk atʃ'mah] |
| verwelken (ww) | solmaq | [sol'mah] |
| geur (de) | ətir | [æ'tir] |
| snijden (bijv. bloemen ~) | kəsmək | [kæs'mæk] |
| plukken (bloemen ~) | dərmək | [dær'mæk] |

## 191. Granen, graankorrels

| graan (het) | dən | ['dæn] |
| graangewassen (mv.) | dənli bitkilər | [dæn'li bitki'lær] |
| aar (de) | sümbül | [sym'bylʲ] |

| tarwe (de) | taxıl | [ta'χıl] |
| rogge (de) | covdar | [dʒʲov'dar] |
| haver (de) | yulaf | [ju'laf] |
| gierst (de) | darı | [da'rı] |
| gerst (de) | arpa | [ar'pa] |

| maïs (de) | qarğıdalı | [garɣıda'lı] |
| rijst (de) | düyü | [dy'ju] |
| boekweit (de) | qarabaşaq | [garaba'ʃah] |

| erwt (de) | noxud | [no'χud] |
| boon (de) | lobya | [lo'bja] |
| soja (de) | soya | ['soja] |
| linze (de) | mərcimək | [mærdʒʲi'mæk] |
| bonen (mv.) | paxla | [paχ'la] |

# REGIONALE AARDRIJKSKUNDE

## Landen. Nationaliteiten

### 192. Politiek. Overheid. Deel 1

| | | |
|---|---|---|
| politiek (de) | siyasət | [sija'sæt] |
| politiek (bn) | siyasi | [sija'si] |
| politicus (de) | siyasətçi | [sijasæ'tʃi] |
| | | |
| staat (land) | dövlət | [døv'læt] |
| burger (de) | vətəndaş | [vætæn'daʃ] |
| staatsburgerschap (het) | vətəndaşlıq | [vætændaʃ'lıh] |
| | | |
| nationaal wapen (het) | milli herb | [mil'li 'hɛrp] |
| volkslied (het) | dövlət himni | [døv'læt him'ni] |
| | | |
| regering (de) | hökümət | [høky'mæt] |
| staatshoofd (het) | ölkə başçısı | [øl'kæ baʃtʃı'sı] |
| parlement (het) | parlament | [par'lamɛnt] |
| partij (de) | partiya | ['partija] |
| | | |
| kapitalisme (het) | kapitalizm | [kapita'lizm] |
| kapitalistisch (bn) | kapitalist | [kapita'list] |
| | | |
| socialisme (het) | sosializm | [sotsia'lizm] |
| socialistisch (bn) | sosialist | [sotsia'list] |
| | | |
| communisme (het) | kommunizm | [kommu'nizm] |
| communistisch (bn) | kommunist | [kommu'nist] |
| communist (de) | kommunist | [kommu'nist] |
| | | |
| democratie (de) | demokratiya | [dɛmok'ratija] |
| democraat (de) | demokrat | [dɛmok'rat] |
| democratisch (bn) | demokratik | [dɛmokra'tik] |
| democratische partij (de) | demokratik partiyası | [dɛmokra'tik 'partijası] |
| | | |
| liberaal (de) | liberal | [libɛ'ral] |
| liberaal (bn) | liberal | [libɛ'ral] |
| | | |
| conservator (de) | mühafizəkar | [myhafizæ'kar] |
| conservatief (bn) | mühafizəkar | [myhafizæ'kar] |
| | | |
| republiek (de) | respublika | [rɛs'publika] |
| republikein (de) | respublikaçı | [rɛs'publikatʃı] |
| Republikeinse Partij (de) | respublikaçılar partiyası | [rɛs'publikatʃılar 'partijası] |
| | | |
| verkiezing (de) | seçkilər | [sɛtʃki'lær] |
| kiezen (ww) | seçmək | [sɛtʃ'mæk] |

| kiezer (de) | seçici | [sɛtʃi'dʒʲi] |
| verkiezingscampagne (de) | seçki kampaniyası | [sɛtʃ'ki kam'panijası] |

| stemming (de) | səs vermə | ['sæs vɛr'mæ] |
| stemmen (ww) | səs vermək | ['sæs vɛr'mæk] |
| stemrecht (het) | səs vermə hüququ | ['sæs vɛr'mæ hygu'gu] |

| kandidaat (de) | namizəd | [nami'zæd] |
| zich kandideren | namizədliyini | [namizædlijɪ'ni |
| | irəli sürmək | iræ'li syr'mæk] |
| campagne (de) | kampaniya | [kam'panija] |

| oppositie- (abn) | müxalif | [myχa'lif] |
| oppositie (de) | müxalifət | [myχali'fæt] |

| bezoek (het) | səfər | [sæ'fær] |
| officieel bezoek (het) | rəsmi səfər | [ræs'mi sæ'fær] |
| internationaal (bn) | beynəlxalq | [bɛjnæl'χalh] |

| onderhandelingen (mv.) | danışıqlar | [danɪʃɪg'lar] |
| onderhandelen (ww) | danışıqlar aparmaq | [danɪʃɪg'lar apar'mah] |

## 193. Politiek. Overheid. Deel 2

| maatschappij (de) | cəmiyyət | [dʒʲæmi'æt] |
| grondwet (de) | konstitusiya | [konsti'tusija] |
| macht (politieke ~) | hakimiyyət | [hakimi'æt] |
| corruptie (de) | korrupsiya | [kor'rupsija] |

| wet (de) | qanun | [ga'nun] |
| wettelijk (bn) | qanuni | [ganu'ni] |

| rechtvaardigheid (de) | ədalət | [æda'læt] |
| rechtvaardig (bn) | ədalətli | [ædalæt'li] |

| comité (het) | komitə | [komi'tæ] |
| wetsvoorstel (het) | qanun layihəsi | [ga'nun laihæ'si] |
| begroting (de) | büdcə | [byd'dʒʲæ] |
| beleid (het) | siyasət | [sija'sæt] |
| hervorming (de) | islahat | [isla'hat] |
| radicaal (bn) | radikal | [radi'kal] |

| macht (vermogen) | qüdrət | [gyd'ræt] |
| machtig (bn) | qüdrətli | [gydræt'li] |
| aanhanger (de) | tərəfdar | [tæræf'dar] |
| invloed (de) | təsir | [tæ'sir] |

| regime (het) | rejim | [rɛ'ʒim] |
| conflict (het) | münaqişə | [mynagi'ʃæ] |
| samenzwering (de) | sui-qəsd | ['sui 'gæsd] |
| provocatie (de) | provokasiya | [provo'kasija] |

| omverwerpen (ww) | devirmək | [dɛvir'mæk] |
| omverwerping (de) | devrilmə | [dɛvril'mæ] |

| revolutie (de) | inqilab | [ingi'lap] |
| staatsgreep (de) | çevriliş | [tʃɛvri'liʃ] |
| militaire coup (de) | hərbi çevriliş | [hær'bi tʃɛvri'liʃ] |

| crisis (de) | böhran | [bøh'ran] |
| economische recessie (de) | iqtisadi zəifləmə | [igtisa'di zæiflæ'mæ] |
| betoger (de) | nümayişçi | [nymaiʃ'tʃi] |
| betoging (de) | nümayiş | [nyma'iʃ] |
| krijgswet (de) | hərbi vəziyyət | [hær'bi væzi'æt] |
| militaire basis (de) | baza | ['baza] |

| stabiliteit (de) | stabillik | [stabil'lik] |
| stabiel (bn) | stabil | [sta'bil] |

| uitbuiting (de) | istismar | [istis'mar] |
| uitbuiten (ww) | istismar etmək | [istis'mar ɛt'mæk] |

| racisme (het) | irqçilik | [irgtʃi'lik] |
| racist (de) | irqçi | [irg'tʃi] |
| fascisme (het) | faşizm | [fa'ʃizm] |
| fascist (de) | faşist | [fa'ʃist] |

## 194. Landen. Diversen

| vreemdeling (de) | xarici | [χari'dʒi] |
| buitenlands (bn) | xarici | [χari'dʒi] |
| in het buitenland (bw) | xaricdə | [χaridʒ'dæ] |

| emigrant (de) | mühacir | [myha'dʒir] |
| emigratie (de) | mühacirət | [myhadʒi'ræt] |
| emigreren (ww) | mühacirət etmək | [myhadʒi'ræt ɛt'mæk] |

| Westen (het) | Qərb | ['gærp] |
| Oosten (het) | Şərq | ['ʃærh] |
| Verre Oosten (het) | Uzaq Şərq | [u'zah 'ʃærh] |

| beschaving (de) | sivilizasiya | [sivili'zasija] |
| mensheid (de) | bəşəriyyət | [bæʃæri'æt] |
| wereld (de) | dünya | [dy'nja] |
| vrede (de) | əmin-amanlıq | [æ'min aman'lıh] |
| wereld- (abn) | dünya | [dy'nja] |

| vaderland (het) | vətən | [væ'tæn] |
| volk (het) | xalq | ['χalh] |
| bevolking (de) | əhali | [æha'li] |
| mensen (mv.) | adamlar | [adam'lar] |
| natie (de) | milliyət | [milli'jæt] |
| generatie (de) | nəsil | [næ'sil] |

| gebied (bijv. bezette ~en) | ərazi | [æra'zi] |
| regio, streek (de) | bölqə | [bøl'gæ] |
| deelstaat (de) | ştat | ['ʃtat] |
| traditie (de) | ənənə | [ænæ'næ] |
| gewoonte (de) | adət | [a'dæt] |

| ecologie (de) | ekoloqiya | [ɛko'logija] |
|---|---|---|
| Indiaan (de) | hindi | [hin'di] |
| zigeuner (de) | qaraçı | [gara'tʃı] |
| zigeunerin (de) | qaraçı qadın | [gara'tʃı ga'dın] |
| zigeuner- (abn) | qaraçı | [gara'tʃı] |

| rijk (het) | imperatorluq | [impɛ'ratorlʲuh] |
|---|---|---|
| kolonie (de) | müstəmləkə | [mystæmlæ'kæ] |
| slavernij (de) | köləlik | [kølæ'lik] |
| invasie (de) | basqın | [bas'gın] |
| hongersnood (de) | aclıq | [adʒʲ'lıh] |

## 195. Grote religieuze groepen. Bekentenissen

| religie (de) | din | ['din] |
|---|---|---|
| religieus (bn) | dini | [di'ni] |

| geloof (het) | etiqad | [ɛti'gad] |
|---|---|---|
| geloven (ww) | etiqad etmək | [ɛti'gad ɛt'mæk] |
| gelovige (de) | dindar | [din'dar] |

| atheïsme (het) | ateizm | [atɛ'izm] |
|---|---|---|
| atheïst (de) | ateist | [atɛ'ist] |

| christendom (het) | xristianlıq | [xristian'lıh] |
|---|---|---|
| christen (de) | xristian | [xristi'an] |
| christelijk (bn) | xristian | [xristi'an] |

| katholicisme (het) | Katolisizm | [katoli'sizm] |
|---|---|---|
| katholiek (de) | katolik | [ka'tolik] |
| katholiek (bn) | katolik | [kato'lik] |

| protestantisme (het) | Protestantlıq | [protɛstant'lıh] |
|---|---|---|
| Protestante Kerk (de) | Protestant kilsəsi | [protɛs'tant kilsæ'si] |
| protestant (de) | protestant | [protɛs'tant] |

| orthodoxie (de) | Pravoslavlıq | [pravoslav'lıh] |
|---|---|---|
| Orthodoxe Kerk (de) | Pravoslav kilsəsi | [pravos'lav kilsæ'si] |
| orthodox | pravoslav | [pravos'lav] |

| presbyterianisme (het) | Presviterianlıq | [prɛsvitɛrian'lıh] |
|---|---|---|
| Presbyteriaanse Kerk (de) | Presviterian kilsəsi | [prɛsvitɛri'an kilsæ'si] |
| presbyteriaan (de) | presviterian | [prɛsvitɛri'an] |

| lutheranisme (het) | Lüteran kilsəsi | [lytɛ'ran kilsæ'si] |
|---|---|---|
| lutheraan (de) | lüteran | [lytɛ'ran] |

| baptisme (het) | Baptizm | [bap'tizm] |
|---|---|---|
| baptist (de) | baptist | [bap'tist] |

| Anglicaanse Kerk (de) | Anqlikan kilsəsi | [angli'kan kilsæ'si] |
|---|---|---|
| anglicaan (de) | anqlikan | [angli'kan] |
| mormonisme (het) | Mormonluq | [mormon'lʲuh] |
| mormoon (de) | mormon | [mor'mon] |

| Jodendom (het) | Yahudilik | [jahudi'lik] |
| jood (aanhanger van het Jodendom) | yahudi | [jahu'di] |

| boeddhisme (het) | Buddizm | [bud'dizm] |
| boeddhist (de) | buddist | [bud'dist] |

| hindoeïsme (het) | Hinduizm | [hindu'izm] |
| hindoe (de) | hinduist | [hindu'ist] |

| islam (de) | İslam | [is'lam] |
| islamiet (de) | müsəlman | [mysæl'man] |
| islamitisch (bn) | müsəlman | [mysæl'man] |

| sjiisme (het) | Şiəlik | [ʃiæ'lik] |
| sjiiet (de) | şiə | [ʃi'æ] |

| soennisme (het) | Sünnülük | [synny'lyk] |
| soenniet (de) | sünnü | [syn'ny] |

## 196. Religies. Priesters

| priester (de) | keşiş | [kɛ'ʃiʃ] |
| paus (de) | Roma Papası | ['roma 'papası] |

| monnik (de) | rahib | [ra'hip] |
| non (de) | rahibə | [rahi'bæ] |
| pastoor (de) | pastor | ['pastor] |

| abt (de) | abbat | [ab'bat] |
| vicaris (de) | vikari | [vi'kari] |
| bisschop (de) | yepiskop | [ɛ'piskop] |
| kardinaal (de) | kardinal | [kardi'nal] |

| predikant (de) | moizəçi | [moizæ'tʃi] |
| preek (de) | moizə | [moi'zæ] |
| kerkgangers (mv.) | kilsəyə gələn dindarlar | [kilsæ'jæ gæ'læn dindar'lar] |

| gelovige (de) | dindar | [din'dar] |
| atheïst (de) | ateist | [atɛ'ist] |

## 197. Geloof. Christendom. Islam

| Adam | Adəm | [a'dæm] |
| Eva | Həvva | [hæv'va] |

| God (de) | Tanrı | [tan'rı] |
| Heer (de) | Tanrı | [tan'rı] |
| Almachtige (de) | Qüdrətli | [gydræt'li] |

| zonde (de) | günah | [gy'nah] |
| zondigen (ww) | günaha batmaq | [gyna'ha bat'mah] |

| zondaar (de) | günahkar | [gynah'kar] |
| zondares (de) | günahkar qadın | [gynah'kar ga'dın] |

| hel (de) | cəhənnəm | [dʒ|æhæn'næm] |
| paradijs (het) | cənnət | [dʒ|æn'næt] |

| Jezus | İsa | [i'sa] |
| Jezus Christus | İsa Məsih | [i'sa mæ'sih] |

| Heilige Geest (de) | ruhülqüds | ['ruhylgyds] |
| Verlosser (de) | İsa | [i'sa] |
| Maagd Maria (de) | İsanın anası | [isa'nın ana'sı] |

| duivel (de) | Şeytan | [ʃɛj'tan] |
| duivels (bn) | şeytan | [ʃɛj'tan] |
| Satan | İblis | [ib'lis] |
| satanisch (bn) | iblisanə | [iblisa'næ] |

| engel (de) | mələk | [mæ'læk] |
| beschermengel (de) | mühafiz mələk | [myha'fiz mæ'læk] |
| engelachtig (bn) | mələk | [mæ'læk] |

| apostel (de) | həvvari | [hævva'ri] |
| aartsengel (de) | Cəbrayıl | [dʒ|æbra'il] |
| antichrist (de) | dəccəl | [dæ'dzæl] |

| Kerk (de) | Kilsə | [kil'sæ] |
| bijbel (de) | bibliya | ['biblija] |
| bijbels (bn) | bibliya | ['biblija] |

| Oude Testament (het) | Əhdi-ətiq | ['æhdi æ'tih] |
| Nieuwe Testament (het) | Əhdi-cədid | ['æhdi dʒ|æ'did] |
| evangelie (het) | İncil | [in'dʒ|il] |
| Heilige Schrift (de) | əhdi-ətiq | ['æhdi æ'tih |
| | və əhdi-cədid | 'væ 'æhdi dʒ|æ'did] |
| Hemel, Hemelrijk (de) | Səma Səltənəti | [sæ'ma sæltænæ'ti] |

| gebod (het) | ehkam | [ɛh'kam] |
| profeet (de) | peyğəmbər | [pɛjɣæm'bær] |
| profetie (de) | peyğəmbərlik | [pɛjɣæmbær'lik] |

| Allah | Allah | [al'lah] |
| Mohammed | Məhəmməd | [mæhæm'mæd] |
| Koran (de) | Quran | [gu'ran] |

| moskee (de) | məsçid | [mæs'tʃid] |
| moellah (de) | molla | [mol'la] |
| gebed (het) | dua | [du'a] |
| bidden (ww) | dua etmək | [du'a ɛt'mæk] |

| pelgrimstocht (de) | zəvvarlıq | [zævvar'lıh] |
| pelgrim (de) | zəvvar | [zæv'var] |
| Mekka | Məkkə | [mæk'kæ] |

| kerk (de) | kilsə | [kil'sæ] |
| tempel (de) | məbəd | [mæ'bæd] |

| | | |
|---|---|---|
| kathedraal (de) | baş kilsə | ['baʃ kil'sæ] |
| gotisch (bn) | qotik | [go'tik] |
| synagoge (de) | sinaqoq | [sina'goh] |
| moskee (de) | məsçid | [mæs'tʃid] |
| | | |
| kapel (de) | kişik kilsə | [ki'tʃik kil'sæ] |
| abdij (de) | abbatlıq | [abbat'lıh] |
| nonnenklooster (het) | qadın monastırı | [ga'dın monastı'rı] |
| mannenklooster (het) | kişi monastırı | [ki'ʃi monastı'rı] |
| | | |
| klok (de) | zənq | ['zænh] |
| klokkentoren (de) | zənq qülləsi | ['zænh gyllæ'si] |
| luiden (klokken) | zənq etmək | ['zænh ɛt'mæk] |
| | | |
| kruis (het) | xaç | ['χatʃ] |
| koepel (de) | günbəz | [gyn'bæz] |
| icoon (de) | ikona | [i'kona] |
| | | |
| ziel (de) | can | ['dʒ¡an] |
| lot, noodlot (het) | qismət | [gis'mæt] |
| kwaad (het) | pislik | [pis'lik] |
| goed (het) | yaxşılıq | [jaχʃı'lıh] |
| | | |
| vampier (de) | xortdan | [χort'dan] |
| heks (de) | cadugər qadın | [dʒ¡adu'gær ga'dın] |
| demoon (de) | iblis | [ib'lis] |
| geest (de) | ruh | ['ruh] |
| | | |
| verzoeningsleer (de) | günahdan təmizlənmə | [gynah'dan tæmizlæn'mæ] |
| vrijkopen (ww) | günahı təmizləmək | [gyna'hı tæmizlæ'mæk] |
| | | |
| mis (de) | ibadət etmə | [iba'dæt ɛt'mæ] |
| de mis opdragen | ibadət etmək | [iba'dæt ɛt'mæk] |
| biecht (de) | tövbə etmə | [tøv'bæ ɛt'mæ] |
| biechten (ww) | tövbə etmək | [tøv'bæ ɛt'mæk] |
| | | |
| heilige (de) | övliya | [øvli'ja] |
| heilig (bn) | müqəddəs | [mygæd'dæs] |
| wijwater (het) | müqəddəs su | [mygæd'dæs 'su] |
| | | |
| ritueel (het) | mərasim | [mæra'sim] |
| ritueel (bn) | mərasimə aid | [mærasi'mæ a'id] |
| offerande (de) | qurban kəsmə | [gur'ban kæs'mæ] |
| | | |
| bijgeloof (het) | xurafat | [χura'fat] |
| bijgelovig (bn) | xurafatçı | [χurafa'tʃı] |
| hiernamaals (het) | axirət dünyası | [aχi'ræt dynja'sı] |
| eeuwige leven (het) | əbədi həyat | [æbæ'di hæ'jat] |

# DIVERSEN

## 198. Diverse nuttige woorden

| | | |
|---|---|---|
| achtergrond (de) | fon | ['fon] |
| balans (de) | balans | [ba'lans] |
| basis (de) | baza | ['baza] |
| begin (het) | başlanqıc | [baʃla'ngɪdʒ<sup>ʲ</sup>] |
| beurt (wie is aan de ~?) | növbə | [nøv'bæ] |

| | | |
|---|---|---|
| categorie (de) | kateqoriya | [katɛ'gorija] |
| comfortabel (~ bed, enz.) | əlverişli | [ælvɛriʃ'li] |
| compensatie (de) | kompensasiya | [kompɛn'sasija] |
| deel (gedeelte) | hissə | [his'sæ] |

| | | |
|---|---|---|
| deeltje (het) | zərrə | [zær'ræ] |
| ding (object, voorwerp) | əşya | [æ'ʃa] |
| dringend (bn, urgent) | təcili | [tædʒ<sup>ʲ</sup>i'li] |
| dringend (bw, met spoed) | təcili | [tædʒ<sup>ʲ</sup>i'li] |
| effect (het) | təsir | [tæ'sir] |

| | | |
|---|---|---|
| eigenschap (kwaliteit) | xüsusiyyət | [χysusi'æt] |
| einde (het) | son | ['son] |
| element (het) | element | [ɛlɛ'mɛnt] |
| feit (het) | fakt | ['fakt] |
| fout (de) | səhv | ['sæhv] |

| | | |
|---|---|---|
| geheim (het) | sirr | ['sirr] |
| graad (mate) | dərəcə | [dæræ'dʒ<sup>ʲ</sup>æ] |
| groei (ontwikkeling) | boy atma | ['boj at'ma] |
| hindernis (de) | sədd | ['sædd] |
| hinderpaal (de) | maneə | [manɛ'æ] |

| | | |
|---|---|---|
| hulp (de) | kömək | [kø'mæk] |
| ideaal (het) | ideal | [idɛ'al] |
| inspanning (de) | səy | ['sæj] |
| keuze (een grote ~) | seçim | [sɛ'tʃim] |
| labyrint (het) | labirint | [labi'rint] |

| | | |
|---|---|---|
| manier (de) | üsul | ['jusul] |
| moment (het) | an | ['an] |
| nut (bruikbaarheid) | xeyir | [χɛ'jɪr] |
| onderscheid (het) | fərqlənmə | [færglæn'mæ] |

| | | |
|---|---|---|
| ontwikkeling (de) | inkişaf | [inki'ʃaf] |
| oplossing (de) | həll | ['hæll] |
| origineel (het) | əsl | ['æsl] |
| pauze (de) | pauza | ['pauza] |
| positie (de) | pozisiya | [po'zisija] |
| principe (het) | prinsip | ['prinsip] |

| | | |
|---|---|---|
| probleem (het) | **problem** | [prob'lɛm] |
| proces (het) | **proses** | [pro'sɛs] |
| reactie (de) | **reaksiya** | [rɛ'aksija] |
| | | |
| reden (om ~ van) | **səbəb** | [sæ'bæp] |
| risico (het) | **risk** | ['risk] |
| samenvallen (het) | **üst-üstə düşmə** | ['just jus'tæ dyʃ'mæ] |
| serie (de) | **seriya** | ['sɛrija] |
| | | |
| situatie (de) | **situasiya** | [situ'asija] |
| soort (bijv. ~ sport) | **növ** | ['nøv] |
| standaard (bn) | **standart** | [stan'dart] |
| standaard (de) | **standart** | [stan'dart] |
| stijl (de) | **üslub** | [ys'lʲup] |
| | | |
| stop (korte onderbreking) | **fasilə** | [fasi'læ] |
| systeem (het) | **sistem** | [sis'tɛm] |
| tabel (bijv. ~ van Mendelejev) | **cədvəl** | [dʒʲæd'væl] |
| tempo (langzaam ~) | **temp** | ['tɛmp] |
| term (medische ~en) | **termin** | ['tɛrmin] |
| | | |
| type (soort) | **tip** | ['tip] |
| variant (de) | **variant** | [vari'ant] |
| veelvuldig (bn) | **tez-tez** | ['tɛz 'tɛz] |
| vergelijking (de) | **müqayisə** | [mygajı'sæ] |
| voorbeeld (het goede ~) | **misal** | [mi'sal] |
| | | |
| voortgang (de) | **tərəqqi** | [tæræk'ki] |
| voorwerp (ding) | **obyekt** | [ob'jɛkt] |
| vorm (uiterlijke ~) | **forma** | ['forma] |
| waarheid (de) | **həqiqət** | [hægi'gæt] |
| zone (de) | **zona** | ['zona] |

www.ingramcontent.com/pod-product-compliance
Lightning Source LLC
LaVergne TN
LVHW051345080426
835509LV00020BA/3298